A EDUCAÇÃO COMO IDEAL

A OBRA HISTÓRICA E DIDÁTICA DE ROCHA POMBO, 1900-1933

Editora Appris Ltda.
1.ª Edição - Copyright© 2025 dos autores
Direitos de Edição Reservados à Editora Appris Ltda.

Nenhuma parte desta obra poderá ser utilizada indevidamente, sem estar de acordo com a Lei nº 9.610/98. Se incorreções forem encontradas, serão de exclusiva responsabilidade de seus organizadores. Foi realizado o Depósito Legal na Fundação Biblioteca Nacional, de acordo com as Leis nos 10.994, de 14/12/2004, e 12.192, de 14/01/2010.

Catalogação na Fonte
Elaborado por: Josefina A. S. Guedes
Bibliotecária CRB 9/870

P372e
2025

Pedro, Alessandra
A educação como ideal: a obra histórica e didática de Rocha Pombo,1900-1933 / Alessandra Pedro. – 1. ed. – Curitiba: Appris, 2025.
306 p. ; 23 cm. – (Ciências sociais. Seção história).

Inclui bibliografias.
ISBN 978-65-250-7595-2

1. Pombo, Rocha, 1857-1933 – Biografia. 2. História Intelectual. 3. Educação – História. 4. Raças. I. Título. II. Série.

CDD – 923.7

Livro de acordo com a normalização técnica da ABNT

Appris editora

Editora e Livraria Appris Ltda.
Av. Manoel Ribas, 2265 – Mercês
Curitiba/PR – CEP: 80810-002
Tel. (41) 3156 - 4731
www.editoraappris.com.br

Printed in Brazil
Impresso no Brasil

ALESSANDRA PEDRO

A EDUCAÇÃO COMO IDEAL
A OBRA HISTÓRICA E DIDÁTICA DE ROCHA POMBO, 1900-1933

Appris editora

Curitiba, PR
2025

FICHA TÉCNICA

EDITORIAL
Augusto Coelho
Sara C. de Andrade Coelho

COMITÊ EDITORIAL E CONSULTORIAS
Ana El Achkar (Universo/RJ)
Andréa Barbosa Gouveia (UFPR)
Antonio Evangelista de Souza Netto (PUC-SP)
Belinda Cunha (UFPB)
Délton Winter de Carvalho (FMP)
Edson da Silva (UFVJM)
Eliete Correia dos Santos (UEPB)
Erineu Foerste (Ufes)
Fabiano Santos (UERJ-IESP)
Francinete Fernandes de Sousa (UEPB)
Francisco Carlos Duarte (PUCPR)
Francisco de Assis (Fiam-Faam-SP-Brasil)
Gláucia Figueiredo (UNIPAMPA/ UDELAR)
Jacques de Lima Ferreira (UNOESC)
Jean Carlos Gonçalves (UFPR)
José Wálter Nunes (UnB)
Junia de Vilhena (PUC-RIO)
Lucas Mesquita (UNILA)
Márcia Gonçalves (Unitau)
Maria Margarida de Andrade (Umack)
Marilda A. Behrens (PUCPR)
Marília Andrade Torales Campos (UFPR)
Marli C. de Andrade
Patrícia L. Torres (PUCPR)
Paula Costa Mosca Macedo (UNIFESP)
Ramon Blanco (UNILA)
Roberta Ecleide Kelly (NEPE)
Roque Ismael da Costa Güllich (UFFS)
Sergio Gomes (UFRJ)
Tiago Gagliano Pinto Alberto (PUCPR)
Toni Reis (UP)
Valdomiro de Oliveira (UFPR)

SUPERVISORA EDITORIAL Renata C. Lopes
PRODUÇÃO EDITORIAL Sabrina Costa
REVISÃO Pâmela Isabel Oliveira
DIAGRAMAÇÃO Bruno Ferreira Nascimento
CAPA Carlos Pereira
REVISÃO DE PROVA Ana Castro

COMITÊ CIENTÍFICO DA COLEÇÃO CIÊNCIAS SOCIAIS

DIREÇÃO CIENTÍFICA Fabiano Santos (UERJ-IESP)

CONSULTORES
Alícia Ferreira Gonçalves (UFPB)
Artur Perrusi (UFPB)
Carlos Xavier de Azevedo Netto (UFPB)
Charles Pessanha (UFRJ)
Flávio Munhoz Sofiati (UFG)
Elisandro Pires Frigo (UFPR-Palotina)
Gabriel Augusto Miranda Setti (UnB)
Helcimara de Souza Telles (UFMG)
Iraneide Soares da Silva (UFC-UFPI)
João Feres Junior (Uerj)
Jordão Horta Nunes (UFG)
José Henrique Artigas de Godoy (UFPB)
Josilene Pinheiro Mariz (UFCG)
Leticia Andrade (UEMS)
Luiz Gonzaga Teixeira (USP)
Marcelo Almeida Peloggio (UFC)
Maurício Novaes Souza (IF Sudeste-MG)
Michelle Sato Frigo (UFPR-Palotina)
Revalino Freitas (UFG)
Simone Wolff (UEL)

Dedico às minhas meninas,
Cida (in memoriam), *Heloisa e Laura.*

AGRADECIMENTOS

Findo o trabalho árduo de escrita da obra, resta outro trabalho bastante difícil: o de, em poucas palavras, agradecer àqueles que foram imprescindíveis para o desenvolvimento e conclusão do trabalho aqui empreendido.

Agradeço ao CNPq, que financiou e tornou possível esta pesquisa com os quatro anos de bolsa, e ao Programa de Pós-Graduação em História, que possibilitou, por meio de verbas da Capes, as viagens para a pesquisa no Rio de Janeiro e no Paraná e a publicação deste livro. Agradeço também à gentileza e excelente atendimento dos funcionários das instituições: no Paraná, Biblioteca Pública do Paraná, Biblioteca Pública Municipal Scharffenberg de Quadros, Academia Paranaense de Letras (especialmente ao membro da academia Sr. Rui Cavallin Pinto, que me presenteou com seu livro *Molduras Paranaenses*) e Arquivo Público do Paraná; no Rio de Janeiro, Fundação Casa de Rui Barbosa, Biblioteca Nacional, Instituto Histórico e Geográfico Brasileiro e Núcleo de Documentação e Memória do Colégio Pedro II.

Como agradecer à Cristina Meneguello? Impossível! Não há palavras suficientes para registrar a gratidão por esses anos de amizade e orientação. Obrigada por aceitar uma orientanda com um enorme "selo bino de cilada", que teve que recomeçar do zero e refazer a caminhada em uma área totalmente nova; por entender a necessidade de espaço, de tempo, a falta de textos no meio do caminho, as "trocentas" páginas e milhares de notas de rodapé; por ser dura e dizer não quando necessário; por ser teimosa e orientar mesmo quando fisicamente não devia. Enfim, obrigada por tudo e muito mais.

Aos professores José Alves de Freitas Neto e Arnaldo Pinto Junior, agradeço pelos importantes comentários e críticas ao texto de qualificação desta obra. Aos dois ainda agradeço a disponibilidade de participar da banca de defesa ao lado dos professores Ana Maria de Almeida Camargo (*in memoriam*) e Luiz Carlos Villalta, aos quais agradeço, não apenas a participação na banca, mas principalmente os comentários e críticas enriquecedores.

No decorrer dos anos de pesquisa e trabalho, que resultaram neste livro, muitas pessoas estiveram presentes e contribuíram de formas diversas na minha vida. Gostaria de agradecer a todos.

Fonte: POMBO, José Francisco da Rocha. *Nossa Pátria*: narração dos fatos da História do Brasil através da sua evolução com muitas gravuras ilustrativas. 79. ed. São Paulo: Melhoramentos, [19--?]. (Coleção Particular).

É necessário criar entre nós, antes de tudo, o gôsto pela nossa história – sem o que não haverá esforço que levante o nosso espírito de povo.

[...]

O primeiro trabalho, e o mais interessante, é este – o de mostrar como a nossa história é bela, e como a pátria, feita, defendida e honrada pelos nossos maiores, é digna do nosso culto.

(Rocha Pombo, História do Brasil, 1918)

APRESENTAÇÃO

Nos tempos atuais, não raro ouvimos declarações pessimistas sobre o ensino escolar e o lugar da História dentro desse ensino. Vivemos um momento em que a utilização da Inteligência Artificial para a produção de textos acelera os efeitos da "cópia da internet", conhecida pelos professores há pelo menos três décadas, em que o PNLD (Programa Nacional do Livro e do Material Didático) vem enfrentando percalços e disputando seu espaço com a didática apostilada dos sistemas de ensino com a narrativa facilitada dos vídeos e filmes, onde o lugar do ensino de História na formação básica se vê, mais uma vez, afetado por reformas como a do Ensino Médio de 2017, apenas parcialmente alterada pela Lei n.º 14945, de 31 de julho de 2024. Neste contexto, torna-se ainda mais premente compreender as formas pelas quais a História do Brasil fez sua entrada nos livros escolares, a partir da segunda metade do século XIX, num país estruturalmente elitista, racista e patriarcal.

Se, para as disciplinas das ciências "duras", a cópia e tradução de manuais estrangeiros parecia suficiente, os inícios da produção didática nacional nas áreas de História e Geografia são contemporâneos à invenção de uma historiografia nacional, na escolha dos fatos narrados, dos nomes e dos acontecimentos dotados de uma coerência sequencial. E ainda que os manuais oitocentistas não possam ser considerados meros embriões dos livros didáticos modernos, causa espanto a sobrevivência de temas ali estabelecidos, como mostra essa obra.

O lugar privilegiado que os livros escolares ainda ocupam, dentro da formação escolar, remete às representações da identidade nacional, na interface entre classe, raça e gênero. É onde se repete o apagamento do papel social da mulher, que aparece com excepcionalidade em seções separadas das narrativas (dentro de boxes de leitura), ora heroicizadas por terem características consideradas masculinas (mulheres que lutaram em batalhas), ora quando sua relevância política ou intelectual é incontornável. Nessa mesma chave, estão a subalternização das classes populares, o olhar idílico e piedoso aos povos originários e a chave da experiência da escravidão como a única a definir a contribuição do negro na sociedade brasileira.

Para desvendar essas questões, o trabalho de Alessandra (Leca) Pedro se lançou a estudar a produção de José Francisco da Rocha Pombo (1857-1933), cuja obra recebeu inúmeras edições, cópias e ajustes, mas cuja vida pessoal e profissional quedava bem mais desconhecida, descrita por citações repetitivas, pouco ou nada ancoradas em documentação original. Para seu doutoramento, que agora vem à luz na forma de livro, a autora buscou suas informações num circuito que incluiu as cidades nas quais Rocha Pombo viveu, documentos esparsos e tratativas para a publicação de livros. Na construção da pesquisa, Rocha Pombo — celebrado como "ardoroso abolicionista" — aparece aos olhos do leitor de forma bem mais prosaica e real: um escritor premido por dívidas, em busca de receber a justa paga por seus escritos; o criador de jornais que abriram e fecharam e, ainda mais, um pensador imediatamente ligado às teorias de progresso histórico, de congraçamento das raças na formação do Brasil e de invenção de uma identidade nacional.

A partir da metodologia da História Intelectual e de sua relação com a autoria e o ensino de História, o livro de Alessandra (Leca) Pedro centra sua análise em três obras basilares de Rocha Pombo: *Compêndio de História da América* (1900), *História do Brazil Illustrada* (1905-1917) e *Nossa Pátria: narração dos fatos da História do Brasil através da sua evolução com muitas gravuras explicativas* (1917), livro que contou com quase 90 edições e atualizações póstumas, chegando até a década de 1970 como manual escolar. E qual é a função de um manual? Em explicações claras, escalonadas e aplicáveis a eventos semelhantes, os manuais configuram o esforço de textualização da história, dotando-a de sentido, lógica e consequência – para que, desse modo, se torne inteligível aos alunos, memorizável e dotada de lições morais. Nos manuais de História de Rocha Pombo, a ciência não parece de forma fragmentada ou regida pelo acaso. Pelo contrário, as causas e consequências se coadunam e dão à História a característica de ser um desfile de fatos que se sucedem, mas presididos por grandes esquemas explicativos. No nascedouro de uma história profissional no Brasil, a história nacional estava sendo negociada conforme era escrita.

Esse é mais um dos grandes méritos do livro que se segue: ao analisar a estrutura explicativa adotada por Rocha Pombo, a força narrativa presente nas imagens que ilustram seus livros e a circulação de suas obras permite entrever a construção das bases de uma história nacional. Não qualquer história nacional, mas uma que pudesse ser ensinada.

Campinas, 7 de dezembro de 2024.

Cristina Meneguello

Professora livre-docente do departamento de História da Universidade Estadual de Campinas desde 1999. Autora de livros e artigos, recebeu vários prêmios nacionais e internacionais por sua atuação. É especialista em temas relacionados a Patrimônio Histórico e Divulgação Científica na Área de História e uma das criadoras e coordenadoras da Olimpíada Nacional em História do Brasil.

PREFÁCIO

Começo este prefácio com memórias. Memórias que entrecruzo no ato de escrever. São fragmentos de tempos distintos da minha trajetória pelo mundo da escola, que, desde os 6 anos de idade, é parte constante do meu viver.

Em meu viver, os livros didáticos se fizeram frequentemente presentes, embora por motivos e com fins diferentes. Como criança, na condição de aprendiz e, já adulto, como professor da Educação Básica, como pesquisador e como docente de Didática da História, os livros didáticos são uma constância. E eu tenho muitas memórias dessas distintas relações que cultivei com os livros didáticos.

Saltando da cronologia, escolhendo algo que está relativamente próximo do presente, devo confidenciar a(o) leitor(a) que foi, por causa dos livros didáticos, que conheci Alessandra Pedro, em 2016. Aliás, isso se deu por causa de uma primeira versão de "A EDUCAÇÃO COMO IDEAL: A obra histórica e didática de Rocha Pombo, 1900-1933", que era então tese de doutorado, para cuja banca de defesa fui convidado. Tenho certeza de que o convite para integrar a banca de doutorado só me foi feito por causa dos... livros didáticos!

Eu guardo na memória que me deliciei com a leitura da então tese, guiado pelas mãos hábeis de Leca Pedro (é assim que a gente a chama!), deixando-me enredar por Rocha Pombo, suas ideias e seus livros, acompanhando sua trajetória como "jornalista, professor, historiador, político e escritor", entre 1857 e 1933, do Paraná até o Rio de Janeiro, entre o segundo Reinado e os anos imediatamente posteriores à Revolução de 1930. Recordo-me, é claro, de ter ficado muito atento àquilo que era o coração da tese: "três obras de Rocha Pombo, a saber, *Compendio de Historia da America* (1900), *Historia do Brazil (Illustrada)* (1905-1917) e *Nossa Patria: narração dos fatos da História do Brasil atraves da sua evolução com muitas gravuras explicativas* (1917)", produções didáticas que "foram utilizadas em sala de aula por mais de 50 anos".

Lendo e arguindo a tese, rememorei uma experiência de leitura muito anterior, lá da minha infância. Mais do que isso, alterei minhas avaliações prévias sobre os referidos autor e obras. Vou explicar isso melhor. Na minha infância, os livros despertavam muita curiosidade, especialmente os livros didáticos. Eram livros dos meus irmãos, de primas e primos e, até mesmo, da minha mãe. Eu queria aprender o que eles e elas sabiam, estando à minha frente, "mais adiantados" na escola! Não queria ficar para "trás"! Eu encontrava os livros em gavetas e em estantes, onde jaziam no esquecimento, ou resgatava-os do lixo (sim, isso aconteceu!). Eram, de fato, livros de diferentes gerações de familiares. Penso que foi, numa dessas ocasiões, que me defrontei com este tal de Rocha Pombo. Não gostei muito dele, ou melhor, de um dos livros dele, talvez *Nossa pátria*, se não me falha a memória. Mas, ironia do destino, décadas depois da infância, lá, em 2016, não é que eu estava a apaixonar-me por ele? Isso foi obra de Alessandra Pedro! E não tenho dúvida que vai acontecer também com você, prezado leitor(a).

Por tudo isso, eu a(o) convido a entregar-se à experiência de ler este livro, resultado de uma reflexão madura, de uma análise cuidadosa da documentação e da historiografia. Com a leitura, será possível descobrir um pouco mais da vida de Rocha Pombo. Ver, por exemplo, que ele participou de diferentes grupos, no Paraná e no Rio de Janeiro, como os voltados para a abolição, a república e, até mesmo, o socialismo e o anarquismo. Saber que Rocha Pombo foi autor de 34 livros, muitos deles reeditados dezenas de vezes ao longo do século XX: "onze livros de literatura, três estudos sobre a educação, dez manuais didáticos, sete livros sobre história, um dicionário de sinônimos, um livro de notas de viagem e um livro de notas sobre a Revolução Federalista".! Saber que, além disso, publicou "dezenas de artigos em jornais e revistas, pequenos contos, [...] de prefácios, introduções e apresentações em obras de terceiros". O leitor poderá, por exemplo, acompanhar episódios curiosos, como o conflito de Rocha Pombo com Capistrano de Abreu, suas divergências com Monteiro Lobato e, sobretudo, conhecer como, em sua obra didática, voltando-se para o público estudantil, a criança em especial, ele se consagrou a fomentar o "culto à pátria", a desenvolver "um sentimento de louvor e amor incondicional à terra", a aclamar a justiça e a igualdade do Brasil perante os outros povos e, principalmente, a celebrar "a coesão, a harmonia e a importância do congraçamento das três raças para a formação nacional". Será que ele deixou escapar algo socialista ou anarquista em seus livros? Não vou dar spoiler! Percorra as páginas que seguem para descobri-lo!

A(o) prezada(o) leitor(a), garanto, como estudante curioso que fui na infância, como professor e pesquisador que sou, desde décadas passadas até o presente: a leitura deste livro será extremamente prazerosa e de grande aprendizado. Ela lhe permitirá desvendar qual foi o "papel de Rocha Pombo, um intelectual tido como secundário no campo da historiografia, na consolidação e propagação de determinado conceito de nação e de raça". Com ela, por fim, o(a) leitor(a) revolverá o baú de memórias que traz consigo e, assim, suas próprias experiências de leituras escolares poderão ser revisitadas; convergências e/ou discrepâncias talvez sejam encontradas; e, o que é mais importante, com todo esse rememorar, haverá espaço para deleitar-se, descobrir-se, redescobrir-se e alargar seus conhecimentos sobre o Brasil e sobre como ele foi concebido em livros didáticos. Sim, livros didáticos foram e são importantes. Leca Pedro o mostra com brilhantismo!

São Luís do Maranhão, 30 de outubro de 2024.

Luiz Carlos Villalta

Professor titular aposentado de História do Brasil e Prática de Ensino de História da UFMG, onde atua como voluntário, e pesquisador sênior na Universidade Estadual do Maranhão. É bolsista de Produtividade do CNPq.

SUMÁRIO

INTRODUÇÃO 21

CAPÍTULO 1
AS DUAS ÚLTIMAS DÉCADAS DO OITOCENTOS PELO OLHAR DE UM PARANAENSE 45

   1. A oposição ao imperador e à Monarquia 46
   2. A questão negra 54
   3. Militância política, mas não partidária 63
   4. Imigrantes para civilizar o país 68
   5. A *Supremacia do Ideal*: a educação é mais que instrução 83

CAPÍTULO 2
A AMÉRICA DE ROCHA POMBO 95

   1. Um manual de História da América para o Brasil 97
      1.1 Os que aqui estavam e os que para cá vieram: o choque e a convivência das raças .. 117
      1.2 A ideia americana: por uma América forte e unida 131

CAPÍTULO 3
UMA HISTÓRIA DO BRASIL PARA OS HISTORIADORES DO FUTURO . 143

   1. O caldeamento: o complexo étnico e a formação da raça histórica 166
      1.1 O elemento aborígene 173
      1.2 O elemento africano 180
      1.3 O elemento europeu 196
   2. A nação histórica: a formação do espírito nacional 201

CAPÍTULO 4
NOSSA PÁTRIA: NOSSA RAÇA E NAÇÃO 211

1. A Pátria desde a infância: nacionalismo e educação 217
2. Um livrinho: para a inteligência das crianças e dos homens simples do povo 225
   2.1 A "Narração dos factos": os indígenas, os africanos e os europeus 229
   2.2 "Muitas gravuras explicativas": construindo uma imagem de nação 239
   2.3 "Pequena História do Brasil": novas ilustrações? 268

CONSIDERAÇÕES FINAIS 279

REFERÊNCIAS 287

INTRODUÇÃO

> *Magro, pálido, quase cor de marfim, larga fronte, grandes olhos negros, mas sonhadores e cortados um pouco à feição de amêndoas, bigodinho chinês e rosto naturalmente quase depilado, ele tinha a fisionomia qualquer cousa de um jovem Confúcio [...].*
>
> (Nestor Vitor, Terra de Sol, jul./set. 1924)

Em 1924, o literato Nestor Vitor[1] publicava na revista *Terra de Sol*[2] um artigo em que discorria sobre a vida e a obra de seu amigo de longa data José Francisco da Rocha Pombo. Nessa breve apresentação, o paranaense, filho de Morretes, era descrito como republicano ferrenho, homem prático, político nem sempre organizado, jornalista por opção e historiador por talento desde muito cedo anunciado[3]. Essa figura bastante interessante é o foco desta obra, que tem por objetivo analisar a produção histórica e didática de José Francisco da Rocha Pombo (1857-1933). Trata-se de um estudo da trajetória do jornalista, professor, historiador, político e escritor paranaense nas três primeiras décadas do século 20, focado em sua produção voltada para as escolas, mas que também busca compreender a construção do pensamento de Rocha Pombo e as transformações na escrita e no papel que o autor desempenhou dentro das sociedades em que viveu.

As escolhas para a produção de uma pesquisa acadêmica são, em certa medida, condicionadas pelas fontes e motivadas por inquietações que estão atreladas às demandas historiográficas, mas também aos interesses pessoais do pesquisador. A escolha por Rocha Pombo se deu na busca por construir uma análise que aliasse a história intelectual e a história

---

[1] "Nestor Vítor dos Santos nasceu em Paranaguá, a 12 de abril de 1868, vindo a falecer a 13 de outubro de 1932, no Rio de Janeiro para onde havia seguido, aos 20 anos, em 1888, para continuar seus estudos no Externato João de Deus. Antes de ir para o Rio de Janeiro, já morando em Curitiba, onde fixara residência desde 1885, colabora com a fundação do Clube Republicano de Paranaguá assumindo o cargo de Secretário da Confederação Abolicionista do Paraná [...] foi um escritor muito profícuo, dono uma extensa obra na qual se contam livros de poesia, de ficção e de viagens, além de uma vasta produção crítica, publicada em jornais e livros, além de ser algumas vezes produzida para conferências e palestras". SILVEIRA, Allan Valenza da. *Diálogos críticos de Nestor Vítor*. 2010. Tese (Doutorado em Estudos Literários) – Universidade Federal do Paraná, Curitiba, 2010. Disponível em: http://migre.me/sXt5Z. Acesso em: 13 jan. 2025.

[2] VITOR, Nestor. Rocha Pombo no Paraná. *Terra de Sol*, jul./set.jul. 1924. In: VITOR, Nestor. *Obra crítica de Nestor Vitor*. Rio de Janeiro: Fundação Casa de Ruy Barbosa; Curitiba: Secretaria de Estado da Cultura e do Esporte, 1979. v. 3, p. 58-72.

[3] *Ibidem*.

da educação no Brasil. Nesse sentido, a "descoberta" de Rocha Pombo e de sua produção histórica e didática veio ao encontro tanto das escolhas historiográficas quanto pessoais que norteiam este livro. A busca por fontes do e sobre o autor demonstrou-se ser um trabalho quase hercúleo, pois Rocha Pombo possui uma produção escrita bastante vasta, tendo sido alvo de várias pesquisas. Entretanto as fontes, principalmente aquelas sobre a sua vida pessoal e que compõem a sua produção para além dos livros, são bastante dispersas e de difícil acesso, o que acabou por gerar vários trabalhos anteriores com imprecisões sobre o autor e sua obra. Pode-se dividir os trabalhos sobre Rocha Pombo em dois grupos: aqueles que, na década de 1950, buscam construir uma biografia do autor[4] — elaborados com bases em jornais, discursos, cartas e outros documentos, cujas referências são imprecisas — e aqueles, mais recentes, que objetivam realizar análises sobre a obra e/ou o autor como historiador, intelectual, romancista etc.[5] — que utilizam a produção biográfica anterior como fonte para a reconstrução de muitos aspectos sobre a vida pessoal e intelectual de Rocha Pombo. Ambos, para além de sua contribuição para um maior conhecimento do autor, de sua obra e de sua importância dentro da historiografia, do ensino e da literatura, carregam muitas informações que as fontes não confirmam, ou mesmo que contrariam.

Nesta obra, a análise centra-se em três obras de Rocha Pombo, a saber, *Compendio de Historia da America* (1900), *Historia do Brazil (Illustrada)* (1905-1917) e *Nossa Patria: narração dos fatos da História do Brasil atraves da sua evolução com muitas gravuras explicativas* (1917), tendo como foco principal a discussão sobre a divulgação do conhecimento histórico a partir da formação básica. Para realizar a análise aqui empreendida, foram também utilizados outros escritos do autor — livros, artigos de jornais, prefácios, notas, cartas etc. —, as leituras que lhe serviram referências teóricas, seus

---

[4] Entre eles, destaco: PILOTO, Valfrido. *Rocha Pombo*. Curitiba: Gráfica Mundial, 1953; CARDIM, Elmano. *Rocha Pombo: o Escritor e o Historiador*. Rio de Janeiro: Editora do Jornal do Comércio, 1958.

[5] Dentre eles, destacam-se: KARAN, Paulo Roberto. *José Francisco da Rocha Pombo, biografia e antologia*: compiladas. Curitiba: versão datilografada Biblioteca Pública de Curitiba, 1991; QUELUZ, Gilson Leandro. *Rocha Pombo: romantismo e utopias, 1880-1905*. Curitiba: Aos Quatro Ventos, 1998; LUCCHESI, Fernanda. *A história como ideal:* reflexões sobre a obra de José Francisco da Rocha Pombo. 2004. Dissertação (Mestrado em Antropologia) – Universidade de São Paulo, São Paulo, 2004; SANTOS, Nádia Maria Weber dos. *Histórias de Sensibilidades:* Espaços e Narrativas da Loucura em Três Tempos (Brasil, 1905/1920/1937). 2005. Tese (Doutorado em História) – UFRGS, Rio Grande do Sul, 2005; SILVA, Alexandra Lima da. *Ensino e mercado editorial de livros didáticos de História do Brasil*: Rio de Janeiro (1870-1924). Dissertação (Mestrado em História) – Centro de Estudos Gerais, UFF, Niterói, 2008; SANTOS, Ivan Norberto dos. *A historiografia amadora de Rocha Pombo*: embates e tensões na produção historiográfica brasileira da Primeira república. 2009. Dissertação (Mestrado em História) – Departamento de História, UFRJ, Rio de Janeiro, 2009.

biógrafos, além de vasta produção bibliográfica e historiográfica que serve de suporte para as considerações e conclusões aqui estabelecidas.

A abordagem efetuada aqui toma como base algumas discussões e encaminhamentos da história política, mais especificamente aqueles que envolvem a história intelectual e que vêm se reconformando nas últimas três décadas. Partindo da premissa de que a história possui como objetivo essencial observar as mudanças que afetam a sociedade, não escapando ela mesma à mudança, pode-se concluir que a história da história reflete as grandes oscilações do movimento das ideias[6]. O historiador, como parte da história, pertence sempre a um tempo e é influenciado por tendências intelectuais ou descobertas cuja sucessão desenha a história da disciplina e a configuração de suas orientações[7]. Dentro desses movimentos, alguns campos da história são privilegiados enquanto outros são relegados a um segundo plano. Se durante séculos a história política desfrutou de um prestígio inigualável — provavelmente devido à facilidade de se reconstruírem imagens do passado a partir de fontes regularmente construídas, conservadas e classificadas por instituições oficiais e de refletir "o brilho que emanava do Estado, realidade suprema e transcendente que é uma expressão do sagrado em nossas sociedades secularizadas"[8] —, no início do novecentos, ela receberia grandes críticas e perderia esse protagonismo.

No decorrer do século 20, vimos a história política ser criticada duramente e se tornar um campo bastante evitado dentro da historiografia mundial. Tal afastamento e desvalorização são decorrentes da crítica à história dita *positivista* feita pelos historiadores da école *des Annales*[9]. Não é a proposta aqui retomar essas críticas, ou seus desdobramentos no decorrer do século, mas expor alguns dos encaminhamentos que esse campo historiográfico vem, desde os anos 1980, ampliando para o estudo dos intelectuais, os quais são muito pertinentes para a análise aqui realizada. Nesse sentido, as considerações de Réne Rémond sobre o tema são bastante substanciais e vêm ao encontro daquilo que se pretende realizar neste livro. Esse autor, sem perder de vista a proposta de história dos *Annales*, busca estabelecer algumas das novas diretrizes da história política dentro de seu movimento

---

[6] RÉMOND, Réne. Uma História Presente. *In*: RÉMOND, Réne (dir.). *Por uma História Política*. Tradução de Dora Rocha. 2. ed. Rio de Janeiro: Editora FGV, 2003. p. 13.
[7] *Ibidem*.
[8] *Ibidem*, p. 15.
[9] FERREIRA, Marieta de Moraes. Apresentação. *In*: LOPES, Marcos Antônio (org.). *Os grandes nomes da História Intelectual*. São Paulo: Contexto, 2003. p. 6.

de renovação e rebate, entre outras, as acusações de ser esse um campo que se interessaria apenas pelas minorias privilegiadas, negligenciando as massas, com objetos efêmeros e superficiais postos na curta duração e incapazes de perceber os movimentos profundos das sociedades[10].

Em contraposição a uma história política engessada na versão oficial, factual, subjetiva, psicologizante e idealista, a renovação da história política propõe uma história que não pode se fechar sobre si mesma, nem se "comprazer na contemplação exclusiva de seu objeto próprio"[11], nem privilegiar as ligações com campos específicos da sociedade. Essa nova história política é, em grande medida, estimulada pela relação com outras ciências e disciplinas como a Sociologia, o Direito Público, a Psicologia Social, a Psicanálise, a Linguística, a Matemática, a Informática, a Cartografia, entre outras[12].

A história intelectual tem produzido nos últimos anos uma grande quantidade de pesquisas, despontando como um campo cada vez mais plural e cuja orientação teórica é de difícil definição, na medida em que, ao longo do século 20, conheceu múltiplas tendências e percorreu caminhos diversificados[13]. Assim, trata-se de uma área da história que não possui uma linguagem teórica ou modos de proceder duramente fixados como "modelos obrigatórios nem para analisar, nem para interpretar seus objetos —tampouco para definir, sem referência a uma problemática, a quais objetos conceder primazia"[14]. O que se vê nas últimas quatro décadas é um renascimento da história política, levando em seu bojo um renovado interesse pelas elites políticas e intelectuais, com o objetivo de "analisar diferentes comportamentos coletivos [...] para explicar todas as suas fundações: idéias, culturas, mentalidades"[15]. É nesse espaço e também no campo da sociologia da cultura, impulsionada por Pierre Bourdieu, que uma história dos intelectuais vem se desenvolvendo[16]. Entretanto, como destaca Carlos Altamirano, esse novo impulso da história política aliado à sociologia das elites só traz benefício efetivo para uma história intelectual que não se limite a ser "puramente intrínseca das obras e dos processos ideológicos, nem

---

[10] *Ibidem*, p. 6-7.
[11] RÉMOND, 2003, p. 36.
[12] *Ibidem*, p. 18-36.
[13] LOPES, Marcos Antônio. Apresentação. *In*: LOPES, 2003, p. 9.
[14] ALTAMIRANO, Carlos. Idéias para um programa de História intelectua. Tradução de Norberto Guarinello. *Tempo Social*: Revista de Sociologia da USP, v. 19, n. 1, p. 9-17, 2007. Disponível em: http://www.scielo.br/pdf/ts/v19n1/a01v19n1. Acesso em: 13 jan. 2025.
[15] SIRINELLI, Jean-François. *Intellectuels et passions françaises*. Paris: Fayard, 1990 *apud* ALTAMIRANO, 2007, p. 10.
[16] *Ibidem*.

contentar-se com referências sinópticas e impressionistas da sociedade e da vida política"[17], mas que também não se restrinja à simples função de história social. Ela hoje se debruça sobre as muitas realidades da sociedade, "desde as classes sociais até as crenças religiosas, passando pelos grandes meios de comunicação ou as relações internacionais"[18].

Dentro dessa multiplicidade de caminhos e propostas para a história intelectual, Robert Darnton estabelece que ela pode, de forma geral, desdobrar-se em quatro grandes categorias:

> [...] a história das idéias (do pensamento sistemático, geralmente em tratados filosóficos), a história intelectual propriamente dita (o estudo do pensamento informal, os climas de opinião e os movimentos literários), a história social das idéias (o estudo das ideologias e da difusão das idéias) e a história cultural (o estudo da cultura no sentido antropológico, incluindo concepções de mundo e *mentalités* coletivas).[19]

Se tomarmos diretamente essa categorização, a análise que se pretende nesta obra pode ser facilmente encaixada no terceiro grupo — a história social das ideias —, porque a proposta aqui desenvolvida é a de buscar compreender como determinados conceitos são constituídos e como se conformam em "verdades" por meio da cultura escrita, sendo ainda objeto deste estudo verificar a difusão dessas ideias na sociedade brasileira da primeira república. Para isso, a análise das obras será realizada a partir das relações entre a palavra impressa, a construção do pensamento de Rocha Pombo e as implicações da difusão dos conceitos por ele desenvolvidos em suas obras históricas e didáticas, buscando, assim, construir uma análise que leve em conta a relação entre a obra e sua historicidade.

O problema que se coloca é o de compreender qual o papel de Rocha Pombo, um intelectual tido como secundário no campo da historiografia, na consolidação e propagação de determinado conceito de nação e de raça. Para isso, será realizada a biografia intelectual dessa personagem que, nas primeiras décadas do século 20, por um lado firma-se como historiador, mas não consta no rol dos autores reconhecidos como grandes historiadores brasileiros; por outro lado, estabelece-se como um dos maiores autores de manuais e compêndios didáticos de história da primeira república.

---

[17] *Ibidem*, p. 10-11.
[18] RÉMOND, 2003, p. 36.
[19] DARNTON, Robert. *O beijo de Lamourette*: mídia, cultura e revolução. São Paulo: Companhia das Letras, 1990. p. 188.

A extensa obra escrita de Rocha Pombo, além de permitir uma rica análise no campo da história intelectual, também exige que este livro adentre o campo da história dos livros, que tem se tornado um campo bastante profícuo da historiografia. Dentro desse movimento, de imersão no mundo dos livros e da leitura, busca-se compreender como as ideias foram e são transmitidas por vias impressas, e, também, como o contato de um número cada vez maior de pessoas com esse conhecimento promove transformações e afeta o pensamento e o comportamento da sociedade em determinados momentos históricos. Esses estudos caminham desde a história da escrita dos livros, passando por sua produção editorial, até as formas e implicações de sua circulação e consumo, trazendo para o palco da história novos atores: escritores, editores, críticos, distribuidores e leitores. O estudo da história dos livros e da leitura nos permite ainda compreender meandros que compõem, ao lado de muitos outros, a construção e solidificação de conceitos e estereótipos característicos das sociedades e momento histórico em que são produzidos[20].

A construção de uma biografia intelectual de Rocha Pombo mostra-se como algo muito necessário para a compreensão da difusão das ideias constituídas nos meios intelectuais e propagadas, mesmo que ressignificadas, entre a população, por meio do livro. Dentre a obra de Rocha Pombo, é de especial importância um veículo de comunicação escrita, que no período também estava sendo conformado e ganhando prestígio e grande incentivo na indústria editorial: o livro didático. Nesse sentido, esta obra também lida com algumas discussões da história da educação no Brasil, aquela que trata do livro didático[21], sua produção[22], difusão[23]

---

[20] *Ibidem*, p. 109-255.
[21] Dentre as muitas obras sobre o tema, destacam-se: REZNIK, Luis. *Tecendo o amanhã*: a História do Brasil no ensino secundário: programas e livros didáticos, 1931 a 1945. Dissertação (Mestrado em História) – IFCS, UFF, Niterói, 1992; BITTENCOURT, Circe Maria Fernandes. *Livro didático e conhecimento histórico*: uma história do saber escolar. 1993. Tese (Doutorado em História) – FFLCH, USP, São Paulo, 1993; CHOPPIN, Alain. O Historiador e o livro escolar. *História da Educação*, Pelotas, v. 6, n. 11, p. 5-24, 2002; CHOPPIN, Alain. História dos livros e das edições didáticas: sobre o estado da arte. *Educação e Pesquisa*, São Paulo, v. 30, n. 3, p. 549-566, set./dez. 2004; CHOPPIN, Alain. O Manual Escolar: uma falsa evidencia histórica. *História da Educação*, Pelotas, v. 13, n. 27, p. 9-75, jan./abr. 2009; VILLALTA, Luiz Carlos. O livro didático de história no Brasil: perspectivas de abordagem. *Pós-História*, Assis, v. 9, p. 39-59, 2001.
[22] Dentre as muitas obras sobre o tema, destacam-se: MUNAKATA, K. *Produzindo livros didáticos e paradidáticos*. 1997. Tese (Doutorado em Educação) – PUC/SP, São Paulo, 1997; GASPARELLO, Arlete Medeiros. *Construtores de identidade*: a pedagogia da nação nos livros didáticos da escola secundária brasileira. São Paulo: Iglu, 2004.
[23] Dentre as muitas obras sobre o tema, destacam-se: ABUD, Kátia. O livro didático e a popularização do saber. *In*: SILVA, M. *Repensando a história*. São Paulo: Marco Zero/ANPUH, 1984. p. 81-87; MUNAKATA, Kasumi. O Livro didático como mercadoria. *Pro-Posições*, Campinas, v. 23, n. 3, p. 51-66, set./dez. 2012; SILVA, 2008.

e autores²⁴. O primeiro passo, para efetuar a tarefa aqui proposta, é realizar uma breve exposição sobre quem foi e qual o montante da obra dessa personagem.

José Francisco da Rocha Pombo, paranaense da cidade de Morretes, nasceu em 4 de dezembro de 1857. Foi mestre escola no Anhaia, subúrbio de Morretes, a partir de 1875²⁵. Era filho de Manoel Francisco Pombo, professor primário, e Angelina Pires da Rocha Pombo. Membro de uma família numerosa, com sete irmãs e dois irmãos, o jovem Rocha Pombo iniciou sua vida profissional aos 18 anos como professor e aos 22 anos fundou em Morretes o primeiro jornal da cidade, *O Povo – Orgão dedicado à cauza popular* (1879)²⁶. Foi ainda literato, político, bacharel em Ciências Jurídicas e Sociais, autor de diversos manuais e compêndios didáticos e historiador²⁷.

No ano de 1880, deixou sua cidade natal e mudou-se para a capital da província, Curitiba, onde também atuou como professor e jornalista. Fundou um semanário que segundo registros teve duração fugaz²⁸. Dois anos depois, casou-se com a filha de fazendeiros nascida na cidade de Castro, D. Carmelita Madureira Azambuja, com quem viveria por 51 anos, até a morte dela, em 23 de janeiro de 1933. Segundo o documento produzido pelas sobrinhas netas de Rocha Pombo, de seu matrimônio nasceram sete filhos, a saber, Maria Júlia, José Francisco Rocha Pombo Filho, Regina, Vitor, Marieta, Carmelita e Judith. Entretanto essas informações ainda não puderam ser totalmente confirmadas e trazem dados diversos daqueles encontrados na base de dados sobre a família de Rocha Pombo, na qual

---

[24] Dentre as muitas obras sobre o tema, destacam-se: MELLO, Ciro Flávio de Castro B. *Senhores da História*: a construção do Brasil em dois manuais didáticos de história na segunda metade do século XIX. 1997. Tese (Doutorado em Educação) – FFLCH, USP, São Paulo, 1997; BITTENCOURT, Circe Maria Fernandes. Autores e editores de compêndios e livros de leitura (1810-1910). *Educação e Pesquisa*, São Paulo, v. 30, n. 3, p. 475-491, 2004; PINTO JUNIOR, Arnaldo. *Professor Joaquim Silva, um autor da história ensinada do Brasil*: livros didáticos e educação moderna dos sentidos (1940–1951). 2010. Tese (Doutorado em Educação) – Universidade Estadual de Campinas, Campinas, 2010; ORIÁ, Ricardo. *O Brasil contado às crianças*: Viriato Corrêa e a literatura escolar brasileira (1934-1961). São Paulo: Annablume, 2011.

[25] POMBO, Ruth da Rocha. (apontamentos) Grupo Escolar "Júlia Wanderley". *Contribuições às festas comemorativas ao centenário de nascimento do historiador ROCHA POMBO*. Curitiba: [s. n.], dez. 1957.

[26] Duas edições de *O Povo* podem ser encontradas na Hemeroteca da Biblioteca Nacional. Disponível em: http://bndigital.bn.br/hemeroteca-digital. Acesso em: 13 jan. 2025.

[27] CARDIM, 1958, p. 3-4.

[28] A referência ao semanário é encontrada no material produzido pelas sobrinhas netas de Rocha Pombo por ocasião das comemorações dos 100 anos de seu nascimento. Cf.: POMBO, 1957. Na introdução de Supremacia do Ideal, Rocha Pombo diz que em 1881, logo que se muda para Curitiba, fundou o semanário *A verdade* e que o mesmo seria publicado apenas por alguns meses. Cf.: POMBO, José Francisco da Rocha. *A Supremacia do Ideal (Estudo sobre a Educação)*. Castro: Typografia Echo dos Campos, 1883. p. 26.

foi possível identificar e comprovar pela documentação indexada: Maria Carmelita da Rocha Pombo, nascida em 20 de setembro de 1882, casada com Antonio Joaquim Pereira da Silva, em 1906; Julia Carla Pombo, nascida em 1886 e casada com Aristóteles Bond, em 1911; José da Rocha Pombo nascido em 22 de janeiro de 1888; Antônio da Rocha Pombo, nascido em 13 de junho de 1892[29]. Foi ainda possível verificar que Judith nasceu em 1891, mas faleceu aos cinco meses, de inflamação intestinal[30].

Morando em Castro, Rocha Pombo aventurou-se a fundar outro jornal, o primeiro da cidade, intitulado *Echo dos Campos – Semanário consagrado aos interesses geraes da provincia*[31]. Além disso, há informações de que criara e fora diretor de um colégio[32]. No biênio 1886/1887, foi eleito deputado da Assembleia Provincial e voltou a morar em Curitiba[33]. Nesse período, colaborou em vários jornais da cidade, publicando ainda dois jornais, o *Diario Popular* e *O Paraná*, além de ser redator do *Diario do Commercio*, em 1892, periódico do qual se tornaria proprietário no mesmo ano[34].

Iniciou sua carreira literária em 1881, com o romance *A honra do Barão*[35], que, segundo Elmano Cardim[36], foi impresso pelo próprio autor e divulgado em folhetim no jornal uruguaio *La Patria*. Vale destacar que a referência dessa divulgação não consta em outras obras do autor, assim como não foi encontrado referido o jornal. Na introdução de *Supremacia do Ideal*[37], Rocha Pombo se dispõe a analisar seu passado para demonstrar o amadurecimento de sua proposta, um tanto emocional, registrada em *A Religião do Belo*[38], e nesse interim lista suas publicações, leituras e dilemas intelectuais até a sintetização de sua visão na obra que publica naquele momento. Entre os escritos elencados na introdução, encontra-se

---

[29] Base de dados *Family Search*. Disponível em: https://familysearch.org/search/record/results?count=75&query=%2Bsurname%3A%22Rocha%20Pombo%22~. Acesso em: 13 jan. 2025.

[30] DIARIO DO COMMERCIO. Curitiba, 23 de fevereiro de 1891, n. 43, p. 1. Óbitos. Disponível em: http://hemerotecadigital.bn.br/. Acesso em: 13 jan. 2025.

[31] Três edições de *O Echo dos Campos*, duas de 1883 e uma de 1884, podem ser encontradas na Hemeroteca da Biblioteca Nacional. Disponível em: http://hemerotecadigital.bn.br/. Acesso em: 10 mar. 2025.

[32] POMBO, 1957.

[33] Segundo seus biógrafos, foi eleito para um segundo mandato em 1917, quando já residia no Rio de Janeiro. Não aceitou o cargo alegando a fragilidade de sua saúde.

[34] POMBO, 1957.

[35] O único exemplar localizado da obra pertence ao acervo físico da Biblioteca Brasiliana Guita e José Mindlin – USP. POMBO, 1881.

[36] CARDIM, 1958, p. 8.

[37] O único exemplar localizado da obra pertence à Biblioteca Pública do Paraná. POMBO, 1883.

[38] Não foi encontrado nenhum exemplar dessa obra.

A honra do Barão sem, contudo, nenhuma indicação sobre a existência de uma publicação no Uruguai.

A honra do Barão abre o caminho para a produção literária de Rocha Pombo, e a partir daí seguiu-se uma série de outras obras, pequenas e de grande fôlego no campo da literatura ou que discutiram a educação da nação: *Dadá ou a boa filha*[39] e *A religião do belo*, de 1882; *Supremacia do ideal*[40], de 1883; *Nova Crença*[41], de 1889; *Petrucello*[42], *Visões*[43] e *A Guairá*[44], de 1891; *In Excelsis*[45], 1895; e *Marieta*[46], 1896[47]. Paralela a essa produção, Rocha Pombo manteve a publicação intensa em jornais e revistas paranaenses, assim como dedicou-se à elaboração de uma história do Paraná.

Conforme declara em a *Supremacia do Ideal*, Rocha Pombo dedica-se aos estudos, abandonado seu hábito de ler todos os jornais que lhe chegavam às mãos, com grande atenção para a política, e percebe que muito há para aprender e conhecer dos grandes nomes intelectuais do período[48]. Nos anos entre a publicação de seu primeiro texto em um jornal e a produção de *Supremacia do Ideal*, Rocha Pombo alega ir se afastando das ideias políticas e tomando cada vez mais gosto pelas letras, e apresenta os autores que lhe mudaram o espírito: Charles Darwin, Augusto Comte, Luis Büchner, Émile Littré, Hebert Spencer e Camille Flammarion.

Segundo Nestor Vitor, Rocha Pombo muito sofrera com a Revolta do Rio Grande (Revolução Federalista)[49], com o colapso da imprensa e,

---

[39] Não foi encontrado nenhum exemplar dessa obra.

[40] POMBO, 1883, p. 1-24.

[41] Não foi encontrado nenhum exemplar dessa obra.

[42] O único exemplar localizado da obra pertence à Biblioteca Pública do Paraná. POMBO, José Francisco da Rocha. *Petrucello*. Curitiba: Typ. da Companhia Impressora Paranaense, 1892.

[43] O único exemplar localizado da obra pertence à Biblioteca Pública do Paraná. POMBO, José Francisco da Rocha. *Visões*. Curitiba: Typ. da Companhia Impressora Paranaense, 1891.

[44] ROCHA POMBO, José Francisco da [1886]. *A Guayra*: poema em 12 cantos. São Paulo: Typografia da Companhia Industrial de S. Paulo, 1891.

[45] Não foi encontrado nenhum exemplar dessa obra. Entretanto foi encontrado um excerto em: POMBO, José Francisco da Rocha. Excerto (do poema In Excelsis). *O Cenáculo nº 01*. Curitiba: Typ. da Companhia Impressora Paranaense, 1895. p. 9. Disponível em: http://hemerotecadigital.bn.br/. Acesso em: 13 jan. 2025.

[46] Não foi encontrado nenhum exemplar dessa obra.

[47] CARDIM, 1958, p. 8.

[48] POMBO, 1883, p. 1-24.

[49] Sobre o tema: POMBO, José Francisco da Rocha. *Para a história*: notas sobre a invasão federalista no Estado do Paraná. Curitiba: Fundação Cultural de Curitiba, 1980; CARNEIRO, David. *O Paraná e a revolução federalista*. São Paulo: Atena, 1944; PILOTO, Valfrido. *Os Horrores da Revolução Federalista através de um inédito de Rocha Pombo*. Curitiba: Diário do Paraná, 21 jul. 1971; ECHEVERRIA, Marcelo Silva. *Rocha Pombo, relato e testemunho da revolução federalista no Paraná em 1894*. Monografia (Graduação em História) – Universidade Federal do Paraná, Curitiba, 2009.

principalmente, com a censura imposta aos jornalistas. Para seu amigo, o impacto da guerra fora tremendo sobre a saúde, já deficiente, de Rocha Pombo, que mesmo sendo frágil colocara-se a salvar os perseguidos que pôde salvar, mesmo correndo riscos de ser ele mesmo alvo das atrocidades cometidas pelos desmandos de Floriano Peixoto[50]. Em 1897, em visita à sua mãe adoentada, Nestor Vitor encontrara seu amigo muito abatido, morando em Paranaguá, onde estabeleceu uma modesta agência de comércio e redigia um "hebdomadário local de feição apenas disfarçadamente política"[51]. Sofria ainda com a perda recente de sua filha Marieta. Segundo Nestor Vitor:

> [...] encontrei ali Rocha Pombo fazendo lembrar um náufrago preso à última tábua de salvação. Paranaguá era a derradeira orla da terra paranaense onde ainda o destino lhe permitia apegar-se para não se resignar ao exílio. Pouco a pouco as circunstâncias o foram tangendo e expelindo como se expele um corpo estranho até que ele rolara até ali.[52]

Vendo o amigo tão abatido, Nestor Vitor mais uma vez reforçou o convite que vinha fazendo desde que se mudara para a capital, para que o jornalista para lá se mudasse, pois para o literato esse sempre foi o lugar de Rocha Pombo, que sempre recusara o convite por não querer deixar o Paraná e por temer submeter sua família às provações que poderia encontrar no Rio de Janeiro[53]. Apesar disso, em 1897, Rocha Pombo e sua família mudam-se para a capital da república, e três anos depois ele publica seu primeiro compêndio didático: *Compendio de Historia da America (1900)*[54]. No mesmo ano, a pedido de antigos amigos paranaenses, escreve outro livro, *O Paraná no centenário*[55], que provavelmente sintetiza a pesquisa e escrita sobre a história do Paraná que ele propunha elaborar desde 1883[56]. Essas duas obras dariam início à sua produção como historiador e autor de materiais didáticos, produção essa que o tornaria conhecido e difun-

---

[50] VITOR, 1979, p. 70-71.
[51] *Ibidem*, p. 71.
[52] *Ibidem*.
[53] *Ibidem*, p. 72.
[54] POMBO, José Francisco da Rocha. *Compendio de Historia da America*. 1. ed. Rio de Janeiro: Laemmert & C. – Editores, 1900.
[55] POMBO, José Francisco da Rocha. *O Paraná no centenário*. 2. ed. Rio de Janeiro: José Olympio Editora; Curitiba: Secretaria da Cultura e do Esporte do Estado do Paraná, 1980.
[56] POMBO, 1883, p. 1-24.

dido em diversos estados do Brasil. A partir daí, Rocha Pombo dedicou sua vida como escritor à produção de várias versões da história do Brasil e de alguns estados[57]. Ainda escreveu sua obra literária mais conhecida, o romance simbolista *No Hospício*[58]. Mantém, de forma menos expressiva que no Paraná, a escrita em jornais e revistas — dentre os quais se destaca uma série de textos na revista *Terra de Sol*[59], na *Revista do IHGB*[60] e *America Latina*[61] —, produz discursos[62], faz diversos prefácios e apresentações para livros, publica ainda um livro com as suas notas de viagens pelo Nordeste do Brasil[63] e um dicionário de sinônimos[64].

Sua produção é bastante extensa e variada, dentre a qual podemos contar 11 livros de literatura, três estudos sobre a educação, dez manuais didáticos, sete livros sobre história, um dicionário de sinônimos, um livro de notas de viagem e um livro de notas sobre a Revolução Federalista, computando 34 livros, dentre os quais muitos foram reeditados dezenas de vezes ao longo do século 20. Além dos livros, foram identificados dezenas de artigos em jornais e revistas, pequenos contos — muitos deles organizados no livro *Contos e Pontos*[65] —, pelo menos uma dezena de prefácios, introduções e apresentações em obras de terceiros como Viriato Correia[66], Hildebrando Accioly[67], Melo Morais Filho[68], Brasil Pinheiro Machado[69], entre outros.

---

[57] São Paulo, Paraná e Rio Grande do Norte.

[58] POMBO, José Francisco da Rocha. *No Hospício*. Paris; Rio de Janeiro: H. Garnier, 1905.

[59] *Terra de Sol*, vol. 1-2. Rio de Janeiro: 1924-1925.

[60] REVISTA DO IHGB. Rio de Janeiro, t. 68, Parte II, 1907. p. 455-453, 461-462, 472, 487, 549. Disponível em: https://ihgb.org.br/publicacoes/revista-ihgb/itemlist/filter.html?category=9&moduleId=147. Acesso em: 13 jan. 2025.

[61] AMERICA LATINA: Revista de arte e pensamento. Rio de Janeiro: [s. n.], 1919-1920. Disponível em: http://bndigital.bn.br/hemeroteca-digital/. Acesso em: 13 jan. 2025.

[62] Dentre os quais, o mais conhecido é o apresentado na inauguração do Instituto Varnhagen. POMBO, José Francisco da Rocha. *Instituto Varnhagen*: discurso inaugural proferido na sessão de instalação em 17 de fevereiro de 1923 pelo presidente perpétuo J. F. da Rocha Pombo. Rio de Janeiro: Typ. do Annuario do Brasil, 1923.

[63] POMBO, José Francisco da Rocha. *Notas de viagem*: norte do Brasil. Rio de Janeiro: Benjamin de Aguila editor, 1918.

[64] Idem, *Dicionário de sinônimos da língua portuguesa*. Rio de Janeiro: Francisco Alves, 1914.

[65] Idem, *Contos e pontos*. Porto: Magalhães & Moniz, 1911.

[66] Idem, Prefácio. *In*: CORREIA, Viriato. *Histórias da Nossa História*. Rio de Janeiro: Ed. Getúlio Costa, 1920. p. 7-19.

[67] POMBO, José Francisco da Rocha [1927 (Prefácio data de 1923)]. Prefácio. *In*: ACCIOLY, Hildebrando. *Reconhecimento da independência do Brasil*. Rio de Janeiro: Imprensa Nacional, 1942. p. 5-9.

[68] POMBO, José Francisco da Rocha. Introdução. *In*: FILHO, Melo Moraes. *História e Costumes*. Rio de Janeiro: Garnier, 1904. p. 6-15.

[69] POMBO, José Francisco da Rocha. Esboço de uma sinopse da história regional do Paraná. *In*: MACHADO, Brasil Pinheiro. *Poemas*: seguidos de dois ensaios. Curitiba: Paraná: Imprensa Oficial no Paraná, 2001.

Tendo em vista sua extensa produção escrita, Rocha Pombo foi alvo de várias pesquisas, geralmente focadas ora em sua produção de compêndios e manuais didáticos — dentre os quais se destacam o já citado *Compendio de Historia da America* (1900) e *Nossa Pátria* (1917); ora em sua obra literária, *No Hospício* (1905), pesquisas voltadas para o estudo da loucura ou da literatura simbolista. Foi também estudado por seu papel como historiador pouco valorizado em seu tempo em trabalhos que analisam majoritariamente a sua coleção *Historia do Brazil (Illustrada)*[70], em dez volumes (1905-1917) e *A Supremacia do Ideal* (1889)[71]. No campo da história da educação, há alguns trabalhos que incluem Rocha Pombo — sempre em conjunto com outros autores — como um personagem importante para o entendimento dos processos didáticos, da produção de compêndios e manuais didáticos e do papel do negro no interior do material didático nas três primeiras décadas do século 20[72]. Além disso, está presente em obras que discutem a história do livro[73] e a intelectualidade brasileira[74].

Paralela à sua vida e produção literária, historiográfica e didática, Rocha Pombo manteve sempre a sua profissão de professor, lecionando na educação básica e na Escola Normal, tendo ainda, em 1906, participado de um concurso para a cadeira de História do Colégio Pedro II, no qual não foi aprovado, ficando na sétima colocação, sendo os dois primeiros colocados respectivamente: Felisberto Freire e José Veríssimo[75]. Esse concurso é ainda apontado por Capistrano de Abreu como o início da animo-

---

[70] POMBO, José Francisco da Rocha. *História do Brazil (Illustrada)*. vol. I a III. Rio de Janeiro: J. F. Saraiva editor, [1905-19--?]; POMBO, José Francisco da Rocha. *História do Brazil (Illustrada)*. vol. IV a X. Rio de Janeiro: Benjamin de Aguila, [19---1917].

[71] Dentre esses trabalhos, destacam-se: LUCCHESI, 2004; SANTOS, 2005; SILVA, 2008; SANTOS, 2009.

[72] Dentre eles, destacam-se: SCHWARCZ, Lilia K. M. *Guardiões da nossa história oficial*. São Paulo: Idesp, 1989; BITTENCOURT, 1993; FONSECA, Thais Nivia de Lima. 'Ver para compreender': arte livro didático e história da nação. *In*: SIMAN, Lana Mara de Castro; FONSECA, Thais Nivia de Lima e (org.). *Inaugurando a História e construindo a nação*: discursos e imagens no ensino de História. Belo Horizonte: Autêntica, 2001. p. 91-121; RIBEIRO, Renilson Rosa. *Colônia(s) de Identidades*: discursos sobre a raça nos manuais escolares de História do Brasil. Dissertação (Mestrado em História) – IFCH/Unicamp, Campinas, 2004; BITTENCOURT, 2004; SILVA, 2008; PINA, Maria Cristina Dantas. *A escravidão no livro didático de História*: três autores exemplares. 2009. Tese (Doutorado em Educação) – FE-Unicamp, Campinas, 2009.

[73] HALLEWELL, Laurence. *O livro no Brasil:* sua história. São Paulo: Edusp, 1985; ABREU, Márcia (org.). *Leitura, História e História da leitura*. São Paulo: Fapesp, 1999; ABREU, Márcia. *Os caminhos dos livros*. Campinas: Mercado das Letras, 2012.

[74] MARTINS, Wilson. *História da inteligência brasileira*. São Paulo: Cultrix, 1978. v. 6; BEGA, Maria Tarcisa Silva. No centro e na periferia: a obra histórica de Rocha Pombo. *In*: LOPES, 2003, p. 481-493.

[75] Ata das sessões de Congregação do Concurso para professor da cadeira de História, especialmente do Brasil do Externato do Ginásio Nacional, Colégio Pedro II, Núcleo de Documentação e Memória Histórica do Colégio Pedro II – Unidade Centro, Rio de Janeiro, 1906.

sidade existente entre ele e Rocha Pombo: "[...] Rocha Pombo é do Paraná [...] Quando houve o célebre concurso de história, que tanto amofinou o Veríssimo, vendo-se perdido, quis levar a coisa em chalaça. Reprovei-o; ficou meu inimigo. Ganhamos ambos com o resultado"[76].

Assim, Rocha Pombo não apenas não passou no concurso como também ganhou um inimigo no meio intelectual em que vivia. Para Elmano Cardim, tal era a relevância dessa inimizade que se criou uma "conspiração" que levou Rocha Pombo ao esquecimento, uma vez que os amigos e discípulos de Capistrano de Abreu passaram também a não gostar do intelectual paranaense[77]. Para Fernanda Lucchesi, há uma "peleja literária", seu único ponto de atrito. Para a autora, não apenas os dois tinham ideias diferentes sobre a história, como também tinham-nas seus amigos e grupos em que estavam inseridos, o que criava uma separação bem marcada entre ambos[78].

Desde a mocidade, Rocha Pombo esteve ligado a grupos diversos. No Paraná fez parte da Confederação Abolicionista, do Clube Republicano, foi presidente da Associação dos Artistas, fez parte de uma comissão para a reforma da instrução pública e manteve-se ligado a vários intelectuais locais. Uma vez no Rio de Janeiro, isso não foi diferente. As publicações de *Compendio de Historia da America* e de *O Paraná Centenário* garantiram a sua entrada para os quadros dos historiadores ligados ao IHGB; esteve entre os nomes de literatos do movimento simbolista; por três vezes, foi indicado para a Academia Brasileira de Letras (ABL), sendo eleito para a cadeira nº 39, que tem como patrono Francisco Adolfo de Varnhagen, Visconde de Porto Seguro, apenas em 1933, alguns meses antes de sua morte, cadeira que nunca chegou a assumir[79]; fez parte do Instituto Varnhagen, sendo o orador em sua cerimônia de fundação e presidente perpétuo. Há indícios de que esteve ligado a grupos socialistas e/ou anarquistas no Rio de Janeiro. Essa associação pode ser confirmada pela breve nota publicada no periódico *A Plebe* de Edgard Leuenroth:

> ROCHA POMBO
>
> Honra hoje as columnas deste jornal, com sua preciosas colaboração, o grande historiador Rocha Pombo commun-

---

[76] ABREU, Capistrano. Carta de Capistrano de Abreu enviada a João Lúcio de Azevedo em 9 de março de 1921. *Correspondência de Capistrano de Abreu*, v. II, 1. ed., 1954. p. 197.
[77] CARDIM, 1958, p. 31-32.
[78] LUCCHESI, 2004, p. 37-38.
[79] CARDIM, 1958, p. 10-11.

gante em nossos ideaes, embora um tanto mais propenso ao primitivo comunismo christão, com certas modificações tolstoianas. O imenso alcance desta adesão e dos ensinamentos deste grande espirito, cuja vida tem sido de um galeriano do trabalho intelectual sem desfalecimentos, não precisamos encarecer. Todos bem comprehenderão.[80]

Nestor Vítor também afirma essa ligação ao dizer que, uma vez no Rio de Janeiro, Rocha Pombo se juntaria a um grupo de intelectuais e artistas dentre os quais se destacam Cruvelo de Mendonça[81], Fábio Luz[82] e Elísio de Carvalho[83]. Ele também participaria da fundação de uma universidade popular de ensino livre[84], socialista — idealizada por Elísio de Carvalho

---

[80] *A Plebe*, São Paulo, 22 de agosto de 1922, p. 1. Fundo XXX, Série XXX, MRXXX. Arquivo Edgard Leuenroth – AEL – IFCH – Unicamp.

[81] "Manuel Curvelo de Mendonça (1870-1914), um outro nome importante da literatura de caráter anarquista, autor de Regeneração (Garnier,1904), nasceu em Sergipe, no Engenho Quintas. Formado pela Faculdade de Direito do Recife, Curvelo de Mendonça mudou-se, em 1893, para o Rio de Janeiro, onde, além das atividades literárias, exerceu o cargo de chefe de seção na Intendência Municipal e foi membro do Conselho de Instrução Pública, além de professor e diretor do Instituto Comercial do Distrito Federal. Sua produção literária, ao contrário de Fábio Luz, não foi muito grande e restringiu-se a um romance e mais alguns contos publicados no Almanaque Brasileiro Garnier." FENERICK, José Adriano. A literatura anarquista dos anos 1900/20: um estudo da recepção em dois quadros críticos. *Mneme*: Revista Virtual de Humanidades, n. 10, v. 5, abr./jun. 2004. Dossiê História Cultural. p. 12, *et seq*. Disponível em: http://www.periodicos.ufrn.br/mneme/article/view/194/181. Acesso em: 13 jan. 2025.

[82] "Fábio Luz foi um dos escritores ligados ao ideário anarquista e, portanto, um dos nomes de que nos ocuparemos aqui. Nascido em Valença, província da Bahia, em 1864, Fábio Lopes dos Santos Luz formou-se em medicina pela Faculdade de Medicina da Bahia e migrou para o Rio de Janeiro em 1888, onde viveria até 1938, ano de seu falecimento. Fábio Luz se destaca, de antemão, pela quantidade de obras literárias publicadas, algumas, inclusive, pelas maiores editoras do período, a Garnier e a Francisco Alves. De sua incansável pena saíram obras didáticas ("infantis"), opúsculos e panfletos, folhetins, vários artigos em periódicos (anarquistas ou não), além de alguns livros e ensaios de crítica literária. Como romancista, Fábio Luz estreou em 1902, com Novelas, em seguida, publicou Ideólogo (Altina, 1903), Os Emancipados (1906), Virgem-Mãe (Garnier, 1910), Elias Barrão e Xica Maria (Francisco Alves, 1915), Nunca! (Leite e Ribeiro, 1924) e Manuscrito de Helena (Olímpica, 1951)" (*Idem*).

[83] "Elysio de Carvalho (1880-1925). Alagoano, natural da cidade de Penedo, teve uma trajetória literária incomum, agitada por mudanças de pensamento. Foi anarquista, decadentista, chefe do Gabinete de Identificação da polícia do Rio de Janeiro e nacionalista fervoroso. Como intelectual procurou seu lugar nos debates da Primeira República, mas as percepções posteriores de sua obra e os valores atribuídos às idéias das quais as adepto o colocaram no segundo escalão literário, caindo assim no esquecimento" (LEMOS, Clarice Caldini. *Ao Bastiões da Nacionalidade*: nação e nacionalidade nas obras de Elysio de Carvalho. Dissertação (Mestrado em História) – Universidade Federal de Santa Catarina, Florianópolis, 2010. p. 18. Disponível em: https://repositorio.ufs. Acesso em: 13 jan. 2025.

[84] Segundo José Adriano Fenerick: "um dos projetos mais citados pela bibliografia sobre o anarquismo no Brasil, a criação de uma Universidade Popular de Ensino Livre, em 1904, ter sido levado a termo por alguns destes escritores: Fábio Luz, Rocha Pombo e Curvelo de Mendonça, juntamente com Elísio de Carvalho, o idealizador do projeto, e homens com formações intelectuais tão díspares como Felisberto Freire, José Veríssimo, Pedro do Couto, Araújo Viana, etc. Apesar de 'fracassado' (durou apenas alguns poucos meses), esse projeto é mais um indicativo as 'amizades' e da variada formação intelectual desses escritores que, como podemos ler em seus romances, não dispensam citações de um Nietzsche, de um Zola, de um Tolstói, de um Ruskin, mas também, vez ou outra, 'escorregam' para um Darwin, um Comte ou um Spencer, resultando, dessa combinação, um certo 'anarquismo positivista evolucionista', que se desdobrará, de certo modo, em suas utopias narradas em suas obras literárias" (Fenerick, 2004, p.14).

—, em que lecionou como professor voluntário de História Universal[85]. Ainda no Paraná, Rocha Pombo entrara em contato com o socialismo libertário por meio de Giovani Rossi, líder anarquista da Colônia Cecília[86], de quem assistira a várias conferências realizadas em Curitiba[87]. Em 1892, sobre notícias de sublevação na colônia Rocha Pombo comentaria no *Diario do Commercio*:

> Diz-nos o mesmo informante ser falso o boato que se levantou de que aos socialistas da Colônia Cecília cabia a origem da sublevação. E é falso esse boato porque achava-se à frente de seus confrades o digno Dr. Giovani Rossi, homem ilustrado, prudente e incapaz de concitar os colonos a qualquer distúrbio.[88]

Tanto a nota de Edgard Leuenroth quanto a de Rocha Pombo servem de indícios para a ligação do autor com os ideais anarquistas e socialistas. É importante ressaltar que não há na obra histórica e didática de Rocha Pombo a defesa desses ideais, no entanto autores como Nestor Vitor[89], Brasil Pinheiro Machado[90], Gilson Queluz[91] e José Adriano Fenerick[92] demonstram como muitos dos elementos que configuram a literatura anarquista, socialista e libertária podem ser encontrados em seus escritos

---

[85] VITOR, 1979, p. 401.

[86] "A colônia Cecília, experiência que buscou pôr em prática os princípios anarquistas e que nasceu em 1890 no estado do Paraná, é o aspecto mais conhecido do anarquismo italiano no Brasil e sua primeira manifestação [...] A personagem do fundador da Cecília é indissociável da história da colônia. Toda a sua atividade política gira em torno de um projeto de vida comunitária. Desde a sua adesão à Internacional, em 1873, aos dezoito anos de idade, Giovanni Rossi propôs um projeto de vida comunitária na Polinésia. Os numerosos artigos que ele apresentou na imprensa italiana, anarquista e socialista, os apelos que ele lançou às associações, federações, partidos, suscetíveis, a seus olhos, de ajudá-lo, tinham todos por objetivo expor seu projeto de comunidade ou, após 1890, apoiar a experiência em curso no Brasil. Com o mesmo objetivo de propaganda, Rossi funda, além disso, seu próprio jornal, *Lo Sperimentale*, em 1886. Ele desenvolve igualmente seu projeto de comunidade em um romance utópico, *Un Comune Socialista*, no qual a personagem feminina tem por nome Cecília - que teve cinco edições entre 1875 e 1891" (FELICI, Isabelle. A verdadeira História da Colônia Cecília de Giovini Rossi. *Cadernos do AEL*, Campinas, v. 5, n. 8/9, 1998. p 10-11. Disponível em: http://segall.ifch.unicamp.br/publicacoes_ael/index.php/cadernos_ael/article/viewFile/104/110). Acesso em: 13 jan. 2025; Ver também: VALENTE, Silza Maria Pazello. *A presença rebelde na cidade sorriso*: contribuição ao estudo do anarquismo em Curitiba, 1890-1920. Londrina: UEL, 1997.

[87] QUELUZ, 1998, p. 126.

[88] DIARIO DO COMMERCIO, Curitiba, 22 de fevereiro de 1892, p. 1 *apud* QUELUZ, 1998.

[89] VITOR, 1979.

[90] MACHADO, Brasil Pinheiro. Rocha Pombo: dados biobibliográficos. In: POMBO, Rocha. *O Paraná no Centenário*. 2. ed. Rio de Janeiro: Curitiba: José Olympio; Secretaria de Cultura e Esporte, 1980.

[91] QUELUZ, 1998.

[92] FENERICK, 2004.

literários, especialmente em *No Hospício*. Segundo Fenerick, dos três elementos básicos que constituem esse tipo de literatura — "a descrição de uma sociedade burguesa, a apresentação e crítica das contradições desta sociedade e a projeção de uma sociedade utópica baseada nos preceitos do ideário anarquista"[93] —, apenas a sociedade utópica anarquista aparece, nascida da loucura e do delírio, que são o tema central do romance[94].

A partir de 1900, Rocha Pombo se dedica à escrita de sua obra mais extensa: a *Historia do Brazil (Illustrada)*, uma obra em dez volumes publicados ao longo de 12 anos, de 1905 a 1917, que teria dois editores: do primeiro ao terceiro volume, J. Saraiva, e do quarto ao décimo volume, Benjamin de Aguila. Escreveu ainda *Nossa Pátria*, livro editado 88 vezes e utilizados nas escolas brasileiras até 1970, além de vários outros manuais e compêndios didáticos sobre a história do Brasil e universal para os ensinos: primário, secundário e superior. Teve ainda o seu *Historia do Brazil (Illustrada)*, reeditado várias vezes, mas reduzido a um número menor de volumes[95].

Morreu na cidade do Rio de Janeiro, em 26 de junho de 1933. Contam seus biógrafos que Rocha Pombo — a despeito do sucesso editorial que suas obras *História do Brasil* e *Nossa Pátria* alcançaram — passou seus últimos anos em extrema pobreza e com a saúde bastante debilitada. Entre os biógrafos de Rocha Pombo, é comum e corrente sua descrição como um homem de origem humilde, nascido em uma pequena cidade, um autodidata que muito jovem demonstrou inteligência e ânsia pela leitura e pelo conhecimento. Também é recorrente nessas obras a descrição da vida de Rocha Pombo como extremamente difícil e marcada pela tristeza, pelo trabalho duro, pela falta de reconhecimento a seu brilhantismo e pela pobreza. Em sua biografia, mais conhecida e citada, escrita pelo também paranaense Valfrido Piloto em 1953, encontramos essa imagem do sofrimento descrita nas linhas a seguir:

> Compulso a pasta de notas e recortes, de onde poderia sair um romance daquela vida tormentosa. Rebusco, por momentos, os meus guardados. É como se penetrasse amplo salão cheio de luzes, mas enregelante e tétrico. Um suntuoso lugar de suplício, pois há grandeza, mas nossa alma se

---

[93] *Ibidem*, p. 13.
[94] *Ibidem*.
[95] As reedições em menos volumes foram acompanhadas de mudança no nome da obra: POMBO, José Francisco da Rocha. *História do Brasil*. Edição do Centenário. Rio de Janeiro: Annuário do Brasil, 1922. v. 4; POMBO, José Francisco da Rocha. *História do Brasil, nova edição ilustrada*. 1. ed. Rio de Janeiro: W. M. Jackson, 1935. v. 5.

> confrange. Penamos, numa compunção de solidariedade irresistível, e quase não nos sobra tempo para as exaltações que, em geral, ocorrem a quem tira o chapéu diante de um monumento de glória.
>
> Foi tecida de crepe a vida de Rocha Pombo. Ela é rôxa, tem qualquer coisa de túmulo. Sempre foi assim. A dôr o buscara como seu eleito, e desdobrar-se-ia na cama completa dos suplícios: Viera, êle, para expiações tremendas.[96]

Elmano Cardim, em sua conferência lida na Academia Brasileira de Letras — em 12 de dezembro de 1957, como parte das comemorações pelo centenário de nascimento de Rocha Pombo, que no ano seguinte seria publicada como livro sob o título *Rocha Pombo: o Escritor e o Historiador*[97] –, reproduziria a mesma imagem de pobreza e sofrimento:

> O nosso eminente confrade também herdou do pai a vocação de professor, pois aos 18 anos começava a lecionar primeiras letras no pequeno lugarejo Anhaia, subúrbio da sua cidade natal. A sua vida de lutador infeliz o obrigaria a procurar sempre no ensino os meios de subsistência para os duros encargos de uma numerosa família. Viveu, assim, a triste *via crucis* do magistério, numa época em que muito pequenas eram as compensações desse árduo labor intelectual. E findou-se com a marca da pobreza em que sempre se debateu, curvado ao peso dos anos e das decepções, subindo diariamente aos estrados das aulas para repetir às turmas que se renovavam todos os anos os mesmos pontos da História em que se fizera, pela sua obra, pontífice, respeitado e admirado.[98]

A origem humilde, a dificuldade para conseguir realizar seus sonhos de publicação, o autodidatismo, a busca incessante por conhecer e aprender mais, a intensa preocupação com a educação e as adversidades que a falta de dinheiro lhe impõe são características que o próprio Rocha Pombo destaca sobre sua vida ao repensar o seu "eu" na introdução de *Supremacia do Ideal*. Também havia sido nesses termos que Albino Silva havia descrito, em 1882, o jovem Rocha Pombo, de forma a exaltar a sua inteligência, perseverança e luta incessante para levar o seu texto, *A honra*

---

[96] PILOTO, 1971, p. 7.
[97] CARDIM, 1958.
[98] Ibidem, p. 4-5.

do Barão, à publicação[99]. Pode-se inferir que, ao ressaltar a sua origem humilde, tanto Rocha Pombo quanto seus biógrafos buscavam demarcar o seu papel peculiar dentro de uma sociedade em que as oportunidades, via de regra, estavam condicionadas às relações e às posses dos indivíduos. Dessa forma, Rocha Pombo não apenas se apresenta como mais um intelectual entre uma grande constelação de grandes estrelas, mas como uma pequena estrela que aumenta a intensidade de seu brilho e destaca-se, mesmo que não recebendo os mesmos olhares que suas companheiras. Tal construção leva a refletir sobre o quanto dessa imagem não foi apropriada por seus biógrafos que, nos idos de 1950, buscavam resgatar a figura de Rocha Pombo, fosse para uma exaltação da identidade paranaense, fosse como parte das comemorações de seus cem anos de nascimento. Nessa perspectiva, a imagem pode se constituir em uma retórica elogiosa ao autor com objetivo de criar uma figura idealizada, em que a origem humilde e a vida de superação se apresentassem como meritórias.

Para além de suas pretensas dores e dificuldades na vida, Rocha Pombo desde sua juventude se dedicou ao ensino, à escrita, e também circulou por diversos meios, militando por várias causas. Muito se indica, em trabalhos historiográficos, sobre a colaboração e participação de Rocha Pombo em folhas no Paraná e depois no Rio de Janeiro. Contudo a busca na documentação não é correspondente ao montante de indicações. Tal disparidade pode se dar devido à sequência incompleta de muitos jornais ou ao uso de pseudônimos. Uma prova disso é que, a partir de comentários de terceiros sobre Rocha Pombo em jornais paranaenses, foi possível identificar que o jornalista publicava com o codinome Til[100] em vários números do *Diario do Commercio*. Foi localizada a primeira publicação de Til em 2 de março de 1891, na forma de um enigma numérico a ser desvendado pelos leitores e que foi discutido nas edições subsequentes[101]. Entretanto não foi encontrada mais nenhuma publicação feita sob o nome de Til, o que não significa que elas e outras não possam ter existido. Foi possível identificar ainda vários textos bastante expressivos produzidos pelo autor durante o tempo em que viveu no Paraná, mas, proporcionalmente, pouca coisa foi encontrada nos jornais da capital da república.

---

[99] O PARANAENSE. Curitiba, 12 de outubro de 1881, p. 3-4. Disponível em: http://hemerotecadigital.bn.br/. Acesso em: 13 jan. 2025.

[100] Não foi possível estabelecer com base na documentação consultada se ao assumir tal pseudônimo Rocha Pombo fazia alguma referência à obra de José de Alencar.

[101] DIARIO DO COMMERCIO. Curitiba, 2 de março de 1891, p. 1. Disponível em: http://hemerotecadigital.bn.br/. Acesso em: 13 jan. 2025.

É importante destacar aqui que não são apenas as imprecisões no que diz respeito aos periódicos para os quais Rocha Pombo contribuiu que foram verificadas no decorrer desta pesquisa. Há muitos aspectos de sua biografia, de sua produção em jornais e revistas e em obras que não puderam ser localizados ou que se apresentam de forma diversa daquela informada nos trabalhos sobre o autor paranaense.

Pode-se tomar como hipótese uma tendência, que parece existir nos trabalhos mais recentes sobre Rocha Pombo, de tomar como fonte para a elaboração de sua biografia pessoal, literária e historiográfica, obras produzidas na década de 1950, sem, contudo, confrontá-las com as fontes primárias por elas citadas. Assim, cria-se uma biografia fixa, sem alterações e que acaba solidificada como sendo a "real" história do historiador paranaense. Embora quase todos os trabalhos acadêmicos encontrados sobre Rocha Pombo tenham buscado seus livros, artigos e outras publicações para construir análises sobre o sua obra, a sua biografia parece ter sido relegada ao campo secundário, bastando reproduzir as informações dadas por Elmano Cardim[102] e Valfrido Piloto[103] e, quando muito, completá-las com aquelas fornecidas pelas sobrinhas netas de Rocha Pombo no documento produzido para as comemorações do centenário de seu nascimento ou confirmadas por Nestor Vitor no artigo escrito na revista *Terra de Sol*[104]. Sobre o documento produzido pelas sobrinhas do historiador paranaense, é preciso ressaltar que ele é de grande valia para a busca por fontes sobre Rocha Pombo, pois traz informações sobre a sua árvore genealógica e sobre suas publicações (livros e em periódicos) que servem de ponto de partida para a pesquisa.

As pequenas imprecisões encontradas, principalmente no trato de sua biografia, não causam grandes problemas para a compreensão de sua obra, mas podem impedir que novos documentos e elementos sobre o historiador paranaense possam ser agregados à análise e contribuam para um melhor entendimento de sua obra e de seu papel dentro do universo em que ela é analisada.

Os trabalhos lidos e consultados, principalmente os de historiografia, mantêm esse padrão de fazer uso dos biógrafos sem cruzamento extensivo com fontes primárias. Há casos graves, como o encontrado em

---

[102] CARDIM, 1958.
[103] PILOTO, 1971, p. 7.
[104] VITOR, 1979.

dois artigos e na tese de doutorado de Nádia Maria Weber Santos[105]. Essa autora, ao buscar realizar uma análise da história da loucura a partir da literatura, do início do século 20, elenca *No Hospício*[106] como uma de suas fontes e, ao apresentar a biografia do autor, utiliza como fonte de dados dois sites, a saber, o da Academia Brasileira de Letras (ABL)[107] e o da Casa de Memória Rocha Pombo[108]. Infelizmente não foi possível verificar quais as informações contidas no site da Casa de Memória Rocha Pombo, uma vez que o domínio virtual não existe mais. Já o da ABL encontra-se ativo e traz algumas informações equivocadas, como dizer que Rocha Pombo teria fundado, em 1912, uma universidade de vida efêmera no Paraná e, principalmente, que Rocha Pombo por concurso teria entrado para os quadros do Colégio Pedro II, o que já foi aqui demonstrado que não ocorreu. Dada a influência e prestígio que os professores do Colégio Pedro II alcançavam[109], fazer parte de seus quadros poderia ter modificado não apenas a vida pessoal de Rocha Pombo, como também a produção e a repercussão de suas obras, muitas das quais serão analisadas nas páginas que seguem.

Para a proposta que aqui se coloca é preciso ainda delimitar os dois conceitos que serão tratados no decorrer da análise da obra de Rocha Pombo, a saber, de nação e de raça. O primeiro ponto a deixar claro é que esta não é uma proposta de analisar ou discutir a formação de uma nação Brasil, mas sim de compreender como Rocha Pombo constrói o seu conceito de nação e como ele registrou esse conceito em seus diversos escritos, especialmente os históricos e didáticos. Entretanto deve-se atentar para o fato de a palavra "nação" ser atualmente empregada de forma tão ampla e imprecisa que seu uso pode significar hoje muito pouco[110], o que exige que se estabeleça aquilo que se compreende por nação. A afirmação de Eric Hobsbawn de que definir objetiva[111] ou subjetivamente[112] a nação torna-se

---

[105] SANTOS, 2005; SANTOS, Nádia Maria Weber dos. História e loucura na intimidade das letras: — No hospício e o romance simbolista de Rocha Pombo. *História*: Questões & Debates, Curitiba, n. 46, p. 139-162, 2007; SANTOS, Nádia Maria Weber dos. História Cultural e fontes literárias: o caso da loucura na literatura simbolista de Rocha Pombo. *Antares*, n. 4, p. 73-94, jul./dez. 2010.

[106] POMBO, 1905.

[107] Disponível em: http://www.academia.org.br/abl/cgi/cgilua.exe/sys/start.htm?infoid=216&sid=349. Acesso em: 13 jan. 2025.

[108] Disponível em: http://casarochapombo.pop.br/. Acesso em: 13 jan. 2025.

[109] GASPARELLO, 2004.

[110] *Ibidem*, p. 17.

[111] Hobsbawm aponta como elementos objetivos: um passado histórico comum, uma língua distinta, um território definido (*Ibidem*, p. 14).

[112] Hobsbawm aponta como elementos subjetivos: ser uma coletividade de cidadãos, ser passível de aderia às pessoas. *Ibidem*, p. 18.

algo enganoso é tomada como base neste trabalho, que assume a definição operacional de Benedict Anderson de que a nação é uma comunidade[113] política imaginada[114], limitada[115] e soberana[116].

Enquanto comunidade imaginada, a nação precisa de mecanismos que criem e propaguem a ideia de fraternidade entre corpo de pessoas que se pretende constituir como seus membros, criando o sentimento de pertencimento, o reconhecimento dos grupos como parte da comunidade. Nesse aspecto, a indústria editorial apresenta-se como campo para a criação e a recriação da ideia de nação que se propõe imaginar[117]. Benedict Anderson demonstra como a indústria editorial é fundamental para a possibilidade de se imaginar a nação. O autor analisa como a convergência do capitalismo e da tecnologia de imprensa criou a possibilidade de uma forma nova de comunidade imaginada, que em sua morfologia básica mostrou o cenário para a nação moderna[118]. Para isso o autor coloca no centro da análise o romance e o jornal, que para ele se apresentam como espaços em que a língua escrita conforma os elementos e aspirações daquilo que se imagina e insere os membros da comunidade em uma mesma temporalidade[119]. Aqui se busca observar outro tipo de produto do que Benedict Anderson chama de capitalismo editorial, o livro didático patriótico, que se torna muito importante para a compreensão daquilo que se pretende como nação e que tem como característica ser produzido para um mercado de massa.

O outro conceito importante para esta análise é a raça[120]. Conceito que, etimologicamente, veio do latim (*ratio*) e significa sorte, categoria, espécie. Segundo Kabengele Munanga, o conceito utilizado durante séculos para operacionalizar o pensamento no que se referia à diversidade humana

---

[113] Segundo Anderson, ela é uma comunidade porque, independentemente da desigualdade e da exploração efetivas que possam existir dentro dela, a nação é sempre concebida como profunda camaradagem horizontal (ANDERSON, Benedict. *Comunidades Imaginadas:* reflexões sobre a origem e a difusão do nacionalismo. São Paulo: Companhia da Letras, 2008. p. 34).

[114] Segundo Anderson, ela é imaginada porque os membros da mais minúscula das nações jamais conhecerão ou sequer ouvirão falar da maioria de seus companheiros, embora todos tenham em mente a imagem viva da comunhão entre eles (*Ibidem*, p. 32).

[115] Segundo Anderson, ela é limitada porque mesmo a maior delas, que agregue, mesmo com um bilhão de habitantes, possui fronteiras finitas, ainda que elásticas, para além das quais existem outras nações (*Ibidem*, p. 33).

[116] Segundo Anderson, ela é soberana porque o conceito nasceu na época em que o Iluminismo e a Revolução estavam destruindo a legitimidade do reino dinástico hierárquico de ordem divina (*Ibidem*, p. 34).

[117] *Ibidem*, p. 71-81.

[118] *Ibidem*, p. 84.

[119] *Ibidem*.

[120] MUNANGA, Kabengele. Uma abordagem conceitual das noções de raça, racismo, identidade e etnia. *Cadernos PENESB*, Niterói: EdUFF, 2000. p. 17.

acaba por desembocar numa operação de hierarquização que serviu de base para o racialismo[121]. Essa mudança seria feita essencialmente no século 19, sendo a palavra "raça" utilizada para descrever as diferenças humanas introduzidas nas discussões sobre a origem humana logo no início do século, por Georges Curvier[122]. Segundo Lilia Schwarcz, isso inaugurou a ideia da existência de heranças físicas permanentes entre os vários grupos humanos e delineou certa orientação intelectual, que surgiu como reação ao Iluminismo e sua visão unitária da origem humana[123].

Essa orientação está no cerne do desenvolvimento das teorias deterministas e sociais que se desenvolveram ao longo do século 19 e que teriam como premissa a ideia de que existiam diferenças permanentes entre os vários grupos humanos. Para comprovar essa diferença, muitas teorias advindas das ciências biológicas seriam apropriadas e aplicadas na análise das sociedades, criando ideias e ideais evolucionistas calcados na determinação de que há desigualdades entre essas sociedades e povos que são dadas pela raça e pelo ambiente[124].

Nesse sentido, todas as sociedades poderiam alcançar um nível de desenvolvimento evoluindo, criando uma hierarquia entre os grupos humanos. Nesse contexto, civilização[125] e progresso tornar-se-iam termos privilegiados, entendidos "não enquanto conceitos específicos de determinada sociedade, mas como modelos universais"[126]. Segundo Lilia Schwarcz,

---

[121] *Ibidem*, p. 18.

[122] Georges Cuvier, nasceu em 1769, em Montbeliárd, foi funcionário do governo na Normandia, naturalista, assistente do Museu Nacional de História Natural em Paris, professor Inspetor-Geral da educação e membro do Conselho de Estado durante o governo de Napoleão Bonaparte. Sobre Georges Curvier: FARIA, Frederico Felipe de Almeida. *Georges Cuvier e a instauração da paleontologia como ciência*. 2010. Tese (Doutorado em Ciências Humanas) – Universidade Federal de Santa Catarina, Florianópolis, 2010.

[123] SCHWARCZ, Lilia K. M. *O Espetáculo das raças:* cientistas, instituições e questão racial no Brasil 1870-1930. São Paulo: Cia das Letras, 1993. p. 63.

[124] *Ibidem*, p. 57-86.

[125] Segundo Norbert Elias: "O conceito de 'civilização' refere-se a uma grande variedade de fatos: ao nível de tecnologia, ao tipo de maneiras, ao desenvolvimento dos conhecimentos científicos, às idéias religiosas e aos costumes. Pode se referir ao tipo de habitações ou à maneira como homens e mulheres vivem juntos, à forma de punição determinada pelo sistema judiciário ou ao modo como são preparados os alimentos. Rigorosamente falando, nada há que não se possa ser feiro de forma 'civilizada' ou 'incivilizada' [...] este conceito expressa a consciência que o Ocidente tem de si mesmo. Poderíamos até dizer a consciência nacional. Ele resume tudo o que a sociedade ocidental dos últimos dois ou três séculos se julga superior a sociedades mais antigas ou a sociedades contemporâneas 'mais primitivas'. Com essa palavra, a sociedade ocidental procura descrever o que lhe constitui o caráter especial e aquilo de que se orgulha: o nível de *sua* tecnologia, natureza de *suas* maneiras, o desenvolvimento de *sua* cultura científica ou visão do mundo, e muito mais". ELIAS, Norbert. *O processo civilizador:* uma história dos costumes. Rio de Janeiro: Jorge Zahar Ed., 1994. v. 1, p. 23.

[126] SCHWARCZ, 1993, p. 75.

cria-se a ideia de que existem sociedades exemplares, que passaram por determinados estágios, que se tornam obrigatórios, pelos quais todas as sociedades deveriam passar. Isso calca-se na ideia de evolução do mais atrasado para o mais desenvolvido. Nessa equação todo o conjunto da humanidade fica sujeito a passar pelos mesmos estágios de progresso evolutivo[127]. É nesse momento que se desenvolvem duas grandes ideias deterministas: o determinismo geográfico[128] e o darwinismo social[129].

Os modelos deterministas raciais foram bastante populares no Brasil, mas aqui o uso da teoria original se fez inusitado. O modelo racial servia para explicar as diferenças e hierarquias, mas foram feitos arranjos teóricos que acabaram por pensar na viabilidade de uma nação mestiça. Esse tipo de teoria ganharia força no Brasil nos finais do século 19 e seria uma "espécie de jargão comum" até os anos 1930, criando uma enorme quantidade de intelectuais que se debruçaram sobre a questão racial[130], e Rocha Pombo é um deles.

Apresentado o objeto e os conceitos a serem discutidos nesta obra, faz-se necessário agora realizar uma breve apresentação da proposta de análise.

O livro está dividido em quatro capítulos, nos quais se pretende analisar a produção escrita, especialmente a histórica e didática, de Rocha Pombo. Assim, no primeiro capítulo, "As duas últimas décadas do oitocentos pelo olhar de um paranaense", é feita a análise de vários textos de Rocha Pombo produzidos e publicados entre 1880 e 1897, momento em que ele inicia e amadurece sua escrita, ainda no Paraná.

No segundo capítulo, "A América de Rocha Pombo", é feita a análise da obra o *Compendio de História da America* (1900) com o intuito de estabelecer como se dá a inserção do autor no "mundo" do material didático, quais suas referências teóricas e forma de escrita. No capítulo três, "Uma História do Brasil para os historiadores do futuro", sua obra de maior fôlego, *Historia do Brazil (Illustrada)* (1905-1917), será alvo de análise com objetivo de verificar as rupturas e permanências de análises estabelecidas no *Compendio de Historia da America* (1900). Por consequência são anali-

---

[127] *Ibidem*, p. 75-76.
[128] Que via o resultado do desenvolvimento cultural de uma nação totalmente condicionado ao meio, nessa escola os principais expoentes seriam Ratzel e Buckle (*Ibidem*, p. 76).
[129] Que via de forma pessimista a miscigenação e que as raças se constituíam fenômenos finais, resultados imutáveis, sendo todo cruzamento um erro (*Idem*).
[130] *Ibidem*, p. 85.

sados os conceitos de raça e nação na busca por observar a importância desses conceitos para a obra e para a produção posterior do autor.

No capítulo quatro, "Nossa Pátria: Nossa Raça e Nação", foi realizada a análise da obra de Rocha Pombo com maior tiragem e difusão, *Nossa Pátria: narração dos fatos da História do Brasil através da sua evolução com muitas gravuras explicativas* (1917), que durante mais de cinco décadas esteve entre as obras utilizadas no ensino básico no país. Assim como nas obras analisadas no capítulo dois, os conceitos de raça e de nação são observados, analisando-se a importância da obra didática de Rocha Pombo para a difusão e a consolidação desses conceitos no Brasil.

Embora as gravuras e ilustrações estejam presentes em várias das obras de Rocha Pombo, em *Nossa Patria* elas assumem um papel central para a compreensão de pátria que o autor propõe. Assim, no quarto capítulo, as imagens receberam especial análise. *Nossa Pátria* é analisada em seu formato, conteúdo, em suas relações com o seu período de produção, especialmente com as discussões sobre o nacionalismo e a educação nacional e a partir dessa análise foi possível perceber os desdobramentos do pensamento de Rocha Pombo e a forma como ele reposiciona-se dentro do campo intelectual num espaço novo e de vital importância para a formação da sociedade brasileira.

CAPÍTULO 1

AS DUAS ÚLTIMAS DÉCADAS DO OITOCENTOS PELO OLHAR DE UM PARANAENSE

> [...] gostaria simplesmente de reconhecer a extraordinária atração que Rocha Pombo exerceu sobre mim. Como resistir a esta mescla encontrada em sua obra, de provincianismo e cosmopolitismo, anarquismo e conservadorismo, angústia pelas questões sociais e retiro ascético da sociedade? [...]
> (Gilson L Queluz, *Rocha Pombo: romantismo e utopias (1880-1905)*, 1998)

Desde sua juventude, Rocha Pombo registrou em periódicos ideias e ideais sobre a abolição, a república, a imigração, a nação e a educação básica, temas que versam sobre processos históricos muito importantes para o entendimento do final do século 19. Analisá-los a partir do olhar de Rocha Pombo permite verificar como esses temas foram tratados fora do eixo Rio – São Paulo. Permite, principalmente, construir um primeiro perfil da personalidade de José Francisco da Rocha Pombo enquanto intelectual em formação. E esse primeiro capítulo buscará, a partir da análise de alguns de seus textos, determinar quais são as suas principais influências, assim como buscar compreender como Rocha Pombo desenvolve e registra seu pensamento. Com isso pretende-se estabelecer se e como Rocha Pombo lida e constrói seus argumentos sobre os temas centrais em sua produção historiográfica e didática: raça e nação. Para melhor demonstrar a importância das discussões em que se envolveu o jornalista paranaense e verificar como elas podem ou não ser base para as suas propostas e posturas apresentadas em suas obras posteriores, serão tratados cinco temas: a oposição à monarquia, a escravidão, a militância política, a imigração e a educação.

1. A oposição ao imperador e à Monarquia

A análise permitida pela documentação disponível demonstra que desde a sua primeira experiência editorial, com seu *O Povo – órgão a serviço da causa popular*, José Francisco da Rocha Pombo apresentava-se como um homem bastante informado sobre as discussões políticas recorrentes na capital do império, e que tentava por meio da escrita informar, mas também "ilustrar"[131] aos cidadãos da pequena Morretes, alertando-os sobre os males da monarquia e principalmente, sobre a falta da liberdade que ela trazia para a população. Um exemplo de sua busca por informar e esclarecer aos seus conterrâneos e também por criticar a ação do Imperador, em apoio ao movimento republicano, é encontrado no número seis de seu semanário, de 19 de fevereiro de 1880:

> Já está frio o sangue derramando ao redor do palácio imperial. O que ignoramos e o que ninguem nos saberá ainda affirmar é si o sangue que galopa nas veias dos patriotas que escaparão do holocausto estará hoje completamente arrefecido e calmo... Agora, quando as tropas, os arcabuzeiros sanguisedento do rei, não mais trancão as ruas da corte, apparece a verdade dos fatos.
>
> O imperador quíz fazer crer que, no dia 3 de janeiro, ignorava inteiramente o que se passava em sua capital.
>
> Mostrou a sua *proverbial finura* lançando ou pretendendo lançar exclusivamente à conta do ministerio a responsabilidade das scenas de horror representadas na imperial cidade pelos capangas e esbirros da policia.
>
> Que inocência mostra S. Magestade imperial perante o povo espezinhado! Quanto não vai ahi de perfídia e hypocrisia!
>
> Quanta ousadia de um homem irrogada zombeteiramente à face de dez milhões de entes que também pensão!
>
> Analysemos perfunctoriamente a mentirada audaciosa do imperador, o despejo, a desvergonha de seus lacaios.
>
> O conflito que se deo entre o povo e a tropa era de prever desde que foram anunciados os *meetings*, a julgar pelo capricho absolutista ou pelo absolutismo caprichoso do Sr. D. Pedro e desses cynicos palacianos que se expõem, *com cara de riso*, aos escarneos da nação inteira.

---

[131] Aqui o verbo "ilustrar" é tomado no sentido de esclarecer, explicar, comentar, elucidar.

Desde o dia 29, se annunciavão *meeting* no campo de Sant'Anna.

O povo não tomou esta atitude em frente dos abusos do poder por ceder a um desejo de provocar as iras, as vinganças e perseguições imperiais, não.

O povo supunha ainda que o imperador e seus servidores aprendem e se corrigem de dia em dia. O povo brasileiro é muito prudente, é muito pacifico e longanime vai exprerimentando o seu rei pouco a pouco, a ver quando elle se quer tornar bom e generoso... (sempre com decepções pelas ventas... mas sempre paciente!...)

Está pois mais que justificada a conducta do povo. Os ministros do Sr. D. Pedro acalcanhavão os pobres com um imposto vexatorio e o unico recurso legal que restava a essas pobres era representarem contra o absurdo.

Como dissemos — desde o dia 29 de Dezembro de 79 se anunciavão *meetings* no campo de Sant'Anna, com o fito de representar contra a maneira vexatoria por que estava o governo disposto a cobrar o imposto de transito. Entretanto S M o Imperador chega a declarar que não tinha sciencia de taes acontecímentos.

Então o nosso rei nao tem ouvidos para *perceber* os gritos do povo em frente de seu palacio?

Então o nosso rei ignorava tao grave acontecimento que agitava a grande cidade de seus avós?

Então nosso rei nem ao menos lê as gazetas do dia?

Nesse caso não pode governar um povo; é um Ninias, é um Sardanapalo incapaz de impunhar dignamente um sceptro...

Como vamos nós!... Como se devassão cada vez mais os labyrintos da politica do rei! Como se desprendem, sem maís escrupulo, as audacias de D. Pedro!

E o que ficamos sendo na *accepeção imperialista*? Que papel cabe ao povo nas cassoadas do Sr. D. Pedro de Alcantara?

O horror da nossa condição social se desnuda!...

A coroa significa bem a nenhuma importância o desprezo com que olha os Sinimbus descarregando-lhes toda a culpa dos conflitos do vintem... e esses Sinimbus teem ainda a coragem de apapecer ao povo, como cacheiros d'aquele que os vilipendia!

> Estamos completamente perdidos...Cada vez mais descemos...
>
> A desvergonha dos aulicos, dos Sinimbus será a desgraça passageira deste povo, mas as lagrimas da pobreza e da ignorância que gemem serão a maldição eterna dos vissicarios que assassinam, roubam e se envilecem por amor ao rei...[132]

Nesse pequeno artigo, chamam a atenção três elementos. O primeiro diz respeito à escrita e algumas referências clássicas utilizadas por Rocha Pombo, o segundo é a questão política colocada, e o terceiro é o papel não apenas informativo do texto, mas principalmente instrutivo e esclarecedor do que seria o povo brasileiro. Quanto ao primeiro, pode-se questionar quais as intenções em trazer para o texto referências de reis assírios comparando D. Pedro II a eles, e o quanto essas referências poderiam ser compreendidas pelo seu público leitor.

Imaginemos a Morretes dos anos 1880, uma pequena cidade localizada próxima ao litoral da então província do Paraná — uma província em que se destacava economicamente a produção de erva-mate e que consumia produtos vindos do Rio de Janeiro e São Paulo[133]. Morretes, segundo Elmano Cardim, era um centro econômico de projeção na província, desfrutando de um ambiente de prosperidade e progresso. Era ainda um berço da ilustração e da cultura paranaense, na medida em que ali nasceram importantes expoentes das letras, como: Silveira Neto, Romário Martins, Ricardo de Lemos, José Gelbcke, Adolfo Werneck, aos quais podemos ainda agregar o principal expoente do simbolismo paranaense — Nestor Victor, que se tornaria nos anos vindouros amigo de Rocha Pombo, oriundo da cidade vizinha Paranaguá[134]. A prosperidade de Morretes se dava, ainda segundo Elmano Cardim, por ser ela essencial para o escoamento da produção ervamateira, uma vez que a estrada de ferro que ligaria Curitiba ao litoral só seria construída em 1885. Até a construção da estrada de ferro, a produção de erva-mate descia pelo rio Nhundiaquara em grandes batelões, era embarcada para o litoral, Antonina e Paranaguá, e dali para os mercados do Prata[135]. Essa posição estratégica dava à região influência e proporcionava a grande circulação de ideias e de informações, o que talvez explique o fato de ela ser considerada, de forma um tanto exagerada, por Cardim como o berço da intelectualidade paranaense.

---

[132] O POVO – órgão a serviço da causa popular. Morretes, 19 de fevereiro de 1880, n. 6, p. 1-2.

[133] QUELUZ, 1998, p. 15-18.

[134] CARDIM, 1958, p. 5.

[135] *Ibidem*, p. 7.

Apesar dessa prosperidade, é possível imaginar também que a maioria da população fosse analfabeta e que mesmo entre os leitores os níveis de erudição não seriam altos. Dessa feita, Rocha Pombo, filho de Morretes, conhecia seu público e mesmo assim utiliza referências aos reis assírios Nínias e Sardanapalo (Assurbanipal), pretendendo que seu público leitor identificasse em D. Pedro II características negativas atribuídas aos reis da antiguidade: ociosidade, descaso com o reino e indolência[136]. Assim, cabia ao público relacionar as atitudes do imperador, que fechava os olhos aos problemas do povo, que preferia encastelar-se e ignorar aquilo que ocorria embaixo de sua janela, e pressupor que os reis assírios possuíam as mesmas características.

Outra possibilidade é a de que Rocha Pombo utilizara-se de tais referências não esperando que seu público as compreendesse, mas para demarcar em seu texto a sua erudição e conhecimento. Dessa forma, seu papel de homem letrado e ilustrado fica marcado e registrado no próprio texto, demonstrando ao seu leitor que seus argumentos procedem de um homem conhecedor da história e da política, apto a lhes oferecer não apenas informações acerca dos acontecimentos no império, mas, principalmente, argumentos que demonstrem como o governo vigente fazia-se incompatível com as necessidades do povo.

Quanto à questão política, Rocha Pombo expõe a atuação do imperador ante uma das revoltas populares motivadas pela carestia dos preços

---

[136] Sobre os dois reis assírios: "Nínias foi apenas um simulacro de rei. Passou a vida na ociosidade e na indolência, e foi o primeiro que estabeleceu o governo do serralho. Seguiram-se-lhe trinta e três reis que nada fizeram pelo bem do país e de que a História apenas faz menção. O último foi Sardanapalo, cujo nome ficou lendário e serve para caracterizar os soberanos que põem de lado os cuidados da governação, para se darem tão somente à ociosidade e aos prazeres físicos. Sardanapalo, indolente e crapuloso, estabeleceu a sua residência em Nínive, onde passava a vida metido em um palácio, cercado de mulheres, cujos hábitos e adornos imitava, deixando em Babilônia o governo entregue a validos que de tudo dispunham. Nunca visto de seus súditos, sempre encerrado no palácio, onde passava as noites em libações e folgares, não lhe importavam nada os negócios públicos, e só tratava de esconder aos olhos dos súditos os seus ignominiosos hábitos. Um dia Arbaces, governador da Média, surpreendeu-o no meio de um grupo de mulheres impudicas, trajando como elas. Indignado por ver que tantos valorosos Assírios estavam sujeitos a um monarca desprezível, revelou aos seus amigos os vergonhosos hábitos de Sardanapalo, ligou-se com Belesis (governador da Babilônia), e ambos foram pôr cerco ao rei no próprio palácio em que habitava. Depois de tênue resistência, Sardanapalo reduzido a circunstancias extremas, quis apagar com um esforço supremo de coragem a memoria da sua vergonhosa vida. Mandou acender num dos pátios interiores do palácio uma grande fogueira, na qual se queimou com suas mulheres, seus escravos e seus tesouros." *Cf.* Biblioteca do povo e das escolas. *História Antiga, terceiro ano – oitava série.* Lisboa: Secção Editorial da Companhia Nacional Editora, 1900. Disponível em: http://www.gutenberg.org/files/29529/29529-h/29529-h.htm#SECTION0024. Acesso em: 13 jan. 2025.

nos anos finais do império, a saber, o Motim do Vintém[137]. O Imposto do Vintém encontrou grande oposição de parte da imprensa na Corte, mais especificamente da imprensa republicana, e acabou culminado em uma revolta envolvendo a população, líderes republicanos, capoeiras e a polícia da capital. Rocha Pombo, ao analisar os fatos ocorridos, não se esquiva em apontar as "culpas" do imperador e de seus ministros. Esse posicionamento não apenas informava seus conterrâneos, mas também criava ou recriava — tendo em vista as diferentes formas que jornais da corte trataram esse episódio — "verdades" sobre o fato e ao mesmo tempo buscava induzir ao leitor a tomar partido do "povo" tão menosprezado, em sua inteligência, pelo imperador.

Num primeiro momento, pode parecer que tal notícia publicada na pequena Morretes seria irrelevante na construção de ideais republicanos no Paraná. Entretanto não se pode deixar de ressaltar que o Motim do Vintém foi algo de grande impacto social e político, fazendo-se amplamente divulgado e comentado pela imprensa das várias partes do império. Tendo-se em vista a sua posição econômica e a circulação de pessoas e ideias que ali se davam, pode-se inferir que as discussões iniciadas em Morretes estabeleciam-se, se não como ponto de partida, pelo menos como elo de uma corrente mais ampla para a construção de uma rede de outras discussões entre intelectuais paranaenses, muitos deles ligados ao republicanismo. A publicação da notícia também pode ser considerada como parte da busca incessante de Rocha Pombo em conhecer, discutir e fazer conhecer as suas ideias.

No caso específico do Motim do Vintém, muito mais que discutir o imposto ou a própria revolta, percebe-se que o jornalista paranaense

---

[137] No ano de 1879, sob o Gabinete Sinimbu, o Ministério da Fazenda instituiu um imposto de 20 réis ou 1 vintém, sobre as passagens de bondes, que entraria em vigor no dia 1º de janeiro do ano seguinte. A imposição desse imposto tornou-se em poucos dias um dos principais temas na imprensa carioca do período, sendo a sua regulamentação o principal alvo das discussões. No cerne das críticas ao novo imposto, os pontos de maior polêmica diziam respeito à forma de cobrança e a proporcionalidade dessa cobrança, uma vez que o imposto era fixo e aplicado sem reajustes a todas as faixas de preço de bondes. Para melhor entender o porquê de tanta repercussão do referido imposto, precisa-se ter em mente que as viagens de bonde podiam variar entre 100 e 400 réis e que o cálculo do imposto era feito com base no preço da passagem de menor valor, 100 reis, ao qual se acrescia 20%, ou seja, 20 réis. Assim, independentemente do custo da viagem (100, 200, 300 ou 400 réis) o valor do imposto era sempre de um vintém (20 réis), dessa maneira é possível afirmar, concordando com os contemporâneos da revolta, que quanto maior o preço da viagem de bonde a taxa aplicada era progressivamente menor, sendo a maior prejudicada a população mais pobre que fazia uso dos bondes com tarifa menores, 100 mil réis, e que proporcionalmente acabava por ser a mais onerada com o imposto. Cf. BALABAN, Marcelo. *Poeta do lápis:* a trajetória de Ângelo Agostini no Brasil imperial - São Paulo e Rio de Janeiro - 1864-1888. 2008. Tese (Doutorado em História Social) – IFCH/Unicamp, Campinas, 2008. p. 281.

utiliza o ocorrido e vislumbra nele uma possibilidade de tecer críticas ao governo imperial no que se referia à forma de lidar com a população em geral. A postura do jornalista é a de alertar a todos sobre como a monarquia, representada na figura de Pedro II, era um sistema de governo que não apenas ignora o povo, mas também o considera inapto para pensar por si mesmo. Por outro lado, o texto de Rocha Pombo também demonstra a necessidade de abrir os olhos de um povo que parece alheio à opressão que sofre, estabelecendo assim a necessidade de que ele seja esclarecido. Uma marcação clara dessa necessidade de apontar aquilo que o povo deveria observar é encontrada nas palavras destacadas em itálico pelo autor: *proverbial finura* (para destacar a forma como o imperador confere aos ministros toda a responsabilidade sobre o ocorrido), *perceber* (sobre o se fazer de surdo ante aquilo que passava embaixo de sua janela) e *accepeção imperialista* (sobre que interpretação o imperador fazia do povo).

Nesse aspecto, Rocha Pombo estabelece o seu papel como vetor, mas também como instrutor da sociedade em que vivia. Em *Supremacia do ideal*, Rocha Pombo afirma que lia todos os jornais que lhe caíam às mãos, principalmente os chegados do Rio de Janeiro, tomando gosto pelos assuntos da política. Cita dentre os jornais que lia: o *Jornal do Comércio*, o *Cruzeiro* e a *Gazeta de Notícias*. Assim é possível afirmar que suas bases para a informação, dos acontecimentos do dia 1º de janeiro de 1880, provinham da leitura de periódicos vindos da capital, e que Rocha Pombo não apenas os lia e replicava em seu *O Povo*, mas que também os interpretava à luz de suas próprias opiniões acerca da política, registrando seu republicanismo nas páginas do periódico. Sobre esse período de sua vida, o jornalista comentou:

> Tinha eu muito cuidado em possuir as melhores teorias à respeito de moral politica. Discutia, folgava de expender as minhas ideas e achava que ellas sempre erão as melhores.
>
> [...] pregava as minhas ideas... embora as pregasse no deserto. Quando se prega no deserto há sempre quem lucre: ao menos o pregador.
>
> [...] Todavia, eu estudava muito. Tinha a paixão de saber e de pensar.[138]

---

[138] POMBO, 1883, p. 1-24.

As palavras acima, escritas três anos depois do artigo, demonstram que em sua avaliação, mesmo que posterior, Rocha Pombo reconhecia seu público e que tinha clareza de sua própria busca pelo conhecimento e necessidade de expor suas ideias. O jornal seria o principal veículo para isso em todo período em que ele viveu no Paraná. Entretanto não seria o único. No ano seguinte, por exemplo, o jovem jornalista publicaria seu primeiro romance, que traria como marca principal a apresentação da oposição entre a monarquia — arcaica e ultrapassada — e a república — moderna e democrática.

As leituras de *A honra do Barão* e de notas sobre ele publicadas em jornais do período confirmam e reforçam a busca de Rocha Pombo por levar aos leitores esclarecimentos sobre o cancro que seria a monarquia no seio daquela sociedade. Em seu periódico, *O Paranaense*, Albino Silva declara ter recebido um exemplar de *A honra do Barão* e se propõe a realizar alguns comentários sobre ele. Em seu texto, tece uma descrição de Rocha Pombo como sendo um jovem rapaz, de origem humilde e que às duras penas consegue publicar seu primeiro romance, chegando mesmo a pedir ajuda financeira aos "endinheirados" da cidade para conseguir realizar seu projeto. O livro, segundo Albino Silva:

> [...] nos parece um livro não só precioso como util, por isso rasão teve o seu autor de publicá-lo, vencendo mesmo sacrifícios: o que é util é necessário.
>
> Despido desses enredos complicados, que muitas vezes não passam de habilidades de que se servem alguns mestres para enganarem os tolos; sem essas horripilantes visões das imaginações hoffmannicas, que fazem um pobre leitor tremer de medo, toda contem um tragico desenlace, scena da desgraça, fructo amargo dos preconceitos e da honra do tal barão de S. Gil.
>
> É um livro da actualidade, e melhor ainda, ele veio iniciar na província o genero de literatura que o Brazil é raro.
>
> O seu fundo é todo politico, e ha n'elle a luta de dous sentimentos ospostos: um retrógado, egoista e covarde, outro patriotico, generoso e altivo; um é o typo da monarchia, do clero e da nobresa, outro é o emblema da democracia, da razão e da liberdade. Um trabalha pelo absolutismo, pelo feudalismo, com apoio do poder, outro sacrifica-se pela igualdade escudado na intelligencia e na razão. Mas nem sempre estes

fenômenos triunphão do absurdo e da iniquidade! Nesta guerra de sentimentos o fim é uma catástrofe pungente!..

Como nos romances da Revolução, as victmas cahem inânimes e passão para a Eternidade, não decepadas, mas diláceradas pelo veneno ao mira-las pela tisica, esses dois agentes fataes que mais não podem suportar as provações da vida. Real ou imaginario isto é sempre doloroso!

Não está isento de defeito o livro do Sr. Pombo, o que é natural; mas notamos, como mais palpável, essa idéa que apresenta a nação passando por uma metamorfose politica, quadro verdadeiramente illusorio, ou imagem de um sonho patriotico!

O autor porem teve mais em vista escrever um livro onde suas idéas politicas, suas crenças pela liberdade se manifestassem como um inccativo...

Compenetrou-se desse pensamento, soffreo talvez por ele, e, como Dante vingou-se dos opressores e dos inimigos da patria.

O barão de S. Gil nos pareceria impropriadamente caracterisado se algum outro typo houvesse que melhor representasse o retrocesso. Entre nós não ha nobresa ou gente de sangue azul; mas ha uns pobres tartufos que pairão nas alturas pesilentas onde os coloca o sopro de repugnantes bajulações; ha muiro parvos com o titulo de ilustres ou sabios, e um número espantoso de servis corruptores que trocão a dignidade de homem serio por qualquer cracachá para o bom tom dos dias de gala e de cortejo...

Esta espécie de gente, porem, sempre ha de existir no mundo, nem que se realise aquelle chistoso dito de Voltarie sobre os reis e frades.

[...]

Quanto ao amor de Julia e Alfredo, dizemos: Se o amor existisse sem o sacrifício, se não fosse ele um heróe que desafia a propria morte e deixa na historia das paixões sublimes exemplos de abnegação e pureza, para que serviria o amor?... Ninguem acreditaria no juramento de eterna fidelidade! Julia e Alfredo jurarão pertencerem-se e... cumprirão!... Este quadro tem o mystico doloroso desses dramas intimos do coração que o genio de Shakespeare eternizou em Julieta e Romeu! [...].[139]

---

[139] O PARANAENSE. Curitiba, 12 de outubro de 1881, p. 3-4. Disponível em: http://hemerotecadigital.bn.br/. Acesso em: 13 jan. 2025.

Sobre o enredo do livro, trata-se de um casal que vê seu romance impedido pelo pai da moça, o Barão de São Gil, por preconceitos e pensamentos considerados arcaicos, tendo Alfredo, no decorrer da obra, sofrido com os ataques e proibições do poderoso Barão São Gil. O "Barão", na obra, representa a monarquia, sistema de governo atrasado contra o qual desde muito cedo Rocha Pombo milita; e Alfredo, a modernidade, os novos ideais democráticos, republicanos, sendo, portanto, perseguido e rejeitado[140].

Com o romance, Rocha Pombo, mais uma vez, registra a sua insatisfação com o sistema de governo vigente e ataca a monarquia e a nobreza como os principais males da nação, assim como aponta o caminho possível para que o Brasil finalmente alcançasse a modernidade e a democracia desejada. Entretanto, como no caso do Motim do Vintém, a vilania da monarquia se sobrepõe àquilo que lhe é perigoso — no caso o jovem Alfredo e suas ideias fora de lugar no mundo dos detentores do poder de então — e impõe sua vontade, o que só ocorre porque aquilo que é novo ainda não possui a força necessária para se impor, por ser jovem demais.

Sendo assim, as ideias republicanas precisam ser propagadas para que se fortaleçam nas almas dos indivíduos as ideias de liberdade e a consciência de que o povo precisava pôr fim à perversão do sistema monárquico. Cabia a Rocha Pombo, e aos seus companheiros intelectuais, fazer uso da escrita e da instrução para promover a mudança. Por outro lado, a personagem principal do livro também pode representar o próprio autor, um jovem de 24 anos que lutava uma batalha diária contra o sistema monárquico, sendo a todo o momento contido pela truculência dos Barões de São Gil presentes naquela sociedade, assim a Rocha Pombo tal como a Alberto cabia o papel de herói incompreendido.

2. A questão negra

No mesmo ano da publicação do artigo sobre o Motim do Vintém, fundou-se em Curitiba uma revista literária, *A Revista Paranaense*[141], que teve seu primeiro número em janeiro de 1881. Rocha Pombo encontrou-se listado entre os colaboradores. Segundo o próprio autor, tal honra exigiu a elaboração de um trabalho melhor e mais cuidadoso do que artigos em um jornal de duas páginas, que merecesse ser lido de forma meditada e

---
[140] POMBO, 1881.
[141] REVISTA PARANAENSE. Curitiba, 15 de janeiro de 1881. Disponível em: http://hemerotecadigital.bn.br/. Acesso em: 13 jan. 2025.

até repetida. Em sua busca por um tema para esse artigo, Rocha Pombo achou inspiração no "assumpto mais importante em nosso país — a abolição da escravatura".[142]

Assim, em 15 de janeiro de 1881, ele teve seu artigo publicado na *Revista Paranaense*, do qual chama a atenção o excerto a seguir:

> [...]
>
> Applausos à mocidade generosa que se ergue pelos negros, e pela nação.....Applausos ao incendio que virá pôr os grandes da política na obrigação de terem juízo.....
>
> E que a nação pense um pouco.....
>
> Cabe aqui um – viva – ao inclyto Paranhos, não pela sua lei, mas pelo grande pensamento de reforma que presidio na formação dessa lei.
>
> A prosperidade ha de ainda reconhecer que o Visconde de Rio-Branco foi o estadista mais atilado e o maior patriota que o Brazil, porque foi quem melhor comprehendeo o caracther de nossos homens publicos.
>
> Desgraçadamente os nossos homens publicos não comprehenderão o pensamento de Paranhos.
>
> Profundem-se algumas considerações sobre a lei de 1871, cujo merito mais relevante e mais grandioso não é ter libertado o ventre escravo, e ver-seá que nessa lei ficou definido com vivida eloquencia o caracther dos políticos brasileiros.
>
> Paranhos vio tambem a escravidão como um facto. E esta razão é poderosissima para a logica escravocratica e absurda dos levianos inimigos da lavoura livre. Mas um facto – foi também o despotismo por direito divino; e a revolução de 89 derriçou-o. Um facto – é ainda o feudalismo territorial na Inglaterra e em alguns outros paizes; mas os Parnell e os Harris querem esmagal-os. Um facto – foi o domínio absoluto dos jesuitas em quase toda a America dos tempos coloniaes; mas a audaica de d' Arande e de Pombal perseguio e venceu esse terrível theocratismo.
>
> E por que um facto havia de amedrontar um espirito gigante como o de Paranhos

---

[142] *Ibidem*, p. 11-12.

> E porque um facto hediondo e – negro – há de continuar a existir, só porque tem existido?
>
> Mas o que a – instituição – tinha de peior não era a escravidão visar e vilipendiar a raça africana: era obstar a affluencia de elementos sãos para a vida econômica do paiz. E esta parte da America, pujante, rica de seiva e de onde se devera cedo operar essa endosmose, naturalmente, vio-se a braços com a escravatura.
>
> E como remediar o mal?
>
> Estinguir de chofre os escravos?
>
> Seria uma imprudencia.
>
> O unico recurso era pois obrigar os homens, as classes dirigentes a curar da importação de forças livres para as industrias.
>
> E como obrigal-os a isso?
>
> Figurando-lhes o dia em que não devem mais existir escravos.....
>
> Foi o que fez Paranhos!
>
> Era para o grande estadista o único meio de obrigar a nação a pensar....
>
> Infelizmente, quase dez anos bastão para mostrar que os homens que constituem a nação ainda não entenderão o que Paranhos queria com a sua lei!...
>
> Então os moços se puzerão de pé.....
>
> E a onda assustadora ahi invade os sacraios do poder!
>
> E si o Sr. Saraiva nos desse licença para falar, lhe perguntariamos: - porque V. Ex., antes de se converter em abolicionista, não tracta de organisar o trabalho livre? –
>
> Continuaremos.
>
> Rocha Pombo
>
> (Morretes – Dezembro de 1880).[143]

Nesse trecho, Rocha Pombo apresenta várias de suas interpretações e posições não apenas sobre a escravidão, mas principalmente sobre a forma como a questão era tratada pelo poder público. Ao exaltar os pretensos

---
[143] *Ibidem*, p. 25-26.

objetivos do Visconde de Rio Branco, Rocha Pombo mostra muito do seu próprio pensamento e daquilo que acreditava ser necessário que o povo ficasse ciente, para que se pudesse impulsionar as mudanças necessárias no país naquilo que se referia à mão de obra e à economia.

Datado do mês seguinte à morte do estadista brasileiro José Maria da Silva Paranhos — Visconde de Rio Branco, que falecera em 1º de novembro de 1880 —, o artigo poderia ser tomado como uma homenagem a ele. Lembremos que Paranhos, várias vezes citado no documento, fora o presidente do Conselho de Ministros em 1871, ano da discussão e promulgação da lei 2040, de 28 de setembro, que recebera o nome de Lei Rio Branco — por ser ele quem assinava o projeto de lei —, mas ficaria conhecida como Lei do Ventre Livre[144]. Poderia se imaginar que Rocha Pombo, ao escrever tal texto, tivesse sido motivado pela necessidade de realizar uma homenagem ao estadista, mas também pela busca de exaltar a atuação dos "jovens" que se levantavam contra a escravidão — descrição que claramente aponta para a acelerada ascensão do movimento abolicionista — e principalmente como forma de desnudar os ideais que acreditava estarem intrinsicamente contidos na lei de 28 de setembro de 1871.

E nessa tentativa de, mais uma vez, esclarecer e ilustrar seu público leitor, o jornalista aponta não para a lei como um marco na luta contra a escravidão, mas sim para aquilo que acreditava ser o objetivo de Paranhos, que fazia dessa lei uma arma para o fim gradual da escravidão, ou seja, a emancipação como um caminho para a modificação na forma como o Brasil era visto externamente. Isso fica claro quando o autor diz que Paranhos compreendia o caráter da classe política, formada principalmente pelos grandes senhores de escravos no período, homens influentes econômica e politicamente no país. Um grupo de indivíduos que não abriria mão de sua principal fonte de mão de obra e que teria que ser convencida a mudar sua mentalidade no que se referia ao trabalho compulsório.

Rocha Pombo percebia algo que ao longo do tempo foi claramente apagado pela memória que se buscou construir da lei: que o ponto principal não estava em sua resolução que propunha a liberdade de ventre, mas sim em outros aspectos. Essa memória foi tão solidificada pelos governos que se seguiram à lei e principalmente à abolição, que mesmo a historiografia sobre o tema não a contestou por décadas a fio. Na verdade, colocar a

---

[144] BRASIL. Lei nº 2.040, de 28 de setembro de 1871. Disponível em: http://www.planalto.gov.br/ccivil_03/LEIS/LIM/LIM2040-1871.htm. Acesso em: 13 jan. 2025.

liberdade de ventre como o centro da questão em muito ajudou a construir imagens sobre a escravidão e o processo de emancipação como algo feito de forma programada, parte de um grande e benevolente projeto iniciado em 1850, e terminado com o ato sublime de assinatura da Lei Áurea, com pena de ouro, pela Princesa Isabel[145].

Para Rocha Pombo, o ventre livre não se apresentava como a coisa mais importante a respeito da lei, pois o que fazia dela algo realmente crucial para o fim da escravidão eram os objetivos de Paranhos, ao assumir a empreitada de intervir na questão servil. Assim, a proposta do Visconde de Rio Branco era o fim gradual da escravidão iniciado com as proposições da lei[146]. Essa mesma leitura seria apresentada quase 15 anos depois, nas discussões parlamentares sobre o projeto da lei de 28 de setembro de 1885[147], quando os resultados de se ter um grande contingente de libertos, pelos direitos constituídos a partir da lei Rio Branco, colocar-se-iam no centro das discussões sobre a escravidão e a necessidade de se projetar um fim gradual para ela[148].

A forma como Rocha Pombo avalia os objetivos de Paranhos coloca a lei de 28 de setembro de 1871 como um meio para eliminar a escravidão, reconhece a opressão que causava ao negro — negando-lhe um direito

---

[145] Memória que ainda persiste em nossa sociedade, mesmo tendo sido discutida e contestada pela historiografia recente, principalmente após a obra *Visões da Liberdade*, de Sidney Chalhoub. Fruto de uma pesquisa feita a partir de várias fontes, mas com foco principal nas ações de liberdade impetradas na justiça por escravos contra seus senhores, na busca por conseguir a tão sonhada liberdade, essa obra traz a lei de 28 de setembro como algo arrancado, às duras penas, à classe senhorial. Isso porque, para além da liberdade de ventre, outras duas propostas capitais do projeto de lei, os direitos à liberdade forçada e ao acúmulo de pecúlio, faziam parte de uma série de reivindicações escravas e atingiam diretamente o poder senhorial sobre seus escravos. *Cf.* CHALHOUB, Sidney. *Visões da liberdade:* uma história das últimas décadas da escravidão na corte. São Paulo: Cia. das Letras, 1990.

[146] É claro que não há pretensão aqui de afirmar que Rocha Pombo via em outros aspectos da lei a mesma amplitude que a historiografia mais recente, mas sim que em seu conjunto o autor paranaense identificava a lei como uma proposta de eliminar a escravidão de forma a não atingir diretamente o poder senhorial e de obrigar os políticos da época a pensarem na questão do trabalho livre.

[147] BRASIL. Lei nº 3.270, de 28 de setembro de 1885. Disponível em: http://www2.camara.leg.br/legin/fed/lei/1824-1899/lei-3270-28-setembro-1885-543466-publicacaooriginal-53780-pl.html. Acesso em: 13 jan. 2025.

[148] Segundo Joseli Mendonça, a intromissão do Estado nas questões da escravidão, com a lei de 21 de setembro de 1871, viria para agravar as tensões já existentes entre os senhores e os escravos, criando uma nova realidade na sociedade brasileira: uma massa de homens e mulheres nascidos livres. Também causaria uma busca por desacelerar o processo de emancipação escrava — impulsionado pelo direito à alforria forçada e à acumulação de pecúlio — por meio da criação de uma tabela de preços de escravos implementada pela lei de 28 de setembro de 1885, que elevava os preços para a avaliação de escravos em idade produtiva e, assim, dificultava o acesso à alforria. A autora demonstra como em 1885 as discussões no parlamento giravam em torno da necessidade de se pensar um fim gradual para a escravidão, com reposição da mão de obra, sem prejuízos para a economia do país. *Cf.* MENDONÇA, Joseli M. N. *Entre as mãos e os anéis:* a lei dos sexagenários e os caminhos da abolição no Brasil. Campinas: Unicamp, 1999.

natural e colocando-o em uma posição inaceitável para uma sociedade que pretendia ser civilizada —, mas estabelece como principal problema a imagem que, a partir dela, as sociedades europeias construíam do Brasil. Para ele, a escravidão prejudicava a nação brasileira, uma vez que impedia que a mão de obra livre e branca, europeia, olhasse para o Brasil e o identificasse como um local para migrar. Assim, é possível estabelecer que a bandeira levantada por Rocha Pombo não era a favor da liberdade dos escravos como um ato humanitário ou por serem seus iguais, mas como caminho para que Brasil iniciasse sua ascensão ao status de país civilizado. Apresentando-se como um local atrativo para a imigração europeia, que traria com ela mais ondas de civilidade.

Dessa feita, a lei fora a forma encontrada por Paranhos para forçar a classe política a pensar na necessidade de mudança nas bases do sistema de trabalho no Brasil, o que Rocha Pombo lamentava ainda não ter acontecido após quase dez anos da impetração da lei. Em 1883, na introdução de *Supremacia do ideal*[149] Rocha Pombo comentaria, em nota de rodapé, sobre seu artigo:

> Na época em que escrevi a Questão Negra, o abolicionismo tocava o seu período de mais effervescencia. Parece que eu deveria ser ardente sectário da abolição incondicional e imediata; mas por isso mesmo tive minha duvidas e anteparei à frente do movimento. Estudei o mais detidamente que me foi possível a questão e manifestei-me. Aproveitei muito da leitura de alguns escriptos à ella relativos, como, por exemplo, um do Dr. Pereira Barreto, de S. Paulo, que a encarava philosophicamente. Esse escripto valeu-me a necessidade e o proposito de manter-me em uma calma quase sythematica. Procurei saber o modo por que a abolição se realisára nos diversos paizes onde existirão escravos, como os Estados Unidos, a Inglaterra etc.. Tratei de compreender bem o espirito da lei Rio Branco e me parece que eu o consegui. A idéa capital, por consequencia, que eu sustentava no meu artigo, era a seguinte:
>
> O visconde do Rio Branco, obtendo a decretação da lei de 28 de Setembro, fez muito, prestou relevantissimos serviços à humanindade e à patria. Não só lavou uma nodoa horrenda da nossa bandeira, como tambem, pondo diante dos homens publicos o dia em que se deverá extinguir o braço

---

[149] POMBO, 1883, p. 1-24.

escravo, obrigou-os a cuidarem da sorte futura da lavoura, pela organisação do trabalho livre. Entretanto, sem se aperceberem desse dia fatal que o visconde do Rio Branco tão sabidamente entrevira, os homens de quem dependem os destinos da patria pouco teem feito, ou nada, para facilitar a substituição do elemento servil. A vista d'isso, levantou-se um partido de moços clamando pela abolição. Esse partido é uma continuação, um lado mais vivo da grande idéa de Paranhos: quer o que pedio há mais de dez annos a lei do eminente estadista. Está ahi o mérito do abolicionismo. A lei já constituia uma ameaça no trabalho nacional; ella devia ser bastante para mover a atividade e o patriotismo dos nossos homens em prol do trabalho livre; mas, como aconteceu quase o contrario, n'um longo praso de mais de 10 annos, aparecem os abolicionistas constituindo uma ameaça tumultuosa e mais fecunda. Por isso, os abolicionistas merecem aplausos de todos os bons brasileiros; eles estão despertando o governo da sua funesta inercia.

Hoje ainda penso assim.[150]

Pelas próprias palavras de Rocha Pombo, é possível confirmar algumas possibilidades de interpretação que são aqui propostas bem como compreender um pouco mais a construção do pensamento do jornalista paranaense. A primeira delas é anunciada logo no início do texto, quando o autor diz que se sentiu na obrigação de obter maior conhecimento do tema e não que abraçou o abolicionismo em sua fase mais incandescente como era esperado. Essa postura reforça a imagem construída de Rocha Pombo como um autodidata, que se manteve em constante aprendizado no decorrer de sua vida, descrição que o próprio Rocha Pombo cunhou em a *Supremacia do ideal*[151]. Além disso, descontrói a imagem de que Rocha Pombo desde o início de sua vida como jornalista teria militado pelo abolicionismo, imagem essa que foi propagada por seus biógrafos e reforçada nos trabalhos sobre ele.

A declarada necessidade de primeiro se informar sobre o assunto, de ler os escritos de José Pereira Barreto[152] e se assegurar de ter conhecimentos

---

[150] *Ibidem*, p. 23-24.
[151] *Ibidem*.
[152] Médico fluminense, filho de um grande produtor de café, radicado em São Paulo, trouxe da Europa ideias positivistas, sendo seu livro *As três filosofias* considerado o marco do positivismo no Brasil. Registrou e propagou as ideias e ideais de Augusto Comte em diversos livros e como colunista no jornal A *Província de São Paulo* (BARRETO, José Pereira. *Soluções Positivas da Política Brasileira*. São Paulo: Escala, 2007. p. 11-14).

suficientes antes de tomar partido ou escrever sobre o tema, constrói uma imagem de Rocha Pombo como alguém que sempre se esforçara por ter sua opinião embasada em estudos. Sobre esse aspecto, é possível concluir que Rocha Pombo, além de produzir textos que traziam um caráter marcadamente instrutivo, via a si mesmo como o principal indivíduo para quem a educação era algo necessário e fundamental.

Nesse aspecto, os textos de Pereira Barreto apresentam-se como fundamentais para a construção dos argumentos apresentados em "A Questão Negra". Em 1880, Pereira Barreto organizou uma série de artigos seus publicados no jornal *A Província de S. Paulo,* sob o nome de *Soluções Positivas da Política Brasileira.* Dentro desse conjunto de textos, destacam-se três temas: a crítica à atuação católica e sua intervenção na política colonial e do império; a crítica à forma como a questão da mão de obra era encarada pelo governo de Pedro II; e um debate sobre o *darwinismo* e o *positivismo*[153]. Em "A Grande Naturalização", uma sequência de sete textos[154], Pereira Barreto estabelece a escravidão como um mal herdado de nossos "avós", portugueses e católicos, que viam a América como espaço para a exploração e a África como uma fonte fecunda e inexaurível para o "[...] fornecimento de máquinas humanas para a pacífica exploração das riquezas do solo [...]"[155]. Segundo a leitura de Pereira Barreto do processo de implantação da escravidão: a religião católica impunha aos escravizados a resignação como a primeira virtude a ser desenvolvida e aliava-se ao espírito egoísta e retrogrado de Portugal para inserir em nossa sociedade a escravidão, como se fosse uma "obra útil e agradável a nós, seus prediletos netos".[156]

As riquezas foram exploradas, mas o Brasil não fora povoado e a escravidão permanecia, não mais como algo normal e justo, mas como algo justificável: "Falharam todos os cálculos de nossos bons avós: o problema do povoamento continua de pé; a escravidão e o catolicismo (que para o espírito é uma outra forma de escravidão), impediram a imigração; o país continua deserto; não conseguimos aclimar entre nós o trabalho, e a indústria [...]"[157].

---

[153] *Ibidem.*
[154] Nomeados "Ordem e Progresso" (*Ibidem,* p. 33-64).
[155] *Ibidem,* p. 39.
[156] *Ibidem.*
[157] *Ibidem,* p. 40.

Ao desenvolver seu argumento de que a herança portuguesa católica criava o impedimento para a vinda de imigrantes, para o povoamento e para, consequentemente, a inserção do Brasil no mundo civilizado, Pereira Barreto afirma que o Visconde de Rio Branco, um estadista notável e de boa-fé, teria estancado a fonte da escravidão e que, apesar disso, o hábito de ter e procurar escravos continuou vivo e arraigado nos atos de Pedro II.[158] Assim, a lei de 28 de setembro de 1871 teria programado um fim para a escravidão, mas que a *vis a tergo* da tradição fazia com que o governo criasse políticas que propunham não a vinda de novos cidadãos, mas sim de escravos sob outro título: o de colono[159].

Podemos ver aqui a presença dos eixos que iriam ser desenvolvidos nos argumentos de Rocha Pombo para demonstrar a importância da lei que leva o nome de Paranhos. A leitura tanto da obra de Pereira Barreto quanto dos textos de Rocha Pombo permite pensar que: o segundo ao eleger a escravidão como tema para seu artigo de maior fôlego na *Revista Paranaense* e buscar as melhores ideias e informações sobre o tema, Rocha Pombo tenha encontrado em Pereira Barreto não apenas a base para sua argumentação, mas também ideia de que o projeto de lei de Paranhos era central para a análise da questão negra. Permite também estabelecer que, para Rocha Pombo, abraçar o abolicionismo num rompante, no calor do momento, não se apresentava como algo compatível com a busca pela razão que está posta nas ideias positivistas das quais ele se demonstra partidário. Era preciso refletir e conhecer os elementos que compunham o sistema escravocrata, a formulação da lei e principalmente a forma como a escravidão, enquanto uma tradição, teria se engendrado na sociedade e no espírito da classe política brasileira.

Outro ponto interessante na forma como Rocha Pombo lida com o tema é a sua visão sobre o movimento abolicionista, dando-lhe o mérito apenas de fazer algo que a lei de 28 de setembro de 1871, por si só, deveria ter feito: obrigar a classe política a pensar em mudanças e na transposição do trabalho escravo para o livre, confirmando o seu afastamento do movimento. Sua postura demonstra que para ele o campo de ação para o fim da escravidão estaria colocado em primeiro lugar na mudança de mentalidade da classe política e que as mudanças feitas no campo do direito deveriam ser suficientes para levar ao fim gradativo da escravidão.

---

[158] *Ibidem*, p. 43.
[159] *Ibidem*.

Apesar de não se render ao calor do momento, no início da década de 1880, pode-se estabelecer que Rocha Pombo militava contra a escravidão, mas não era naquele momento um membro e colaborador do movimento abolicionista. Somente pouco mais de um mês antes da lei Áurea, ele entraria de fato na luta direta pela abolição. Em 1º de abril de 1888, ele e vários de seus amigos literatos, jornalistas e outros profissionais acabariam por fundar a Confederação Abolicionista Paranaense — da qual era o orador —, um grupo que amalgamava várias outras associações e que tinha como objetivo "de promover no mais curto espaço de tempo a libertação completa do município particularmente e da província em geral [...]"[160].

Assim, seria somente no final da escravidão, em 1888 — quando o movimento abolicionista estava fortemente estabelecido em vários locais e a grande massa de escravos já tinha adquirido a liberdade por meio da alforria forçada, do fundo de emancipação, pelo contrato de trabalho e também pelas alforrias em massa concedidas pelos próprios senhores, motivados principalmente pela busca de manutenção de seu poder sobre os libertos e por fazer parecer que a alforria era ainda fruto exclusivo de sua benevolência[161] — que Rocha Pombo se envolveria diretamente com o movimento abolicionista. Um envolvimento que estava atrelado a uma visão de que o engajamento popular e dos políticos pela abolição da escravatura seria um passo, um progresso rumo à libertação da nação do jugo da monarquia.

3. Militância política, mas não partidária

Em 9 de abril, o editor de *A república* informava ao público leitor a ocorrência de um *meeting abolicionista* ocorrido no dia anterior, exaltando as virtudes do orador e de seu discurso:

---

[160] A REPÚBLICA. Curitiba, 3 de abril de 1888. Disponível em: http://hemerotecadigital.bn.br/. Acesso em: 13 jan. 2025.

[161] Sobre os últimos anos da escravidão: CHALHOUB, 1990; MENDONÇA, 1999; CANO, Jefferson. *Escravidão, alforrias e projetos políticos na imprensa de Campinas*. Dissertação (Mestrado em História) – Universidade Estadual de Campinas, Campinas, 1993; XAVIER, Regina. *A conquista da liberdade*: libertos em Campinas na segunda metade do século XIX. Campinas: Centro de Memória; Unicamp, 1996; RAMOS, Vanessa Gomes. *Os Escravos da Religião*: Alforriandos do Clero católico no Rio de Janeiro imperial (1840-1871). Dissertação (Mestrado em História) – Universidade Federal do Rio de Janeiro, Rio de Janeiro, 2007; SALLES, Ricardo. *E o vale era escravo*: Vassouras, século XIX – senhores e escravos no coração do Império. Rio de Janeiro: Civilização Brasileira, 2008; PEDRO, Alessandra. *Liberdade sob condição*: alforrias e política de domínio senhorial em Campinas, 1855-1871. Dissertação (Mestrado em História) – Universidade Estadual de Campinas, Campinas, 2009.

> MEETING ABOLICIONISTA
>
> A confederação abolicionista realisou hontem um meeting no passeio publico às 5 horas da tarde.
>
> Havia grande concurrencia de povo, notando-se o número avultado de senhoras.
>
> Orou às massas em primeiro discurso o distincto e altivo moço sr. Rocha Pombo, orador oficial da Confederação.
>
> O seu discurso foi brilhantissimo e merecidamente aplaudido por todos os que o ouviram.
>
> Possuido do mais alto enthusiasmo disse o orador que a abolição era a iniciação de outras reformas necessárias ao paiz, as quaes hão de vir porque o povo levanta-se começando a comprehender os seus direitos.
>
> Qualificou os dous partidos políticos de pequenos, sem ideal politico, reduzindo-se a meros ajuntamentos de indivíduos sem uma aspiração comum, a não ser de usofruir os proventos do poder.
>
> O orador endeosou o ministério actual, no que sentimos não acompanha-lo pois que qualquer ministerio que viesse actualmente, faria a abolição.
>
> Ao terminar a sua brilhante e enthusiastica oração foi o orador saudado com uma salva de palmas [...].[162]

O anúncio permite verificar que Rocha Pombo não apenas registrava as suas ideias nos jornais em que era editor, colaborador ou proprietário, mas também era bem quisto entre os homens de letras paranaenses e figurava como orador em várias associações e sobre vários temas. Permite ainda vislumbrar uma crítica aos partidos políticos do momento, o que pode ter fundamento em sua própria experiência como membro do Partido Conservador e como deputado da província, cargo de que, segundo nota publicada no jornal *A República* de 15 de janeiro de 1888, foi despojado pelos liberais[163]. Segundo Romário Martins, em nota sobre a morte de autor paranaense em 1933, o jovem Rocha Pombo era "moço, idealista, intemorato [sic], abolicionista, suspeito de republicano, sua

---

[162] A REPÚBLICA. Curitiba, 9 de abril de 1888, p. 3. Disponível em: http://hemerotecadigital.bn.br/. Acesso em: 13 jan. 2025.

[163] Nota publicada como "Comunicado", e que se colocava em oposição à crítica tecida pelo periódico ao partido conservador e sua disputa pelo poder, a nota vem assinada com o pseudônimo Republicano Independente. *Idem*, 15 de janeiro de 1888, p. 3.

atuação desagradou o conservadorismo e o carrancismo da época"[164]. Tais informações ajudam a indagar acerca da postura antipartidária de Rocha Pombo e suas críticas não apenas ao imperador, mas também aos homens que se colocavam sob as bandeiras dos dois partidos monárquicos. Crítica que não fazia, de forma direta, anos antes, quando, filiado ao Partido Conservador, foi eleito deputado provincial.

Sobre sua filiação ao Partido Conservador, Rocha Pombo declara que, sendo republicano, ainda em Morretes, publicava suas ideias abertamente e não se lembrava das razões pelas quais escolhera o partido, mas que um amigo seu[165] era conservador e que por simpatia a ele havia se inclinado ao mesmo partido[166]. Mesmo filiado ao partido, Rocha Pombo continuou a fazer propaganda republicana em seus artigos para diversos jornais. Apesar disso foi eleito deputado, o que, segundo Gilson Queluz, denotava a existência de uma íntima relação com a elite ligada à produção da erva-mate, especialmente com o então presidente do Partido Conservador, Ildefonso Correia, o Barão de Serro Azul[167].

Em seu primeiro discurso como deputado eleito, Rocha Pombo busca justificar seu alinhamento com o Partido Conservador, que, de certa forma, contradizia sua posição como republicano. Em suas palavras:

> [...] há nestas Províncias um certo grupo de moços distanciados do seu tempo, um certo grupo de homens que entende que separando-se de seus contemporâneos presta melhores serviços ao país do que se unisse aos seus esforços aos partidos militantes.
>
> Não posso deixar de dizer, antes de tudo, que sei que esses moços me censuram pelo fato de ter-me alistado a um dos partidos militantes; mas em primeiro lugar devo assegurar a esse grupo que sou tão amigo da liberdade, tão bom soldado da liberdade como os que melhor possa contar este país.
>
> Quando eles me censuram esquecem-se de que para tomar o ponto de protagonista acérrimo da idéia nova é preciso antes de tudo firmar créditos perante a opinião, é preciso

---

[164] O DIA. Curitiba, 28 de junho de 1933, p. 1. Disponível em: http://hemerotecadigital.bn.br/. Acesso em: 13 jan. 2025.

[165] Embora em seu texto Rocha Pombo não diga o nome de seu amigo, a descrição feita e principalmente por deixar claro que se colocara sob a proteção da amizade construída ainda no Anhaia, pode-se concluir que esse amigo fosse o futuro Barão de Serro Azul, Idelfonso Correia.

[166] POMBO, 1883, p. 14-15.

[167] QUELUZ, 1998, p. 18.

primeiro que tudo conquistar a confiança pública e ter a certeza que o povo nos ouve.

Que, Sr. Presidente, V. Ex. sabe o quanto tem custado, não direi já aos pequenos jornalistas, mas aos grandes escritores do país, fazer vingar sobre os espírito público esse conjunto de reformas, de melhoramentos sociais tão necessários ao progresso e civilização da nossa pátria.

Se essas reformas, perfeitamente comportáveis no regime vigente, tem lutado com tantos embaraços afim de arraigar-se bem no fundo do coração popular, como entender os propagandistas da república que deve abalar, que deve transtornar, convulsionar a ordem das coisas existentes para depois reorganizar essa sociedade.

Sr. Vicente Machado – Não apoiado a república evolucionista não quer isto.

Sr. Rocha Pombo – Sr. Presidente, aproveito o aparte do nobre deputado que me distingue, para dizer que é justamente pela república evolucionista que tenho o prazer de estar externando os meus pensamentos.

V. Ex. sabe, Sr. Presidente que ainda temos tanto a trabalhar, tanto a fazer neste país dentro do regime monárquico [...]

[...] não condenei-os apenas lamentei que esse grupo de moços a que me referi se isola de seu tempo não querendo unir aos seus esforços os partidos atuais, aos quais essa nação deve tudo até o presente.

Sr. Presidente, por maior que chegue a ser esse país, por maior que chegue a ser esse povo, por mais gloriosa que venha se tornar a bandeira brasileira, os partidos atuais tem o direito de ver tudo a sua obra, e com toda a certeza eles que tem lutado desde a organização do império, são os que hão de levar o país aos sistemas mais livres [...]

Quero Caminhar para a república dentro do sistema atual...[168]

A fala de Rocha Pombo demonstra que sua postura republicana continuaria mesmo alistado e eleito por um partido ainda no período monárquico. Apresenta uma militância pela república a ser feita por dentro do sistema, conforme se esperaria de um republicano evolucionista, mesmo que para isso recebesse críticas daqueles que consideravam que para construir uma

---

[168] *Anais da Assembleia Provincial do Paraná, 6ª Sessão Ordinária, 9 nov. 1886*, p. 23 apud QUELUZ, 1998, p. 18-20.

república no Brasil seria necessário se colocar em lado oposto aos dois partidos monárquicos. Segundo Gilson Queluz, Rocha Pombo teria, em sua prática legislativa, aderido "ao *status quo* político vigente" como meio para realizar reformas urgentes para o "progresso e civilização da Província do Paraná". Reformas que tinham como motivação sanar problemas que se agravavam na província com a crise econômica pela qual passava a indústria ervamateira na década de 1880, e o aumento da pressão dos produtores liderados por seu amigo Barão de Serro Azul[169]. Ainda segundo Queluz, os vários projetos apresentados por Rocha Pombo não seriam aprovados pela Assembleia Provincial, alguns sequer chegaram à votação, sendo arquivados por pressão da maioria dos deputados que pertenciam ao partido liberal.[170]

O único projeto apresentado e aprovado durante o seu mandato na Assembleia Provincial foi aquele que propunha a criação, em Curitiba, uma exposição permanente de produtos industriais e agrícolas do Paraná, com o intuito de incentivar o desenvolvimento da produção na província pelo conhecimento e intercâmbio de técnicas de fabricação, em um momento em que as exposições se apresentam como um auxiliar na constituição de um mercado mundial[171].

Se, em 1883, Rocha Pombo declarava seu grande e precoce interesse pela política no início de sua carreira de jornalista e autoavaliava sua forma de lidar com a política como um simples arranhar a casca dos problemas — uma vez que "entendia que só da forma de governo dependia a sorte das nações" e dava pouca importância para as instituições políticas ou às questões práticas que diziam respeito ao progresso das nações[172] —, em 1886-1887, lidava diretamente com a máquina política. Via seus projetos serem rejeitados e sua tentativa de utilizar a própria política imperial para construir sua nova e progressiva nação morrer não apenas ante a oposição do Partido Liberal, mas também pela rejeição de suas ideias pelos produtores de erva-mate que viam no Partido Conservador o seu principal representante[173]. Sua experiência no Poder Legislativo pode ser a fonte de sua crítica aos partidos políticos, em 1888, mas não impediu que, para além de suas críticas aos dois partidos, no discurso proferido no "meeting abolicionista" elogiasse o gabinete que empreendia as mudanças rumo à abolição da escravidão.

---

[169] *Ibidem*, p. 20-21.
[170] *Ibidem*, p. 24-25.
[171] *Ibidem*, p. 26-27.
[172] POMBO, 1883, p. 16-17.
[173] QUELUZ, 1998, p. 26.

4. Imigrantes para civilizar o país

Segundo Gilson Queluz, as propostas apresentadas por Rocha Pombo em seu mandato como deputado provincial buscavam reformas econômicas que garantissem o desenvolvimento industrial e a diversificação agrícola na Província do Paraná e tinham objetivos vinculados a um processo imigrantista[174]. A leitura de vários artigos produzidos por Rocha Pombo, na década de 1880, corroboram a interpretação de Queluz de que no "pensamento de Rocha Pombo progresso e civilização são sinônimos de mão de obra imigrante"[175]. Entretanto é importante ressaltar que essa não era uma prerrogativa apenas de nossa personagem, uma vez que a ideia de que a presença de mão de obra negra e escrava era um atraso não apenas para a economia do país, mas principalmente para a sua evolução para uma verdadeira civilização, era algo grandemente discutido nos espaços intelectualizados do país desde a década de 1870, com a entrada das teorias cientificistas no Brasil[176]. A grande preocupação com a transformação do Brasil em um local para onde os europeus quisessem imigrar já estava posta no discurso de Rocha Pombo, conforme aqui demonstrado, em "A Questão Negra", de 1880. Dois anos depois, no periódico *Gazeta Paranaense*, ele trataria do mesmo tema mais direta e incisivamente, em uma série de três textos que discutiam a "colonização" do Brasil. Trata-se de artigos produzidos e direcionados ao novo presidente da província do Paraná, Dr. Carlos de Carvalho[177].

No primeiro artigo da série, publicado no dia 5 de abril de 1882, Rocha Pombo apresentou suas ideias sobre a questão da colonização e da necessidade de fortalecer a agricultura e a indústria no país. Estabelece a colonização como um tema de primeira grandeza nas discussões do momento, cuja solução deveria estar sempre em estreita relação com a prosperidade do Brasil[178]. Traz ideias e impressões sobre o tema, assim como algumas propostas para o problema. Em sua análise da questão, embora tanto o governo quanto os homens públicos concordassem sobre

---

[174] *Ibidem*, p. 32.
[175] *Ibidem*.
[176] SCHWARCZ, 1993.
[177] Médico carioca indicado para presidência da província do Paraná, no biênio 1882-1883, assumiu o cargo um mês antes da publicação do primeiro artigo de Rocha Pombo sobre a colonização (GAZETA PARANAENSE. Curitiba: 4 de março de 1882, p. 4).
[178] GAZETA PARANAENSE, Seção livre, Questões da actualidade (Ao exmo. sr. dr. Carlos de Carvalho). Curitiba, 5 de abril de 1882, p. 3. Disponível em: http://hemerotecadigital.bn.br/. Acesso em: 13 jan. 2025.

a necessidade e urgência de pensar e buscar meios para inserir o trabalho livre no país, cabia ao governo a culpa pelos resultados ineficientes da política de imigração no início da década de 1880[179]. Para o jornalista paranaense, no que concernia à colonização, era facilmente identificável a "[...] falta absoluta de estudo, de systhema, de racionalidade nos actos officiais à ella relativos. Os publicistas que não esmorecem ante os grandes problemas politicos, economicos e sociaes... a seu turno, não têm considerado a colonisação em toda a sua vasta latitude"[180].

Ao propor soluções ao problema, Rocha Pombo apresenta-se como alguém que, apesar de sua deficiência de recursos intelectuais, arriscar-se-ia a apresentar ao governo medidas novas e, quem sabe, mais eficazes, construídas por meio do estudo e da pesquisa sistemática sobre o tema. Deixa bem claro que suas propostas são voltadas para a província do Paraná e por isso dirige os artigos diretamente ao dr. Carlos de Carvalho. Aqui, mais uma vez, o texto de Rocha Pombo assume um caráter didático e educativo. Ele apresenta aquilo que entende ser a colonização para o país, para em seguida explicar o porquê de ela não estar alcançando nenhum dos seus objetivos básicos:

> Entendemos que a colonização deve ser para o nosso paiz:
>
> I – um elemento de civilização ou de progresso moral.
>
> II – um elemento de produção ou progresso material.
>
> Até hoje porem o irregular, desordenado, anarchico e absurdo systhema de estabelecer extrangeiros em nossas terras nem ao menos ao ultimo efeito tem surtido.
>
> E porque?
>
> É facil explicar.
>
> Ainda não nos ocupamos com o trabalho de fazer a mais ligeira seleção ao menos dos extrangeiros que importamos da Europa. Nunca o governo teve em vista as vantagens das

---

[179] Sobre o tema: COSTA, Emília Viotti da. Da escravidão ao trabalho livre. In: COSTA, Emília Viotti da. *Da Monarquia a república*: momentos decisivos. São Paulo: Editorial Grijalbo, 1977. p. 209-226; BIONDI, Luigi. A greve geral de 1917 em São Paulo e a imigração: novas perspectivas. *Cadernos AEL*, Campinas: IFCH, v. 15, n. 27, p. 259-310, 1999; HALL, Michael. Imigrantes na Cidade de São Paulo. In: HORTA, Paula (org.). *História da cidade de São Paulo*: a cidade na primeira metade do século XX. São Paulo: Paz e Terra, 2004. p. 121-151; MARTINS, José de Souza. O migrante brasileiro na São Paulo estrangeira. In: HORTA, 2004, p. 153-213.

[180] GAZETA PARANAENSE, Seção livre, Questões da actualidade (Ao exmo. sr. dr. Carlos de Carvalho). Curitiba, 5 de abril de 1882, p. 3. Disponível em: http://hemerotecadigital.bn.br/. Acesso em: 13 jan. 2025.

> raças ou das nacionalidades, nem as vantagens da condição de classe ou siquer da condição pessoal dos imigrantes.
>
> Devem estar ainda na memoria de todas as desgraças que provierão a este paiz de alguns celebres contractos firmados pelo governo para a introdução de colonos europeus.
>
> Contractos onerosissimos para aliciar-se gente na Italia e nos mandar para cá!
>
> Esses colonos, arrebanhados nos campos e nas estradas, está exhuberantemente provado por factos, de nada nos poderão servir jamais. Eles não nos trouceram nem um pallido reflexo d'essa explendida civilização industrial do velho mundo; não são laboriosos nem mais morigerados que nossa população aborigena; não são mais activos, nem mais emprehededores, nem teem mais instrucção.
>
> Nestas condições, entendemos que a colonisação extrangeira de modo algum poderia contribuir para a prosperidade de nossa lavoura e de nossas industrias, nem para os progressos de nossa civilização moral. Os nossos governos pois nem ao menos teem conseguido angariar, pela importação de imigrantes, o reforço necessario dos elementos de produção que tanto nos escasseão.[181]

Como é possível verificar no trecho acima, para Rocha Pombo, a simples introdução de europeus não era a solução para a questão da colonização e da evolução do país. Se no decorrer de toda a década de 1880, políticos, juristas, médicos e outros intelectuais discutiriam quais seriam os caminhos para a substituição do trabalho escravo pelo livre, colocando no centro da discussão quem seriam os novos braços para a lavoura e para a indústria[182], para José Francisco da Rocha Pombo, a solução do problema estava na introdução de imigrantes europeus, mas que deveriam ser selecionados dentre as nações e locais em que o progresso e a civilização fossem claramente identificáveis. É importante destacar que para Rocha Pombo o elemento nacional também poderia e deveria ser aproveitado, mas mesmo isso exigia projetos imediatos e sistemáticos para tornar o seu trabalho ordenado para que a nação de forma geral, e não apenas os grandes fazendeiros, lucrassem

---

[181] *Ibidem.*
[182] AZEVEDO, Celia Maria Marinho de. *Onda negra, medo branco*: o negro no imaginário das elites (século XIX). Rio de Janeiro: Paz & Terra, 1987; EISENBERG, Peter L. O homem esquecido: o trabalhador livre nacional no século XIX sugestões para uma pesquisa. *In*: EISENBERG, Peter L. *Homens Esquecidos*: escravos e trabalhadores livres no Brasil séculos XVIII e XIX. Campinas: Ed. da Unicamp, 1989. p. 223-244.

com a introdução de formas modernas de trabalho. Essa visão sobre quem seria o imigrante indesejado e qual o papel do trabalhador nacional, para a evolução da nação seria reforçada e longamente discutida no segundo texto da série, publicado em 22 de abril de 1882.

Dizendo ter conseguido ler alguns artigos produzidos pelo dr. Carvalho, direcionados a eleitores de um dos distritos da corte, quando este se candidatara ao parlamento, Rocha Pombo alega ter a felicidade de concordar, até certo ponto, com as ideias neles contidas, mas considera deficiente e incompleta a exposição feita. Aproveita o momento para se indagar se o que fora registrado nos artigos do presidente da província seriam propostas reais, visando a uma intervenção no problema da colonização ou se não passava de mero discurso com intuito de eleger Carvalho deputado. O principal ponto criticado por Rocha Pombo foi o silêncio de Carlos Carvalho sobre a imigração espontânea, uma vez que, em seu texto, o então candidato dizia não ser partidário da imigração solicitada e clamava pela utilização imediata do elemento nacional livre que deveria receber capacitação em escolas noturnas[183]. Em sua crítica, o jornalista alega ser notável a um cidadão de nome no país, que pretendia um posto de legislador, silenciar-se sobre tão importante tema. Concorda e, de certa forma, demonstra ser lugar comum propor o uso do braço nacional para a colonização, mas que esse uso não seria por si só suficiente para as necessidades da nação; segundo ele, se o estrangeiro fosse o europeu oriundo dos países mais desenvolvidos e civilizados, este deveria ser preferido ao nacional. Essa preferência seria explicada pelo fato de que a colonização para o Brasil não deveria significar apenas a ampliação dos instrumentos de trabalho, para o que o nacional seria suficiente, mas principalmente deveria "[...] trazer-nos novos recursos de educação, costumes mais adiantados, principios mais fecundos do trabalho; e até deve trazer-nos outro sangue que ao menos renove o temperamento e a índole de nossa raça"[184].

Nesse sentido, o jornalista paranaense, mais uma vez, reforça a necessidade de se investir na imigração europeia, já que pouco valeria para o país a introdução de braços que não preenchessem a necessidade de melhorar a raça, que não se repetissem os erros coloniais, quando o estrangeiro trazido para o país era visto apenas como mero instrumento de trabalho, e por isso a origem e a inferioridade de sua raça não teriam sido levadas em conta.

---

[183] QUELUZ, 1998, p. 35.

[184] GAZETA PARANAENSE, Seção livre, Questões da actualidade (Ao exmo. sr. dr. Carlos de Carvalho). Curitiba, 5 de abril de 1882, p. 3. Disponível em: http://hemerotecadigital.bn.br/. Acesso em: 13 jan. 2025.

Se no princípio da colonização do país o nacional, o indígena, mostrara-se bravio e fraco para o trabalho, a inserção do negro — "verdadeira machina, insensível ás intemperies, ás agruras e até aos cansaços da vida dos campos" — em nada contribuíra para o progresso da colônia, não apenas por garantir a ociosidade do nacional, mas principalmente por não ser o africano "[...] um individuo que a nossa sociedade possa assimilar, ou que possa melhorar a nossa raça"[185]. Assim, a imigração espontânea deveria ter como foco a evolução e o progresso da nação, devendo criar condições para que se atraíssem europeus de países mais civilizados e industrializados. Esse é um ponto em que Rocha Pombo por várias vezes insistirá e, para reforçar essa necessidade, criticará a proposta de se trazerem asiáticos para o trabalho na lavoura, como podemos verificar no trecho a seguir:

> Iguaes consequências às de que nos fizeram victimas os africanos terá a introdução de trabalhadores aziaticos, com que alguns homens publicos sonhão.
>
> O conselheiro Sinimbú, querendo fazer apologia do trabalhador chinez, só conseguio lançar sobre ele indelavel, stygma e condennal-o para sempre, si sempre tivermos homens que se interessem pela sorte da patria.
>
> Eis que s. ex. chegou a dizer quando ministro d'agricultur, no relatorio apresentado à Assembléa Geral em 1878:
>
> "nem serão alguns milhares de trabalhadores de raça inferior à nossa porém incontestavelmente superior à africana, que poderão ameaçar-nos de decadencia physica ou moral. O Chim é unicamenpte trabalhador à salario; não se liga à terra extranha, não adopta segunda patria, não funda família, tornar ao seu paiz, cumprindo o seu mais ou menos prolongado contracto, é o ponto de mira das suas ambições."
>
> E para que nos serviria pois o Chim? Perguntaremos a s. ex.
>
> O operário chinez contenta-se com pequeníssimo salario e por isso, pensa s. ex., será um valioso supplemento de forças para a lavoura. Só por isso seria a desgraça do nosso paiz, pensamos nós. Os grandes proprietários, os ricos senhores de fazenda, talvez enriquecem; mas a maior parte da população que vive do trabalho bruto morreria de fome.
>
> O Chim pois não oferece nenhuma das condicções de colonisação eficiente.

---

[185] *Ibidem*.

> Ha pouco tempo, appareceu um livro do dr. Salvador de Mendonça, animando a propaganda à favor dos trabalhadores asiáticos. O dr. Mendonça baseava o seu conceito sobre a colonisação chinesa em observações feitas em diversos paizes, entre os quaes os Estados Unidos. Apezar porem de todos os elogios que o Chim mereceu do illustre escritor, o Congresso dos Estados-Unidos acaba de decretar uma lei prohibindo a importação de Chins por espaço de 20 annos! É verdade que o presidente da republica não sancionou a lei; mas resta-nos saber si os dous treços do Congresso se oporão ao veto do poder executivo.
>
> De qualquer modo que consideremos o trabalhador aziatico, ele não pode servir para a colonisação do Brasil. Muito embora servisse para a lavoura dos Estados-Unidos.[186]

Como podemos verificar nesse trecho e em outros aqui apresentados, a leitura que Rocha Pombo faz da sociedade brasileira está sempre em consonância com as discussões do período. Aqui o autor recorre mais uma vez à leitura de outros textos para embasar seu discurso e reforçar seus argumentos, traz para a discussão a questão da imigração asiática[187] não apenas como forma de criticar o relatório do senador Sinimbú[188] — a quem já havia criticado a atuação no Motim do Vintém —, mas também

---

[186] *Ibidem*.

[187] Aqui Rocha Pombo faz referências às intensas discussões sobre a substituição de mão de obra negra pela imigrante, ocorridas no fim da década de 1870, e mais especificamente a atuação do Visconde de Sinimbu que, em 1878, produziu um relatório cuja proposta era a de incentivar a imigração de chineses para o Brasil. Cf.: MENDONÇA, Salvador de. *Trabalhadores Asiáticos*. New York: Typographia do Novo Mundo, 1879. Disponível em: https://digital.bbm.usp.br/handle/bbm/3852. Acesso em: 13 jan. 2025; COSTA, Emília Viotti da. *Da Senzala à Colônia*. São Paulo: Difusão Europeia do livro, 1866; ELIAS, Maria José. Os debates sobre o trabalho dos chins e o problema da mão-de-obra no Brasil durante o século XIX. In: PAULA, Eurípedes Simões de (org.). Trabalho livre e trabalho escravo. *Anais do VI simpósio nacionail dos professores universitários de História*, São Paulo, v. 3, 1973. p. 698-715. Disponível em: http://anais.anpuh.org/wp-content/uploads/mp/pdf/ANPUH. S06.26.pdf. Acesso em: 13 jan. 2025; LAMOUNIER, Maria Lúcia. O trabalho sob contrato: a Lei de 1879. *Revista Brasileira de Historia*, São Paulo, v. 6, n. 12, p. 101-124, mar./ago. 1986. Disponível em: https://www.google.com.br/webhp?sourceid=chrome-instant&ion=1&espv=2&ie=UTF-8#q=sinimbu+chins. Acesso em: 13 jan. 2025.

[188] João Lins Vieira Cansanção de Sinimbu, Visconde de Sinimbu, nasceu em São Miguel dos Campos, Alagoas, em 1810. Bacharel em direito pela Faculdade de Direito de Olinda, seguiu para a Europa em 1836, doutorando-se pela Universidade de Iena. Foi diplomata, deputado geral por Alagoas, Vice-Presidente da Província de Alagoas, Presidente de Província (Alagoas, Sergipe, Rio Grande do Sul e Bahia) e Senador por Alagoas de 1858 a 1889. Sobre o Visconde de Sinimbu: COSTA, Craveiro. *O Visconde de Sinimbu: sua vida e sua atuação na política nacional (1840-1889)*. São Paulo: Companhia Editora Nacional, 1987. Disponível em: http://www.brasiliana.com.br/obras/o-visconde-de-sinimbu-sua-vida-e-sua-atuacao-na-politica-nacional/pagina/7/texto. Acesso em: 13 jan. 2025; SENADO FEDERAL. Visconde de Sinimbú. *Senado Federal*, Secretaria-Geral da Mesa, Coordenação de Arquivo e Coordenação de Biblioteca, [20--?]. Disponível em: http://www25.senado.leg.br/web/senadores/senador/-/perfil/1814. Acesso em: 13 jan. 2025.

para demonstrar o seu conhecimento sobre o tema da imigração e da necessidade de melhoria da raça. Seus argumentos apresentam, além da citação de documentos e livros do período, conceitos já construídos sobre as diferenças entre os indivíduos calcadas em termos raciais dadas por elementos biológicos e do meio. Conceitos que de forma menos incisiva apareciam em "A Questão Negra" e que demonstram que Rocha Pombo estava em harmonia com as discussões e leituras que ocorriam nos principais centros intelectuais do Brasil[189] em que, desde a década de 1870, as teorias raciais se tornaram centrais para o entendimento da nação. Segundo Lilia Schwarcz, houve tardiamente uma grande entrada de literatura sobre o tema no Brasil e nomes como Ernest Renan, Gustave Le Bon, Hippolyte Taine, Arthur de Gobineau, Franz Joseph Gall, Charles Darwin, Cesare Lombroso, Hebert Spencer, entre outros, tornar-se-iam comuns entre os homens de letras, juristas e médicos, e essas elites intelectuais não só consumiram esse tipo de literatura especializada e científica como recriaram conceitos de teorias de forma original.[190] Ainda segundo a historiadora, essas discussões não ficariam restritas a um pequeno grupo de homens de ciência, mas seriam disseminadas em romances e jornais, como a *Província de São Paulo*, fundado pelas elites paulistas em 1875, que daria grande publicidade a "[...] um ideário evolutivo-positivista, sendo sua prática a divulgação cotidiana de mestres europeus, entre eles Darwin, Spencer e Comte [...]"[191].

Rocha Pombo era um leitor assíduo de jornais da corte e pode-se imaginar que também tinha acesso à leitura da *Província de São Paulo*; além disso, por meio de seus próprios textos, é possível identificar que era leitor de vários intelectuais paulistas — um exemplo disso é sua leitura de Pereira Barreto —, assim seu primeiro contato com essas teorias cientificistas pode ter se dado por meio da leitura de jornais. Mas seria, como ele mesmo declara em a *Supremacia do Ideal*, a leitura dos pensadores europeus e norte-americanos que lhe dariam os alicerces para a construção de sua leitura da sociedade e da necessidade de civilizar o país[192]. Uma leitura determinista em que identificava as diferenças entre

---

[189] Segundo Lilia Schwarcz: Museus Etnográficos, Faculdades de Direito, Faculdades de Medicina e Institutos Históricos e Geográficos tornaram-se, a partir da década de 1870, espaços privilegiados em que as discussões sobre a raça se dariam e constituiriam um conceito próprio de Teoria Racial. *Cf.* SCHWARCZ, 1993.
[190] *Ibidem*, p. 24.
[191] *Ibidem*, p. 42.
[192] POMBO, 1883, p. 1-24.

as raças e clamava pela necessidade de se inserir elementos estrangeiros, civilizados e membros da raça superior, para que com isso o Brasil apagasse sua herança racial negra e mestiça, para então igualar-se às nações europeias civilizadas e modernas.

De forma geral, na série de artigos publicada na *Gazeta Paranaense*, Rocha Pombo demarca claramente sua posição sobre questão da imigração, sobre o tipo de imigrante desejável e sobre o papel do trabalhador nacional na construção do futuro que se pretendia para o Brasil. A introdução dos imigrantes portadores do progresso, da modernidade e da civilização dar-se-ia por meio da imigração espontânea, um recurso, segundo Rocha Pombo, descartado pelo governo e pelos políticos do período. O autor mostra-se inconformado com a incapacidade e a impassibilidade dos homens públicos ante o quadro assombroso que se apresenta para o futuro do trabalho nacional. Um Estado que, em 1882, já carecia de braços para uma lavoura dependente de uma instituição com seu fim gradual certo, dados os efeitos da Lei Rio Branco. Um Estado que não se propunha a pensar seriamente naquilo que aconteceria com o fim do elemento servil, ao qual ficavam inaudíveis os clamores pela imigração espontânea, mesmo com exemplos de resultados positivos obtidos por outras nações americanas. Segundo Rocha Pombo: "inveja-se os Estados-Unidos, as republicas do Prata, o Mexico, a Venezuela, o Chili; mas os governantes entende que devemos esperar o mal, o sinistro, para vermos o que ele nos ensina, ... ainda que seja a custa de horrores..."[193].

Se ao governo não parecia ser primordial e necessário aprimorar e civilizar a nação, utilizando-se para isso da imigração espontânea como forma de atrair para o país elementos que contribuíssem para a evolução moral do povo, deveria ser pelo menos a "necessidade de organizar a grande lavoura; mas uma espécie de grande lavoura adequada às circumstancias do paiz"[194]. Para isso seria imprescindível que a produção aumentasse e houvesse a instalação de grandes indústrias no país. E nesse ponto era necessário criar novas políticas de incentivo econômico, tendo em vista que elemento nacional que, fosse ele aborígene ou europeu há muito instalado no país, não estava apto para o trabalho na lavoura e na indústria modernizada. Seria necessário que o governo tomasse para si a responsabilidade de apoiar e incentivar o estabelecimento da grande lavoura e

---

[193] GAZETA PARANAENSE, Seção livre, Questões da actualidade (Ao exmo. sr. dr. Carlos de Carvalho). Curitiba, 5 de abril de 1882, p. 3. Disponível em: http://hemerotecadigital.bn.br/. Acesso em: 13 jan. 2025.
[194] *Ibidem*.

da indústria na província, lançando mão para isso de algumas medidas imediatas como garantir juros as empresas agrícolas e estabelecimentos industriais e criar um banco de crédito, mesmo que se tratasse apenas de uma filial de um banco da corte. A existência de incentivos financeiros poderia atrair estrangeiros que, aliados a nacionais empreendedores, poderiam formar associações industriais que atrairiam trabalhadores livres, de forma que o pequeno lavrador, que em nada contribuía nem para si nem para o Estado, passaria a ser empregado na grande lavoura e viveria de seus jornais. É importante reforçar que para Rocha Pombo o elemento nacional só serviria à colonização naquilo que concernia ao seu papel como meio de produção, como simples trabalhador da lavoura, mas não como promotor de elevação moral e de civilidade[195].

Aqui temos apresentados alguns temas que seriam intensamente discutidos na última década do sistema escravista e da monarquia: a transposição do trabalho escravo para o livre, quem seria o novo trabalhador após o fim esperado para a escravatura, a importância da imigração e a discussão da necessidade de se trazerem elementos europeus para a colonização e civilização do país. Este último seria ainda retomado como tema central das discussões na república sobre a necessidade de se criar um novo elemento nacional, baseado não mais nas relações e necessidades do mundo do trabalho, na oposição escravo — livre, mas sim na necessidade de se aprimorar biologicamente o povo brasileiro, tendo como base a oposição e as diferenças, superioridade e inferioridade, das raças.

Com o fim do império de Pedro II, Rocha Pombo continuaria militando pela vinda de imigrantes para o país, e mais especificamente para o Paraná. Consta que, em 22 de março de 1890, ele enviou um projeto para a criação de uma colônia de 1000 famílias no Vale do Ribeira[196] e tendo seu pedido negado utilizou o Jornal como meio para registar seu descontentamento e rebater os argumentos utilizados pela junta que lhe negou o pedido:

---

[195] *Ibidem*.
[196] Segundo o Sistema de Informações Territoriais do Governo Federal atualmente: "O Território do Vale do Ribeira – PR abrange uma área de 6.079,30 Km² e é composto por 7 municípios: Adrianópolis, Bocaiúva do Sul, Cerro Azul, Doutor Ulysses, Itaperuçu, Rio Branco do Sul e Tunas do Paraná." Disponível em: http://www.territoriosdacidadania.gov.br/dotlrn/clubs/territriosrurais/valedoribeirapr/one-community?page_num=0. Acesso em: 13 jan. 2025.

COMMUNICADO

O littoral do Paraná e a Sociedade Central de Immigração

Apreciando a minha proposta para a fundação de uma colonia no valle da Ribeira, neste Estado, a benemérita Directoria da Sociedade Central de Immigração acha que, na verdade, o projecto está bem concebido e que até oferece lados seductores; mas entende que o local escolhido para o nucleo é de todo improprio, pois que, em uma zona como a do Paraná, é mal pensado buscar estabelecer imigrantes no littoral, cujas condições meteorológicas são, no dizer da ilustre Directoria, durante não poucos mezes, penosas aos europeus.

Si o que me traz a imprensa fosse um zelo excessivo pelo meu projeto, seria bastante, para pô-lo a salvo da adversativa que se lhe oppoz, assignalar a insufficiencia de conhecimentos que revela, sobre o Paraná, quem affirma que o valle da Ribeira está situado no nosso littoral.

Mas o que me cumpre a mim, como a todos os paranaenses, é rebater a opinião manifestada sobre a suposta impropriedade das nossas terras da marinha para a immigração européa.

O facto de não haverem os proveitos alcançados correspondido aos sacrifícios feitos com a colonisação de alguns pontos da zona indicada não póde ser levado à conta das condições que ali se oferecem aos agricultores adventícios. E a prova está nos numerosos exemplos de núcleos onde em pouco tempo muitas familias perseverantes e laboriosas chegaram a atingir um grau de bem estar e prosperidade que ainda não foi excedido em ponto algum do paiz. Entre esses núcleos, devem citar-se os situados no município de Morretes, no do Porto de Cima, no de Paranaguá. Quem visitar, em Morretes, os colonos da America e do Petinga, ficará convencido de que, em parte alguma do Brazil é impossivel obter mais em tão breve tempo. No Petinga, especialmente, ha familias que já fizeram fortuna! E todos satisfeitos e felizes na nova patria que puderam encontrar na abençoada região onde o trabalho lhes é tão largamente renumerado por uma natureza benigna e opulenta de seiva.

Em geral, os colonos que ficaram no municipio de Morretes prosperam muito.

> Refere-se a digna Directoria da Sociedade Central ao desastre da Alessandra e de outros nucleos do municipio de Paranaguá. Mas ainda ahi ha exagero quando se pretende, do insuccesso de tentativas mal affagadas ou de serviços mal executados, inferir que o que é inutil afirmar sem demonstração. Só quem não conhece a historia da Alessandra e de todos os nucleos de Paranaguá póde guiar-se pelo que ali sucedeu e fazer juízo desfavorável das condições climatológicas d'aquelle municipio.
>
> O máu êxito, portanto, da colonisação na parte littoral do Paraná não acusa si não erros deploraveis, que de certo não serão repetidos; nunca, porem, a impropriedade das nossas terras e do nosso clima.
>
> Em todo o nosso territorio – isto é absolutamente incontestavel – não ha um canto siquer onde não se dê o immigrante europeu.
>
> Ha zonas preferiveis não há duvida: o clima do interior é mais ameno; mas todo o littoral acolhe hospitaleiramente o agricultor do sul da Europa.
>
> Veremos quaes as causas que determinaram os desastres a que se refere a illustrada Directoria da Sociedade Central.
>
> Rocha Pombo
>
> Curitiba, 15 de abril de 1890.[197]

Nesse comunicado, José Francisco da Rocha Pombo faz uso do jornal de maneira diversa àquelas anteriormente apresentadas, tornando público o seu descontentamento com o parecer recebido para sua proposta de implantação da colônia de imigrantes e sem entrar em maiores detalhes, rebate os argumentos utilizados para a negativa ao seu pedido. A leitura do texto apresenta os responsáveis pelo julgamento da proposta como mal informados, que fazem uso de argumentos vazios e generalizados para não autorizar um projeto por eles elogiado.

Embora nesse comunicado Rocha Pombo esteja, aparentemente, buscando o apoio da opinião pública, além de diretamente atacar a Diretoria da Sociedade Central de Imigração — apontando sua ignorância e desconhecimento de aspectos importantes como a localização geográfica da região escolhida para a instalação da colônia segundo sua proposta

---

[197] A REPÚBLICA. Curitiba, 18 de abril de 1890, p. 2. Disponível em: http://hemerotecadigital.bn.br/. Acesso em: 13 jan. 2025.

e do clima e suas influências sobre os europeus com leviana utilização de exemplos de experiências imigrantistas que não deram certo[198] —, seu papel de educador continua intacto, uma vez que ele toma para si a missão de esclarecer não apenas aos julgadores, mas também aos seus conterrâneos acerca dos erros cometidos nos julgamentos feitos no que concerne às terras e clima paranaenses.

Sua estratégia parece surtir efeito no que se refere à mudança no parecer da Diretoria da Sociedade Central de Imigração, pois em 1º de

---

[198] O principal exemplo citado por Rocha Pombo é a Colônia Alessandra ou Alexandra, que foi estabelecida em Paranaguá, segundo Angelo Trento: "[...] Os primeiros imigrantes vindos da Itália desembarcaram no rio de Janeiro em 1875, trazidos pelo veleiro *Anna Pizzorno*, com base num contrato estipulado entre o governo do Paraná e o agente Sabino Tripoti, um italiano que se havia refugiado no Brasil para poder fugir de uma condenação pronunciada na Itália por ter-se apropriado, em 1864, de 46.000 liras do tesouro do Estado, na qualidade de cobrador geral da loto na província de Nápoles. Segundo as crônicas da época, os emigrantes teriam sido recrutados com a falsa promessa de serem enviados para Santa Catarina. A única coisa certa é que se tratava de 50-60 famílias e que elas foram instaladas numa localidade perto de Paranaguá, onde fundaram a colônia de Alexandra. Em 1875 foram introduzidas mais 20 famílias de Mântua e mais outras de Téramo, e em 1879, chegaram 4 grupos de famílias do Vêneto, prefazendo 2.300 pessoas. A localização logo se revelou infeliz, pois os terrenos escolhidos eram pantanosos e insalubres e os colonos enfrentaram bem cedo uma situação desesperadora, também porque, após seis meses, Tripoti não dava mais adiantamentos: 'No entanto, os colonos que cultivavam há dois anos, não só não tinham feito a colheita e não haviam devolvido nem a menor parcela dos adiantamentos recebidos como pediam outros com a insistência de quem está morrendo de fome [...]. Muitos já haviam fugido, e os poucos que tinham ficado tremiam de ódio e blasfemaram em coro contra a própria ruína'. De fato, após terem tentado inutilmente sua transferência, muitos imigrantes abandonaram Alexandra e mudaram para Morretes, sempre na faixa litorânea, onde, em 1877, fundaram a colônia de Nova Itália". *Cf.* TRENTO, Angelo. *Do outro lado do Atlântico*: um século de imigração italiana no Brasil. São Paulo: Nobel: Instituto Italiano di Cultura di San Paolo; publicado em co-edição com: Instituto Cultural Italo-Brasileiro, 1989. p. 87-88. Segundo Jussara Nena Cavanha, as terras da Colônia Alessandra, compradas por Savino Tripoti, ficavam no município de Paranaguá e faziam limite com os rios: Vermelho, Ribeirão, Boguassú, Emboguassú e Toral; parte da Colônia ficava em uma localidade denominada Piedade, que segundo os relatórios era propícia para o assentamento de colonos. Inicialmente chegaram à Alessandra 574 colonos, alguns negavam haver sido embarcados com destino a uma colônia específica e pediam para serem remanejados para uma colônia do Estado, onde receberiam terras gratuitamente, além de outros benefícios. Isso gerou um atrito com Tripoti que alegava ser improcedente as informações e impossível a transferência, ocorrendo uma revolta, que leva Tripoti a devolver a Colônia para o Estado. A estratégia do Estado foi a de transferir os revoltosos para Morretes. Após isso um decreto, datado de 13 de abril de 1877, assinado pela Princesa Regente, rescinde o contrato com Tripoti e exige o encerramento da Colônia. Entretanto, o Ministro da Agricultura, impede que os imigrantes deixem o local sob alegação de que isso oneraria o Estado. Abandonados por Tripoti e pelo Estado, os imigrantes ficam sem recursos e isolados, é nesse período em que ocorre a mudança de nome de Alessandra para Alexandra. *Cf.* CAVANHA, Jussara Nena. *Colônia Alessandra*. Curitiba: Progressiva, 2012. Por meio da leitura de vários jornais paranaenses da década de 1870, foi possível identificar que a Colônia Alessandra entre outros problemas enfrentava a falta de comunicação adequada com a cidade de Paranaguá pela inexistência de uma estrada de ligação, várias são as informações que demonstram que para além de problemas de localização ou climáticos os habitantes da Alessandra foram abandonando a região em busca de locais com maiores possibilidades de trabalho e produção, é bastante grande os registros de informações sobre a pobreza os colonos e o descaso do governo com a região. Cf: Dezenove De Dezembro, 1870-1880; O CRUZEIRO, 1878; *Almanack da província do Paraná*, 1880, ed. 2; *A república*, 1893, ed. 55. Disponível em: http://hemerotecadigital.bn.br/. Acesso em: 13 jan. 2025.

julho de 1890, por meio do decreto 90, o governador do estado do Paraná, Americo Lobo Leite Pereira, concede a Rocha Pombo a autorização para "[...] fundar um burgo agricola e industrial na zona denominada Ribeira [...] e bem assim privilegio para a construção de estradas de rodagem que comuniquem o mesmo burgo com a capital e a cidade de Castro [...]"[199]. Tal concessão traz consigo exigências a serem cumpridas por Rocha Pombo, como a aquisição de terras apropriadas que deveriam ser divididas em lotes de no mínimo 10 hectares; construir em cada lote pelo menos uma casa provida de utensílios indispensáveis de cozinha e mesa; construir caminhos vicinais e pelo menos duas estradas que ligassem o burgo à capital e a Castro, construídas segundo padrões estabelecidos no decreto; construir escola, oficina e engenhos para o preparo da matéria-prima; após instalado o burgo, deveriam ser a ele agregadas casas de imprensa, economia e crédito e serviço de correio; aos imigrantes deveria ser fornecida a alimentação necessária por seis meses, instrumentos de trabalho, sementes etc. Além das exigências feitas ao concessionário, o decreto ainda regulava o trato e principalmente a forma de cobrança a ser feita dos colonos. O prazo dado para que se firmasse o contrato ou a organização do burgo era de seis meses, que ao não ser cumprido ficava sujeita a concessão à pena de caducidade (perder a validade) e o não cumprimento de qualquer uma das cláusulas do decreto incorreria em multa de 100$ (cem réis) a 300$000 (trezentos mil réis)[200].

Quatro dias após a publicação do decreto no jornal, Rocha Pombo embarca no paquete "Victória" rumo ao norte[201]. Pode-se imaginar que Rocha Pombo, levando em conta sua proclamada situação financeira precária, tenha ido atrás de recursos para realizar a implantação de sua colônia, suspeita que se reforça com uma breve nota do dia 12 de agosto de 1890, em que o jornal informa que, por meio de um telegrama, recebera a notícia de que Rocha Pombo embarcara da capital da república, retornando Paraná[202]. Infelizmente, nenhuma informação sobre essa breve visita ao Rio de Janeiro foi encontrada ou mesmo comentada por seus biógrafos, deixando suas intenções para o campo da imaginação e da especulação. Sobre ela pode-se imaginar que tinha como objetivo procurar

---

[199] A REPÚBLICA. Curitiba, 1º de julho de 1890, p. 1. Disponível em: http://hemerotecadigital.bn.br/. Acesso em: 13 jan. 2025.
[200] *Ibidem*.
[201] *Ibidem*, 5 de julho de 1890, p. 3.
[202] *Ibidem*, 12 de agosto de 1890, p. 3.

apoio junto a conhecidos, políticos, empresários e outros, principalmente apoio financeiro, para a implantação da colônia segundo as exigências do Decreto 90. Também é possível, por meio dos silêncios sobre o assunto nos números subsequentes do semanário *A república* e de outros jornais e pela inexistência que qualquer informação sobre a existência de uma colônia de imigrantes fundada por Rocha Pombo em todos os trabalhos que dele tratam, que tal empreitada não deu resultados, e que, ao fim dos seis meses estipulados pelo Decreto 90, a concessão acabou por caducar, perdendo a sua validade.

Fica a indagação de quais seriam as motivações de Rocha Pombo para se envolver em tal projeto. Por um lado, pode-se especular se ele procurava tornar-se um agenciador de imigrantes, lucrando com tal empreendimento. Entretanto a leitura de seus textos, aliada às posturas por ele tomadas em diversos momentos e ante os vários acontecimentos dos anos finais do século 19, leva à conclusão de que sua iniciativa, mesmo que esperando retorno financeiro, estava muito ligada à sua crença na necessidade de trazer a civilidade para o Brasil, e nessa última década, já sob a égide da república, mais que rogar ao governo e aos homens da política que tomassem as rédeas para a inserção de imigrantes europeus em sua província, ele mesmo toma a frente nessa empreitada. Mesmo não tendo sucesso em seu projeto de imigração, Rocha Pombo não se retiraria da luta por instalar novas colônias europeias no Paraná. Uma mostra disso é que dois anos depois ele subscreveria um projeto de colonização criado por seu sócio Colombo Leoni[203].

Segundo Gilson Queluz, já existia desde o primeiro quartel do século 19 uma tradição imigrantista no Paraná, mesmo antes de sua elevação à categoria de Província, sendo a primeira colônia instalada em Rio Negro, em 1829, por alemães. A fundação das primeiras colônias estava ligada à política imperial de preenchimento de vazios geográficos. Ao contrário de São Paulo, onde no decorrer do século o café se tornou o grande produto agrícola com o estabelecimento de grandes propriedades rurais, no Paraná a produção estava voltada para o abastecimento e mais tarde focada na

---

[203] Italiano, jornalista, que estabelece residência em Curitiba, onde seria sócio de Rocha Pombo no Jornal *Diário do Comércio* a partir de 1892. Seria ainda o propagandista da campanha imigrantista paranaense na Itália, além de dirigir um jornal para esse fim a Europa — inicialmente chamado Paraná Brasil e depois Brasil Colonial. Envolver-se-ia também na Revolução Federalista (1893-1895), o que levaria ao rompimento de sua sociedade com Rocha Pombo. Cf. *A república*. Curitiba, 1892-1893; *A Federação*. Curitiba, 1893. Disponível em: http://hemerotecadigital.bn.br/. Acesso em: 13 jan. 2025.

erva-mate[204]. Ainda segundo Queluz, em 1879, havia mais de 20 colônias de imigrantes somente em Curitiba. Entretanto, em outras regiões como o litoral e os Campos Gerais, não alcançaram o mesmo sucesso. Até 1880, a colonização estava a cargo do Estado, o que se apresentava como um dos pontos de críticas de Rocha Pombo, que descrevia o imigrante como um funcionário do governo, com salário garantido e que, por essa razão, não se esforçava pela melhoria na produção nacional[205]. Somente no decorrer da década de 1880, seriam mobilizadas ações para retirar das mãos do Estado o encargo da colonização da província e, em 1892, Colombo Leoni, com o endosso de Rocha Pombo, apresentaria um projeto de um novo sistema de colonização que transferia para o empresário agenciador todas as responsabilidades do processo de colonização, a saber, a propaganda, as despesas com viagem e a construção de estradas de ferro e/ou de rodagem. Além disso, segundo Queluz, Colombo Leoni se comprometia a fundar no mínimo 20 colônias, com pelo menos mil famílias, em todo o estado do Paraná; os burgos deveriam contar com igrejas, escolas e oficinas; deveriam ser criados engenhos para a preparação de matérias-primas e lavouras de novas culturas com técnicas agrícolas avançadas. Em contrapartida, o Estado deveria ressarcir o empresário com um valor de 1:100$000 (um conto e cem mil réis).[206]

Um aspecto interessante dessa proposta era a composição dessa massa de colonos, que deveriam ser recrutados na seguinte proporção: 20% de nacionais e 80% de imigrantes europeus (oriundos da Itália, Suíça, Espanha, Portugal, França e Bélgica). Conformação que vai ao encontro das ideias apresentadas por Rocha Pombo acerca da imigração espontânea e o papel do elemento nacional. Essa proposta, uma vez adotada, traria para o estado do Paraná a tão sonhada civilidade europeia e o progresso para a agricultura e a indústria. Esse progresso só seria possível com o investimento na pequena propriedade rural, o único regime agrícola a ser admitido no seio das sociedades modernas[207], na medida em que se contrapunha ao latifúndio perpetuador da escravidão e do atraso da nação.

---

[204] QUELUZ, 1998, p. 41-45.
[205] GAZETA PARANAENSE, Seção livre, Questões da actualidade (Ao exmo. sr. dr. Carlos de Carvalho). Curitiba, 13 de maio de 1882, p. 3. Disponível em: http://hemerotecadigital.bn.br/. Acesso em: 13 jan. 2025.
[206] QUELUZ, 1998, p. 41-45.
[207] DIÁRIO DO COMMERCIO. Curitiba, 20 de outubro de 1892 *apud* QUELUZ, 1998, p. 44.

5. A *Supremacia do Ideal*: a educação é mais que instrução

A imigração não seria o único grande projeto de Rocha Pombo a não ser concretizado por falta de verbas. No ano seguinte à sua proposta para a fundação da colônia de imigrantes no Vale do Ribeira, o jornalista engajar-se-ia em um projeto por muitos tomados como uma utopia, a saber, fundar uma universidade no Paraná. Em 27 de junho de 1891, um de seus amigos e apoiadores, o redator do *Diário do Commercio*, Leôncio Correia, escreveria:

> O nosso distinto patrício Rocha Pombo requereu ao Governo garantia de juros de 5% para o capital que for efetivamente empregado até 1.500 contos, na fundação de uma Universidade nesta Capital.
>
> O concessionário terá direito de desapropriação, na forma da lei, da área de terreno necessária para o edifício e dependências.
>
> Obrigação do Governo e obter do Governo Federal que sejam declarados válidos em toda a União os títulos e diplomas, conferidos pela Universidade.
>
> Obrigação por parte do concessionário de apresentar à aprovação do Governo as plantas e orçamentos bem como o projeto de estatutos, e, oportunamente, a organização toda, com programa de ensino de todos os cursos, etc.
>
> O Instituto e a Escola Normal passarão a constituir uma seção do curso geral da Universidade, pagos os respectivos professores (os ordenados atuais, pelo menos) pela empresa, e garantia a eles a vitaliciedade.
>
> Sendo um dos principais objetivos do Governo do Estado o problema da instrução pública, não podia oferecer-se melhor ocasião do que esta para ele proteger com todo o ardor a instituição projetada, a qual, nos trará incalculáveis melhoramentos sob todos os pontos de vista, desde que, como esperamos, lhe seja dada uma organização prática e racional.
>
> Já nos manifestámos francamente contra os privilégios acadêmicos, e fundamentámos a nossa oposição; mas a instituição projetada, desde que receba, como dissemos, uma organização de conformidade com as atuais exigências dos espíritos modernos, merecerá por certo nosso franco apoio.
>
> Os médicos, engenheiros e advogados titulados, que sejam simplesmente o que indicam as respectivas profissões, e não

"doutores", e muito menos monopolizadores das mesmas profissões, deste modo, fundada a Universidade, esta cidade se tornará o centro de toda a atividade vital do Paraná.

Nem se levante alarma por causa da garantia de juros solicitada: - com as despesas feitas atualmente com o Instituto e Escola Normal do Estado integralizar-se-ão os juros; isto ainda no caso em que a empresa no princípio não tenha seguro os seus lucros.

Nossos aplausos, pois, ao distinto patrício, Rocha Pombo.[208]

Rocha Pombo teve sua proposta analisada pelo governo do estado, e, em 10 de dezembro de 1892, o governador do Paraná sancionou a lei que dava ao jornalista a concessão para a construção de uma Universidade na capital do Estado[209]. Segundo a Lei nº 63, de 10 de dezembro de 1892, Rocha Pombo receberia a concessão por 50 anos para que ele, ou uma empresa em nome dele, estabelecesse uma Universidade em Curitiba, conforme plantas a serem aprovadas pelo Governo. Garantia ao concessionário: juros de 6% ao ano sobre o capital investido, desde que o montante de juros não ultrapassasse o valor de mil contos de réis; o direito a desapropriar terreno particular desde que esse fosse adequado e necessário para a construção do edifício e dependências da Universidade; e isenção de todos os impostos estaduais sobre o material a ser utilizado. Estabelecia que a Universidade devia oferecer, ao menos, os cursos de Direito, Letras, Comércio, Agronomia, Agrimensura e Farmácia, além de um curso geral com programas sujeitos à aprovação do Congresso legislativo; que, uma vez inaugurada a Universidade, o Ginásio Paranaense e a Escola Normal seriam extintos e se tornariam seções da Universidade, mantendo seus professores, que só seriam substituídos após a aposentadoria; que haveria fiscalização do estabelecimento, sem que este perdesse sua independência (a fiscalização teria por objetivo verificar se os compromissos assumidos pelo concessionário seriam cumpridos). Obrigava o concessionário a fundar, nos primeiros dez anos de existência da Universidade, uma Escola prática de agricultura no interior do estado; a iniciar os trabalhos de construção no prazo máximo de dois anos e a inaugurar a Universidade

---

[208] DIARIO DO COMMERCIO. Curitiba, 27 jun. 1891 *apud* PILOTO, Valfrido. Rocha Pombo, sua Universidade e a de 1912. *In*: PILOTO, Valfrido. *Universidade Federal do Paraná*: primórdios – modernização – vitórias. Curitiba: Lítero *Técnico, 1976*. p. 15-16.

[209] A REPÚBLICA. Curitiba, 11 de dezembro de 1892, p. 2. Disponível em: http://hemerotecadigital.bn.br/. Acesso em: 13 jan. 2025.

em até quatro anos após a aprovação das plantas, com pena de caducidade caso não cumprisse essas exigências. Ao final dos 50 anos de concessão, a Universidade deveria ser transferida para o domínio do estado do Paraná.[210]

Recebendo o direito legal de construir, fundar e equipar a sua universidade, Rocha Pombo conseguiu um terreno no Largo Ouvidor Pardinho[211], onde lançaria, em 23 de abril de 1892, a primeira pedra[212]. Segundo Valfrido Piloto, Rocha Pombo faria ainda ali construir um depósito onde reuniria material e organizaria estatutos, regulamentos e programas[213] para a implantação da instituição de ensino superior. Não tendo meios próprios, tomou um empréstimo de 8:000$000 (oito contos de réis) e buscou junto ao governo federal, indo ao Rio de Janeiro, auxílio financeiro, além de pleitear junto ao governo estadual a garantia de que os juros para o capital fossem efetivamente pagos[214]. Entretanto o projeto nunca foi concretizado e se houve — para além de aplausos à iniciativa — investimento financeiro, este não foi suficiente para mais que a construção do depósito e o ajuntamento de materiais. Segundo Silveira Neto, apesar de todos os esforços de Rocha Pombo e de sua vontade inquebrantável, o estado do Paraná ficaria apenas com a ideia de uma universidade[215]. Sobre essa experiência, Rocha Pombo, em uma missiva a sua filha Júlia, atrelaria a não efetivação do projeto à política atrasada e tacanha existente no Paraná da época, como se pode verificar no documento:

> Em 1892 organizei projeto de fundação de uma universidade, ou escola de ensino superior, em Curitiba. Consegui a muito custo, do Congresso Estadual, uma lei de garantia de juros. Tomei um empréstimo de outo contos de réis, afiançado pelo comendador José Macedo; assentei a pedra fundamental do edifício no largo Ouvidor Pardinho; ali fiz construir depósito e reuni material, dando começo ao nivelamento do largo. Fui, em seguida, ao Rio, onde apenas tive animação do Dr. Ubaldino do Amaral, senador por esse Estado, o qual apresentou ao Senado um projeto, que depois de aprovado em 2.a, caiu em 3.a discussão, havendo quem me assegurasse

---

[210] *Ibidem*, 13 de dezembro de 1892, p. 1.
[211] Hoje Praça Ouvidor Pardinho.
[212] DIARIO DO COMMERCIO. Curitiba, 23 de novembro de 1893, capa. Disponível em: http://hemerotecadigital.bn.br/. Acesso em: 13 jan.2025.
[213] ANAIS DO CONGRESSO LEGISLATIVO DO PARANÁ. Curitiba, 23 de maio de 1894.
[214] PILOTO, 1976, p. 14.
[215] O CENACULO. Curitiba, 1895, tomo I, anno I. p. 123-125.

> que nesse resultado interviera a politicazinha dominante no Paraná. Desiludido de conseguir o capital para a fundação do estabelecimento em edifício próprio, procurei torná-lo exequível requerendo ao Congresso da politicazinha que, em vez de uma garantia de juros, que de nada me servia (porque o Estado não se garantia a si, quanto mais a outrem...), me concedesse uma subvenção de 60 contos, para inaugurar logo, provisoriamente, a Escola. E isso eu estava habilitado a fazer, visto como já tinha tudo organizado, - estatutos, regulamentos, programas, etc. a subvenção que eu pedia era equivalente, quando muito, à despesa que o Estado fazia, mantendo um Ginásio e uma Escola Normal. De sorte que a questão cifrava-se em escolher entre uma escola com 4 ou 5 cursos integrais e superiores, de entrada, internato e externato do Ginásio, e Escola Normal, etc. – e o estabelecimento existente, incompleto, mal administrado e quase inútil, a julgar mesmo pela freqüência que sempre teve. Mas os estadistas paranaenses não quiseram escolher [...].[216]

A fundação de uma universidade[217] em Curitiba só ocorreria em 1912, e por muitas vezes, como já dito, sua implantação é atrelada ao nome de Rocha Pombo, mas segundo Valfrido Piloto o "arrojo dos homens de 1912 não teve ligações com a teimosia do de há vinte anos antes"[218]. Rocha Pombo, ainda segundo Piloto, jamais pleiteara para si a precursão de tal empreendimento; pelo contrário, sempre enalteceu os seus idealizadores e, em 1916, registrou no livro de visitas, após conhecer as instalações da universidade ao lado de um de seus fundadores, as seguintes palavras:

> Estou maravilhado. Entrei e percorri esta casa, cheio e dominado de uma impressão que eu não sei bem se é mais de espanto ou de orgulho. Peço licença aos gloriosos obreiros desta Instituição, para concentrar numa só figura, que é representativa deste apostolado, - o Dr. Victor do Amaral, - toda a minha admiração a infinita alegria com que me desvaneço de ser filho de uma terra onde, em vinte anos, já posso sentir que palpita uma grande alma de povo. Curitiba, 27 de Janeiro de 1916. (a) Rocha Pombo.[219]

---

[216] Carta de Rocha Pombo à sua filha Júlia Rocha Pombo Bond, 19--? apud PILOTO, 1976, p. 16-17.
[217] A Universidade Federal do Paraná está localizada na Rua XV de Novembro, 1299, no centro de Curitiba e dista 3,5 km do local em que Rocha Pombo lançou a pedra fundamental para a sua universidade.
[218] PILOTO, 1976, p. 17.
[219] Livro de visitas da Universidade Federal do Paraná, 27 de janeiro de 1916 apud Ibidem, p. 19.

Para além dos elogios esperados nesse tipo de registro, as breves palavras de Rocha Pombo tocam em um ponto que é central para o entendimento de sua relação com a educação e com os objetivos propostos pela análise aqui efetuada: a formação ou formatação de uma "alma de povo", da nação, uma alma completa, constituída pelo desenvolvimento do esforço intelectual rumo a um ideal de progresso e evolução[220]. Essa ideia é fundamental na obra de Rocha Pombo, esta posta desde os seus primeiros escritos e se desenvolverá, amadurecendo, ao longo de toda a sua produção didática e histórica. A construção da evolução da humanidade, segundo Rocha Pombo, estava diretamente relacionada à necessidade de se obter, no seio de qualquer sociedade, uma educação boa, uma educação que não fosse meramente instrução, mas que desenvolvesse plenamente as faculdades intelectuais, morais e emocionais do indivíduo. Ao olhar a sociedade moderna, aquela do século 19, Rocha Pombo identificava como grande falha a "[...] ausência da arte de educar, da escola preparadora de um mundo melhor [...]"[221]. Que educação seria essa?

Em a *Supremacia do Ideal,* escrita mais de três décadas antes de sua visita à Universidade Federal do Paraná, Rocha Pombo lançou suas teorias sobre o que seria essa educação, demonstrando aquilo que acreditava ser uma educação boa, aquela que efetivamente desenvolvesse no homem as faculdades necessárias para uma modificação da sociedade como um todo. É importante ressaltar que a educação como meio para o desenvolvimento da consciência do cidadão e de sua emancipação intelectual é um desdobramento das intensas modificações políticas, econômicas e intelectuais do século 18[222]. Segundo Syomara Trindade e Irani Menezes, o "mito da educação" foi construído no setecentos, e à educação foi conferida a capacidade de renovar a sociedade. Nesse sentido a educação torna-se também um meio eficaz para dotar a sociedade de comportamentos que a levem ao desenvolvimento e ao progresso. Nessa perspectiva, a alfabetização e a difusão da cultura tornam-se elementos essenciais para o crescimento democrático[223]. Desenvolvido na Europa do século 18, o ideal de renovação da sociedade pela educação fundaria suas bases no Brasil no

---

[220] POMBO, 1883.
[221] *Ibidem*, p. 15.
[222] CAMBI, Franco. *História da Pedagogia*. São Paulo: Fundação Editora da Unesp (FEU), 1999. p. 326.
[223] TRINDADE, Syomara Assuite; MENEZES, Irani Rodrigues. A Educação na modernidade e a modernização da escola no Brasil: século XIX e início do século XX. *Revista HISTEDBR on-line*, Campinas, n. 36, p. 127-128, dez. 2009. Disponível em: http://www.histedbr.fe.unicamp.br/revista/edicoes/36/art10_36.pdf. Acesso em: 13 jan. 2025.

final do século 19 e início do século 20[224], período em que Rocha Pombo participava ativamente das discussões sobre o ensino no Brasil, produzia ensaios sobre o tema e escreveria suas obras históricas e didáticas. Para um melhor entendimento da importância da obra para uma análise da construção do pensamento de Rocha Pombo, faz-se necessária uma breve exposição de sua constituição e conteúdo.

Trata-se de um livro publicado em 1883, pelo próprio Rocha Pombo, em sua tipografia Echo dos Campos, na cidade de Castro, cuja proposta primordial é a de discutir a educação como caminho real para a evolução da humanidade. *Supremacia do ideal* é o segundo escrito do autor nesse sentido, que no ano anterior havia publicado *A Religião do Belo* e que, segundo o próprio Rocha Pombo, versava sobre um assunto que muito lhe atormentava a alma, mas que pareceu "mais um choro de poeta, um modo romântico de encarar a vida e de soffer o mundo, do que um trabalho reflectindo as lições da experiencia e dos fatos"[225]. Assim, em sua nova obra, sobre o mesmo tema, a proposta era a de produzir um segundo livro que tornasse mais claras suas ideias e teorias, que obedecesse ao mesmo plano, mas que se constituísse de forma menos literária, que fosse mais filosófico, ou seja, com menos sentimento e mais pensamento e labor mental[226].

Assim, em *Supremacia do ideal*, Rocha Pombo apresenta sua interpretação de educação e dos caminhos para alcançar o ideal de evolução e civilização da nação e quiçá da humanidade. Para embasar sua argumentação, ele traz uma enorme gama de leituras e de exemplos. Dentre os intelectuais do período que lhe inspiram a pensar sobre a humanidade, destacam-se Charles Darwin, Camille Flammarion e Louis Büchner. Em sua análise, os argumentos são apresentados de forma didática, com muitos exemplos que ajudam a construir uma imagem da humanidade como ainda carente de evolução, composta por sociedades e nações ainda a alcançar a verdadeira civilização. Para Rocha Pombo — um jovem ali pelos seus 26 anos, mas já com uma bagagem em escritos e análises em e sobre sua sociedade, embevecido com as leituras que vinha realizando, ao deixar de lado, como ele mesmo registra em sua introdução, a fixação pela política e adentrando cada vez mais profundamente no universo das letras e das ciências —, o século 19 apresentava-se como deficiente e necessitado de ideal.

---

[224] *Ibidem*.
[225] POMBO, 1883, p. 2.
[226] *Ibidem*.

Aqui temos um ponto fundamental de seu texto: é ideal o que falta à humanidade. Para ele a civilização devia ser o foco da educação, seu ideal. Para alcançar esse ideal, a sociedade deve evoluir, adaptando-se ao ambiente que a compõe. Esse meio seria dado por um projeto educacional que objetivasse mais que instruir, que buscasse formar plenamente o indivíduo e consequentemente a nação, conformando-a em todos os aspectos. Para demonstrar como essa evolução poderia ocorrer, utiliza as teorias de Charles Darwin, principalmente o que se refere à adaptabilidade das espécies ao ambiente e a variabilidade que isso geraria[227]. Assim, cumpre à educação produzir um ambiente em que o indivíduo se sentisse desafiado a alcançar o ideal e a superar a si mesmo, construindo uma sociedade de homens em franca evolução rumo à civilização real. Essa superação só ocorreria por meio do esforço, mas esse por si só não traria a evolução, para isso havia a necessidade de se ter o ideal no centro da ação. Uma vez: "Creado esse ideal, tem o homem traçado o itinerário da vida: é uma força com a consciência de todo o seu poder. Sob o prestigio d'essa força, reconstituir-se-á a personalidade humana e tomará no meio da creação o logar de um typo completamente renovado das grandiosas manifestações da natureza"[228].

Nesse ponto, Rocha Pombo identifica o que falta à humanidade e a necessidade de que se pense num projeto de educação boa. Trata-se de uma proposta de educação com caráter civilizatório, que deveria ser observada não apenas no Brasil, mas em todas as nações, na medida em que o progresso que se via nas nações do século 19 era fruto apenas do empenho pessoal de alguns homens que fizeram uso do esforço intelectual na busca por um ideal e que com isso venceram os limites e criam conhecimentos, ciência e artes. Nas palavras de Rocha Pombo:

> O que são todos esses homens que aperfeiçoão machinas, que rasgam linguas immensas de terra, que perfuram montanhas, que despertam emoções divinas n'alma, que estudão as regiões do globo? Elles representão a intelligencia humana, uma como ella é. O que eles teem de mais é o exforço individual produzido pelo ideal que se creárão. Com esse exforço, qualquer homem, de qualquer nação, de qualquer raça, de qualquer familia, de qualquer parte do mundo, seria Beethowen, Sommeiller, Hugo, Lesseps, ou Darwin.[229]

---

[227] DARWIN, Charles Robert [1859]. *A origem das espécies – por meio da seleção natural ou a preservação das raças favorecidas pela luta pela via*. Tomo I. Tradução de André Campos Mesquita. São Paulo: Escala, 2008.
[228] POMBO, 1883, p. 28.
[229] *Ibidem*, p. 40.

Dessa forma, o que carecia às nações era a existência de uma educação que permitisse a união do esforço intelectual e do ideal, um ideal que funcionaria como norte para a utilização do esforço e que, assim sendo, permitiria que o progresso se estendesse e se efetivasse não apenas como resultado da atuação de alguns indivíduos, mas da humanidade como um todo.

Pode-se estabelecer que *Supremacia do ideal* não apenas é uma exposição didática sobre suas impressões e interpretações de leituras e novas teorias, mas uma proposta de educação ampla, evolucionista e civilizatória. Uma proposta que toma como base a ideia de que a formação do indivíduo deveria ter início dentro do lar, com a sua iniciação no mundo das artes e do belo, e que parte da necessidade de se reformar a instrução pública, que para Rocha Pombo era cheia de vícios e chegava a um indivíduo já danificado pelos desleixos do lar, pouco concorrendo para seu bem-estar. Nas palavras do autor: "Ainda que ella apresente algumas vantagens relativas, essas vantagens nascem da propria condição da sociedade actual, formada por essa instrucção. Toda individual, toda egoistica, ella só apresenta a conveniencia de armar mais os individuos para as luctas tremendas em que eles vivem"[230].

É importante destacar que para Rocha Pombo há um distanciamento entre a instrução, especialmente a pública, e aquilo que ele descreve como educação. A instrução era limitada e não acessível a todos[231], mas, se o fosse, a forma como ela chegava aos indivíduos — incompleta, mal direcionada e sem ideal — apenas ampliaria as lutas por quais os indivíduos passavam. Por ser incompleta, egoísta e seletiva, a instrução criava muito mais sofrimento na medida em que ela criava e reforçava a desigualdade. Para Rocha Pombo, menos sofrimento haveria se ninguém a recebesse, pelo fato de que "de *saberem* para si todos os que *sabem*, e que *sabendo* sem ideal, sem terem educados de acordo com as condições e fins

---

[230] Ibidem, p. 322-323.

[231] Aqui há uma clara crítica à instrução pública realizada pelo Estado, que também era alvo de discussões, críticas e projetos variados, especialmente na capital do Império. *Cf*.: PERES, Tirsa Regazzini. Educação Brasileira no Império. *In*: PALMA FILHO, J. C. Pedagogia Cidadã – Cadernos de Formação – História da Educação – 3. ed. São Paulo: PROGRAD/Unesp/Santa Clara Editora, 2005. p. 29-47. Disponível em: http://www.acervodigital. unesp.br/bitstream/123456789/105/3/01d06t03.pdf. Acesso em: 13 jan. 2025; GODOY, Marcelo Franco de. *O discurso legal no império e o sistema educacional no Brasil*. Dissertação (Mestrado em Educação) – Universidade Metodista de Piracicaba, Piracicaba, 2009. Disponível em: https://www.unimep.br/phpg/bibdig/pdfs/2006/LWVEGCAWWHWP.pdf. Acesso em: 13 jan. 2025; SANT'ANNA, Susan Brodhage; MIZUTA, Celina Midori Murasse. Instrução Pública Primária no Brasil Imperial: 1850 a 1889. *O Mosaico*, [s. l.], v. 2, n. 2, 2014. Disponível em: http://periodicos.unespar.edu.br/index.php/mosaico/article/viewFile/117/pdf. Acesso em: 13 jan. 2025.

da humanidade, dao-se o direito de *saber* contra os ignorantes". Dessa forma a humanidade pouco ou nada lucrava com a instrução escolar.[232]

Uma instrução que recebia um menino entre 8 ou 9 anos, que nada sabia, a quem nada fora ensinado, que por seus pais foram abandonados no vazio da ignorância. Do vazio recebido no seio familiar, a escola acabava de lhe entortar a alma, uma vez que ali se tornava inimigo e competidor de seus companheiros de estudo, não os reconhecendo como indivíduos integrantes de seu próprio mundo. Ao mestre cabia uma ingrata missão, em uma escola que "é uma prisão cheia de sacrifícios"[233], é o carcereiro temido, mas não amado, que doma em vez de continuar a embelezar a alma do aluno[234].

A educação, por sua vez, deveria ser mais ampla, deveria envolver todos os aspectos da vida do indivíduo. A proposta de Rocha Pombo é a de que a educação dirigisse "o menino de forma a dar-lhe a compreender a força de suas faculdades, o valor proprio da sua individualidade"[235], enquanto aos pais caberia "a tarefa enorme, mas santa e fecunda de cuidar do filho como molecula deste todo a que se chama a humanidade"[236]. Assim, o cerne de sua proposta é que o homem saiba o que é e conheça seu destino, confiando em si e utilizando seu próprio esforço, tendo consciência de sua ligação e seu papel para com o resto da humanidade e assumindo a sua parcela de responsabilidade por sua evolução. Trata-se de construir desde a infância um ser social, um cidadão. Para Rocha Pombo:

> [...] toda educação que não se fundasse no principio da solidariedade humana [...] não seria perfeita, não seria social, mas egoistica.
>
> Fazer com que o menino, depois de já saber o que vale, o que é, conheça também, para saber o que pode ser, as relações que o prendem aos outros homens; discriminar-lhe o seu logar no meio da sociedade; ensinar-lhe os multiplos deveres a cumprir com seus similhantes; dar-lhe o sentimento de solidariedade com todos os homens – eis o que é indispensável.[237]

---

[232] POMBO, 1883, p. 322-323.
[233] *Ibidem*, p. 295.
[234] *Ibidem*, p. 294-295.
[235] *Ibidem*, p. 295.
[236] *Ibidem*.
[237] *Ibidem*, p. 297.

Sem fazer saber ao indivíduo o seu papel, sua serventia como molécula social em nada contribuía a educação para evolução da humanidade; a instrução pública que ele via acabava apenas produzindo alguns poucos homens conscientes de sua importância como ente racional e de sua capacidade. A educação, diferentemente da instrução, deveria desenvolver no indivíduo a consciência de um dever moral para com tudo e todos que o cerca. Dever-se-ia deixar de apenas admirar os grandes gênios e imaginar que eles eram meramente escolhidos ou agraciados com algo especial conferido por Deus, e passar a compreender que eles apenas tiveram mais "auxilio poderoso da arte, o concurso de circumstancias propicias que lhes favorecerão"[238]. Cabia à educação promover essas circunstâncias ao maior número possível de indivíduos no presente para que a sociedade do futuro fosse efetivamente civilizada.

Em sua proposta, a educação boa, com ideal, deveria ter início no lar e se estender por todos os meios possíveis: livros, jornais, sociedades, clubes etc. Rocha Pombo clamava aos homens de letras e outros intelectuais a empreenderem "uma verdadeira cruzada de redempção social"[239], nada devendo esperar ou contar com a escola e o poder público, tendo em vista que possuíam a grande arma: a imprensa.

> Que os jornalistas, os homens que todos os dias communicão intimamente com o povo, sejão os primeiros a compreender o alcance da cauza nobilissima, e que preguem a redempsão à todos os espiritos. Eluquemos a decima parte dos homens hoje e teremos educado a humanidade inteira amanhã. Ahi temos os livros, os jornais, os pamphletos, os clubs, e cada um o seu lar.[240]

A redenção a ser levada aos homens em muito estava ligada a um sentimento religioso, que em nada se relacionava com o fanatismo, beatismo ou aos dogmas que nada mais eram que criações humanas, mas que estavam intrinsicamente ligado às ideias de amor aos seus e ao próximo, à necessidade de se ter um deus que inspirasse o amor e o culto à beleza e à harmonia e a busca por felicidade. Para Rocha Pombo, o sentimento religioso apresentava-se como uma fonte infinita de beleza moral, na medida em que por meio dele o amor, o respeito e a confiança se insta-

---

[238] *Ibidem*, p. 298.
[239] *Ibidem*, p. 324.
[240] *Ibidem*.

lariam nos lares e os homens poderiam se dedicar à educação de seus filhos, visando viver apenas de "trabalho, belleza e luz"[241]. Nesse processo, apagar-se-ia um dos males do século, a saber, o espírito de mercantilismo, a fome de ouro que bestificava, o lucro como única preocupação da vida que acabava por materializar tudo[242], e o ideal se transmutaria em busca pela felicidade do ser humano, somente alcançada por meio do acesso à poesia, ao belo e da religião:

> Um pouco do bello, um pouco de sonho e de esperança – eis em que consiste a suprema delicia da vida terrena. Com tudo isso, o homem sentiria a alma encantada lá no fundo de todas as sensações... e vivendo pela alma, como fim da subsistência, o homem se faria tempo de evangelisar no seio da familia os santos preceitos da moral sublime... em nada mais encontraria um manancial tão perene de consolações edificantes. E a felicidade do lar lhe seria o ideal da vida inteira. E esse ideal o faria feliz...
>
> [...] A felicidade geral dos homens é o ideal da civilisação de que somos portadores esse ideal ha de realisar-se quando cada homem tiver diante de si este moto brilhante:
>
> Trabalho! Belleza! Luz![243]

O caminho para a civilização seria preparar o homem para o trabalho — sem o objetivo mercantilista ou visando ao acúmulo do ouro, mas o trabalho edificante pelo bem e progresso da humanidade —, dar-lhe acesso à beleza — pelas artes, literatura, filosofia e poesia – e cultivar o amor por meio de uma religião — que o elevasse e desenvolvesse seu dever moral. Seria a construção de um indivíduo pleno e consciente de seu papel para com sua sociedade e principalmente com as gerações futuras que a educação deveria visar. Muito mais que promover a simples instrução, ela deveria trazer a ilustração e o desenvolvimento de sentimentos e sentidos mais complexos.

Supremacia do Ideal apresenta uma idealização do papel da educação, uma oposição entre aquilo que se apresenta como instrução pública e aquilo que efetivamente seria a educação para a humanidade, para o futuro, para a evolução e, principalmente, para o que Rocha Pombo acreditava

---

[241] *Ibidem*, p. 302.
[242] *Ibidem*, p. 300.
[243] *Ibidem*, p. 301-326.

ser a civilização. Para esta análise, *Supremacia do Ideal* se apresenta como fundamental, na medida em que permite vislumbrar a maneira e a partir de que premissas e leituras Rocha Pombo constrói uma interpretação da educação como caminho para alcançar o ideal de evolução necessário para a efetiva civilização e construção da nação.

Os exemplos até aqui apresentados compõem uma parte substancial dos textos publicados por José Francisco da Rocha Pombo no Paraná, em finais do século 19, a partir deles é possível perceber os seus posicionamentos ante alguns temas importantes no período e principalmente observar que desde as suas primeiras publicações como jornalista, romancista e ensaísta, ele demarcava a importância que dava à necessidade de "ilustrar" aos seus conterrâneos acerca dos mais diversos temas como: falsidades e imperícias dos políticos do império, do processo de emancipação, da necessidade de se atraírem trabalhadores livres e europeus para o país e do conhecimento do próprio território e suas possibilidades. Também permite entrever uma forte necessidade de compartilhar seu posicionamento político e suas ideias e teorias como parte de sua missão enquanto pensador, para a promoção da evolução da nação. Nesse sentido ele não apenas convoca seus colegas a militarem pela educação, mas inicia ele mesmo essa luta.

CAPÍTULO 2

A AMÉRICA DE ROCHA POMBO

Êle vinha, como um iluminado, confiante e feliz, por contar ao Brasil a sua História, com a cabeça cheia de ideal e os bolsos vasios de dinheiro.
(Elmano Cardim, *Rocha Pombo: O Escritor e o Historiador*, 1958)

A presença intensa de Rocha Pombo nos jornais é algo que não ocorrerá quando de sua mudança para o Rio de Janeiro. Se no Paraná Rocha Pombo dedicava-se a escrever, editar, fundar e dirigir periódicos, enquanto mantinha sua profissão de professor e sua produção literária, uma vez no Rio de Janeiro ele manteve o ensino como profissão, e sua aparição em jornais diminuiu drasticamente, centrando-se na produção histórica e didática. Ele não deixou de publicar em periódicos da capital e de outras províncias — uma prova disso é que, em 1911, ele publicou Contos e Pontos[244], que reunia textos publicados em jornais e revistas da capital entre 1901 e 1905. Entretanto a frequência e o destaque que seus artigos recebiam nos jornais paranaenses não fariam eco naqueles da capital da república. Uma possibilidade para essa menor ocorrência e influência é o próprio estar na capital, onde provavelmente a concorrência era maior, e muitos outros jornalistas e literatos com uma carreira consolidada nos diversos jornais já estariam estabelecidos. Assim como no Paraná as relações pessoais eram importantes para a inserção dos indivíduos em várias esferas da sociedade e aparentemente Rocha Pombo, mantendo inicialmente a ajuda e o contato com seus colegas paranaenses, teve sua mudança para a capital feita com a ajuda do amigo Romário Martins[245]. Segundo Bega, sua principal referência era Nestor Vitor, o principal autor simbolista paranaense, amigo mais jovem do Paraná e que o inseriria no grupo dos autores simbolistas no Rio de Janeiro, o que se confirma pelo artigo de Vitor citado anteriormente. Receberia ainda o apoio e mesmo a ajuda financeira de Leôncio Correia e Ubaldino do Amaral[246].

---

[244] POMBO, José Francisco da Rocha. *Contos e pontos*. Porto: Magalhães & Moniz, 1911.
[245] BEGA, 2003, p. 487.
[246] *Idem, Sonho e invenção do Paraná*: Geração simbolista e a construção da identidade regional. 2001. Tese (Doutorado em Sociologia) – FFLCH/USP, São Paulo, 2001.

Segundo Elmano Cardim, Rocha Pombo, ao chegar ao Rio de Janeiro e se informar que Ruy Barbosa iria lançar uma folha chamada *A Imprensa*, escreveu ao estadista duas missivas. Na primeira declararia que ciente do novo empreendimento e que possuindo algum tirocínio de imprensa colocava-se à disposição[247] para assumir uma função na referida folha. Rocha Pombo, oito meses depois, escreveria a segunda carta nos seguintes termos:

> Exm°. Sr. Dr. Ruy Barbosa – O meu amigo Leôncio Correia disse-me há dias que, por intermédio do Coronel Brito, havia conseguido que V. Ex. se dispusesse a aceitar os meus serviços na redação da folha que vai dirigir. Esta notícia muito me satisfez, pois, mais do que vantagens de ordem secundária, desejo imensamente aproximar-me de um espírito como V. Ex. Se é exato, portanto, que posso esperar essa fortuna, devo, por minha vez, assegurar a V. Ex. que me esforçarei bastante por tornar-me um auxiliar de confiança.
>
> É para isso que tomo a liberdade de escrever a presente, e para dizer a v Ex. que, se quiser dar-me suas ordens, pode endereçá-las para o Colégio Abílio ou para a rua do Chichorro n° 8 (Catumbi).
>
> Cumprimento respeitosamente a V. Ex. como sincero admirador(a) Rocha Pombo – Rio, 5 de setembro de 1898.[248]

Aparentemente, a informação sobre a sua contratação, por Ruy Barbosa, para trabalhar no periódico não era real ou por algum motivo não se efetivou. No dia 26 do mesmo mês, o próprio Leôncio Correa intercederia pelo amigo junto ao estadista:

> Rio, 26 de setembro de 98. – Meu glorioso Mestre. Escrevo-vos do leito que se, mercê de Deus, - não será o da morte, é-o, entretanto, do sofrimento, e ao qual me acho prêso em conseqüência de um destroncamento do pé. Assim, sem poder sair, com os membros quase tolhidos mesmo para escrever, não me é dado ir à vossa presença com eu ilustre amigo Sr. Rocha Pombo, de quem já duas vezes vos falei. É êle um cidadão digno, que reune a nobres qualidades morais os mais peregrinos dotes de espírito. Como já tive ocasião de dizer, - empregando-o em vosso jornal, só tereis que vos regozijar, pois auxiliar dos mais preciosos é êle.

---

[247] *Carta de José Francisco da Rocha Pombo a Ruy Barbosa, 07 de janeiro de 1898* apud CARDIM, 1958, p. 23.

[248] *Carta de José Francisco da Rocha Pombo a Ruy Barbosa, 05 de setembro de 1898* apud CARDIM, 1958, p. 23-24.

> Dai-lhe um lugar, meu venerado Mestre, entre os que vão te a honra de colaborar convosco, e dentro de muito pouco tempo tereis que me agradecer a ótima e brilhante aquisição que os proporciono.
>
> Ousando esperar que conversareis com êle, e após concertará (sic) a que dão direito as fulgurantes aptidões do meu amigo, - aguardo confiante e seguro tal resultado.
>
> Beija-vos, agradecido, as mãos, vosso am.º obr.º e grande admirador (a.) *Leôncio Correia*.[249]

Segundo Elmano Cardim, nem mesmo essa assertiva, do amigo e conhecido de Ruy Barbosa, foi suficiente para a inserção de Rocha Pombo nos periódicos do Rio de Janeiro[250]. Assim, embora continuasse com sua carreira de jornalista, suas contribuições nas folhas cariocas não mais teriam o teor militante e educador que assumiam no Paraná. Tampouco estaria ligado a algum jornal, como contratado ou como colaborador permanente, durante os mais de 30 anos em que viveu no Rio de Janeiro. Entretanto sua mudança para o Rio de Janeiro foi decisiva para a sua produção escrita. Seria ainda na sua primeira década na capital que Rocha Pombo, sem deixar seu papel de educador, converter-se-ia em historiador e, na década seguinte, em um dos mais difundidos autores de manuais e compêndios didáticos de história em sua geração. Essa mudança em seu perfil de escritor e de produção se iniciou com a publicação de duas obras: *Compendio de Historia da America* e *O Paraná no Centenário*.

1. Um manual de História da América para o Brasil

No mesmo ano da chegada de Rocha Pombo no Rio de Janeiro, a Directoria Geral da Instrucção Publica da Capital Federal abriu edital para um concurso que visava à escolha de um manual didático sobre a história da América, a ser utilizado pelas alunas da Escola Normal da então capital federal[251]. Tal projeto fazia parte de uma série de produções e medidas correntes na nova república com o objetivo de "fazer despertar no cora-

---

[249] *Carta de Leôncio Corria a Ruy Barbosa, 26 de setembro de 1898* apud CARDIM, 1958, p. 25-26.
[250] *Ibidem*, p. 26.
[251] BRASIL. Diário Oficial da União (DOU) de 10/04/1897, Intendencia Municipal, Prefeitura do Districto Federal, Atos do Poder executivo, Decreto de 9 de agosto de 1897, capítulo IV – Do conselho Superior de Instrucção, Art. 52, §§ 9º e 10º. Disponível em: http://www.jusbrasil.com.br/diarios/1619447/pg-1-secao-1-diario-oficial-da-uniao-dou-de-10-04-1897. Acesso em: 13 jan. 2025.

ção e na inteligência da juventude a admiração e o amor pelo continente para o fortalecimento de um espírito americano"[252]. Segundo Ronaldo Conde Aguiar, a abertura de editais para concursos como esse era bastante comum no período e caminhava ao lado da apresentação de obras didáticas, por autores renomados ou não, diretamente ao Conselho Superior de Instrução Pública, que avaliava e dava parecer sobre tais manuais e compêndios. Uma vez aprovados, por concurso ou não, esses livros eram publicados por conta do governo do Distrito Federal. Muitos deles eram adotados não apenas pelas escolas da capital, como também por outros estados[253]. Assim, pode-se imaginar que Rocha Pombo, recém-chegado à capital, viu no concurso uma forma de entrar no mercado editorial do Rio de Janeiro, por meio de uma obra que seria editada e distribuída sem custos e pela qual ainda poderia receber um prêmio. No campo das letras, os livros e manuais didáticos se apresentavam como um espaço do mercado de trabalho bastante promissor e atraente que, mesmo que financeiramente não trouxesse grandes ganhos, dava grande visibilidade aos seus autores[254]. Ainda segundo Aguiar, é importante ressaltar que essa visibilidade não estava ligada à ideia de vaidade satisfeita dos autores, mas se fazia como "um capital estratégico ser aplicado num campo intelectual em formação, onde as posições de prestígio na 'hierarquia de relevância' estavam sendo disputadas, muitas vezes a ferro e fogo"[255]. Tal importância explica a presença de nomes já consagrados nos campos das letras entre os autores de materiais didáticos ao longo do primeiro quartel do século 20, como Olavo Bilac, José Veríssimo e Manoel Bomfim.

Sob o pseudônimo Colombo, Rocha Pombo foi o único a apresentar um livro ao Conselho Superior de Instrução Pública do Distrito Federal, o que lhe garantiu o prêmio de 4:000$000 (quatro contos de réis) e a adoção de seu livro como compêndio na escola normal; em contrapartida, o município adquiria o direito de publicar uma tiragem de mil exemplares para a distribuição entre os "membros do magistério primário, normal e profissional"[256]. Como esperado em uma obra produzida a partir de um edital, o texto de Rocha Pombo deveria seguir uma série de regras e trazer

---

[252] CARDIM, *op. cit.*, p. 30.
[253] AGUIAR, Ronaldo Conde. *O Rebelde Esquecido*: Tempo, Vida e Obra de Manoel Bomfim. Rio de Janeiro: Topbooks, 1999. p. 237.
[254] *Ibidem*.
[255] *Ibidem*.
[256] POMBO, 1900.

em sua totalidade um texto compatível com o grau de instrução de seu público, alunos da Escola Normal. Segundo o edital:

> A obra será calculada para o máximo de 80 lições – cada lição realmente susceptível de ser aprendida em uma hora aula, por alumno de capacidade média.
>
> É o seguinte, em linhas geraes, o plano proposto pelo Conselho Superior para o livro a escrever.
>
> I. Periodo pré-colombiano: habitantes primitivos, sua origem, seus costumes e tradições, topografia, flora e fauna da região ocupada.
>
> II. Periodo colonial: quaes os descobridores do território, primeiras explorações; onde se deu submissão, onde assimilação do indígena, como effectuada; consequente dissiminação do europêo na America. Estado da Europa e nomeadamento dos paizes colonizadores na época das descobertas e conquistas da America.
>
> III. Periodo independente: que suas influíram para este termo; que formas de governos adoptaram os povos emancipados, primeiros sucessos da época; consolidação autonômica, caracterisco das nacionalidades americanas.[257]

Assim, o primeiro ponto a se observar é a exigência de se seguir uma direção preestabelecida pelo Conselho Superior de Instrução Pública do Distrito Federal, fazendo dessa obra não apenas um livro com público-alvo específico e predefinido, como também um livro que devia seguir padrões fixos em sua própria organização. Como veremos, Rocha Pombo, na primeira versão apresentada para o concurso, não seguiu totalmente esses padrões.

---

[257] *Ibidem*, p. 5-8.

Segundo Manoel Bomfim[258], parecerista do concurso[259], quanto ao caráter geral do livro ele continha alguns pequenos defeitos de substância, imprecisões e erros, como confundir uma revolta na Argentina com a Revolução Chilena[260] — pequenos erros que poderiam ser facilmente corrigidos em uma revisão pelo autor. Manoel Bomfim completa sua avaliação dizendo:

> Em geral, o livro está dentro do plano formulado pelo Conselho. Mas, na discriminação especial das suas divisões e subdivisões, alguns desacordos se notam, desacordos que devem ser reduzidos, trazendo-se a obra aos termos exactos do Edital, principalmente quando essas modificações

---

[258] "Bomfim é natural de Sergipe, nasceu em agosto de 1868, iniciou a faculdade de medicina na Bahia aos dezessete anos de idade concluindo o curso no Rio de Janeiro em 1890. Após 1894 abandonou a medicina por motivo pessoal, passando a se dedicar aos estudos sociais e a educação. Escreveu artigos para jornais sempre voltados ao interesse popular, deu aulas particulares e revisou provas tipográficas. Em 1896, Manoel Bomfim foi convidado pelo prefeito do Rio de Janeiro, Francisco Furquim Werneck de Almeida para ocupar o cargo de subdiretor do Pedagogium (Museu pedagógico criado em 1890 na cidade do Rio de Janeiro. Em 1897 o local foi transformado em um centro de cultura superior e em 1906 recebeu o primeiro laboratório de psicologia experimental do Brasil). Em 1897 Bomfim tornou-se o Diretor Geral do Pedagogium, o que fez com que iniciasse sua atuação no magistério. Dirigiu o local por 15 anos. A partir destas experiências, Bomfim se defrontou com a realidade do ensino público brasileiro que estava em péssimas condições, iniciou estudos sobre as raízes das limitações educacionais e por conseqüência as limitações sociais do Brasil vigente. A sua passagem pela política foi rápida, em 1907 tomou posse do cargo de Deputado Federal substituindo Oliveira Valladão, que havia renunciado ao cargo de deputado para ocupar outra função no poder, a de senador. Posteriormente Bomfim tenta reeleição, mas não obtém êxito nos resultados se desinteressando pela política e se dedicando à produção literária. Bomfim escreveu obras de cunho didático, sociológico, historiográfico, psicológico entre outros. Manoel Bomfim faleceu aos 64 anos, em abril do ano de 1932, no Rio de Janeiro, algumas das obras deixadas à cultura brasileira são: Compêndio de Zoologia geral (1902), O fato psíquico (1904), América Latina: males de origem (1905), Lições de pedagogia (1915), Noções de Psicologia (1916), Lições e leituras para o primeiro ano (1922), Lições e leituras: livro do mestre (1922) e Crianças e homens (1922), Pensar e dizer: estudos do símbolo e do pensamento (1923), Métodos do teste: com aplicações à linguagem do ensino primário (1928), O Brasil na América (1929), O Brasil na História (1930), O Brasil Nação (1931) e Cultura e educação do povo brasileiro (1931). Além das obras que escreveu juntamente com Olavo Bilac que tiveram influência na formação inicial de várias gerações: Livro de composição para o curso complementar das escolas primárias (1899); Livro de leitura para o curso complementar das escolas primárias (1901) e Através do Brasil: livro de leitura para o curso médio (1910)" (SILVA, Cláudia Virgínia Albuquerque Prazim da; FAÇANHA, Sabrina Carla Mateus. Contribuição de Manoel Bomfim à educação brasileira. *In*: SEMINÁRIO DE ESTUDOS E PESQUISAS "HISTÓRIA, SOCIEDADE E EDUCAÇÃO DO BRASIL", 9., 2012, João Pessoa. Anais [...]. João Pessoa: Universidade Federal da Paraíba, 2012. p. 450-451. Disponível em: www.histedbr.fe.unicamp.br/acer_histedbr/seminario/.../PDFs/1.33.pdf. Acesso em: 13 jan. 2025. Sobre Manoel Bomfim: AGUIAR, 1999; CONTIJO, Rebeca. *Manoel Bomfim*. Recife: Fundação Joaquim Nabuco: Editora Massangana, 2010.

[259] Segundo Manoel Bomfim: "Em 1897, quando o diretor geral de Instrução Pública fez anunciar o concurso de um compêndio de História da América, solicitei a honra de, na qualidade de membro do Conselho Superior de Instrução Pública, dar o parecer sobre as obras que se apresentassem: tal era o interesse que esse assunto apresentava para mim; e só assim se explica essa pretensão de tratar de matéria fora da minha especialidade, e à qual não podia apresentar nenhum título de competência oficial". BOMFIM, Manoel. *A América Latina*: males de origem. Rio de Janeiro: Centro Edelstein de Pesquisas Sociais, 2008 [1905]. p. 3. Disponível em: www.bvce.org. Acesso em: 13 jan. 2025.

[260] *Ibidem*, p. 16.

nada alteram na substancia do livro, nem lhe tiram um particular merito.

Um dos desacordos que primeiro se notam é quanto ao numero de partes em que esta dividida a obra. O Edital exige tres; o livro apresenta quatro. Mas, essa alteração, da qual o autor se acusa e que procura explicar, não tem importancia, porquanto a primeira e a segunda parte do livro estão nos termos exactos da primeira e da segunda, enunciadas no Edital. A terceira parte é que o autor subdividiu em duas, fazendo a terceira e a quarta parte de sua obra. Elle se justifica e justifica-se bem. Essa terceira parte: 'Período independente', comprehende duas phases perfeitamente distinctas: a conquista desta independencia, e a vida posterior da nacionalidade livre. Foi isso o que elle fez...[261]

A partir daí segue-se uma sequência de recomendações para que a obra sofra uma revisão e se adapte ao que era exigido pelo edital e para que o manuscrito utilizado no concurso pudesse ser publicado. Alterações foram realizadas por Rocha Pombo, adequando a sua proposta às exigências do parecerista e do edital e habilitando sua obra para a publicação, em 1900. Entre elas a unificação das partes três e quatro em uma única parte dividida em duas seções. O compêndio de Rocha Pombo conformado segundo tais regras inauguraria uma forma de escrita que se tornaria a marca do autor em seus manuais e compêndios didáticos posteriores, e que pode ser caracterizada por uma linguagem acessível e instrutiva, numa busca por transmitir o maior número de informações de forma concisa e ao mesmo tempo apresentar interpretações do próprio Rocha Pombo para fatos e processos históricos. Outra característica dessa obra, que se faria padrão em seus escritos didáticos posteriores, é trazer conteúdos sintetizados, tanto no corpo do texto quanto ao final dos capítulos, partes ou do livro em forma de pequenos resumos, o que não ocorre em suas obras históricas como *O Paraná no centenário* e *Historia do Brazil (Illustrada)*. Como podemos ver no exemplo a seguir:

SYNTHESE DOS CAPÍTULOS DA SECÇÃO II DA TERCEIRA PARTE

LXIX. – 1. Estados Unidos da América do Norte. – Washington dirigiu a organização da grande Republica do Norte. Tendo feito votar o pacto federal, foi elle proprio incumbido de iniciar-lhe a execução. Depois de Washington, sucede-

---

[261] *Ibidem.*

ram-se constitucionalmente diversos outros homens notaveis que continuam a sua a obra. Em 1809 dá-se nova guerra com a Gran-Bretanha, e em 1846, o conflito com o México.

LXX. – 2. Estados Unidos da América do Norte. – A questão do elemento servil dá logar a um rompimento dos Estados do Sul, os quaes organizam uma Confederação à parte (1860). Mas Lincoln submete os confederados, e proclama imediatamente a abolição dos escravos. O funcionamento do mecanismo constitucional é completo e perfeito na grande Republica, cujo progresso é um dos phenomenos mais admiraveis deste século.

LXXI. – 3. México. – No México, o espirito liberal reage contra a obra dos conservadores, e Iturbide é expulso. Tendo logo depois voltado à patria, é preso e fuzilado. Mas a luta das classes antigas contra os republicanos continua feroz. Afinal, ao cabo de muitas desordens, os conservadores (**escocezes**) apoderam-se do governo e decretam uma Constituição unitária. Os Estados protestam, e o Texas separa-se.

[...].[262]

Segundo o próprio Rocha Pombo, tais sínteses se apresentavam como "de forma que isto concorra para fixar bem no espirito do alumno os factos principaes da trama histórica"[263]. Um ponto importante sobre a obra produzida a partir do edital é que ela leva a pensar sobre o material didático em si, na medida em que o formato que ele apresenta, de certa forma, perpetua-se até os dias atuais. Esse formato não é "inventado" pelo edital ou por Rocha Pombo. Ele já podia ser verificado em obras didáticas anteriores como *Lições de História do Brasil*[264], de Joaquim Manoel de Macedo, de 1860, que está dividido em 36 lições em um recorte que iria de 1411 a 1823 — posteriormente, em sua décima edição, seria ampliado o período de 1823 a 1905, por Olavo Bilac, passando a ter 61 lições[265] —, com: textos de três a quatro páginas; explicações — que se constituíam em um glossário de verbetes e personagens; quadro sinóptico — que traziam dados sobre personagens e breves resumos de seus atos (Figura 1);

---

[262] POMBO, 1900, p. 351.

[263] *Ibidem*, p. 32.

[264] MACEDO, Joaquim Manoel de. *Lições de História do Brasil para uso dos alunos do Imperial Colégio de Pedro II*. Rio de Janeiro: B.L. Garnier, 1860. v. 1; MACEDO, Joaquim Manoel de. *Lições de História do Brasil para uso dos alunos do Imperial Colégio de Pedro II*. Rio de Janeiro: B.L. Garnier, 1863. v. 2.

[265] MACEDO, Joaquim Manoel de. *Lições de História do Brasil para o uso das escolas de instrucção primaria*. Rio de Janeiro: H. Garnier, 1907.

perguntas — uma série de perguntas que exigiam respostas diretamente respondidas por trechos da lição aplicada, como "Porque Portugal causou admiração ao mundo no seculo décimo quinto?"[266], que poderia ser respondida com o primeiro parágrafo da lição: "No século decimo quinto Portugal maravilhou o mundo pelas admiraveis descobertas e conquistas que os seus navegantes emprehendêram e levaram a efeito"[267].

Figura 1 – Quadro Synoptico da Lição I

PERSONAGENS	ATRIBUTOS	FEITOS E ACONTECIMENTOS	DATAS
D. JOÃO I, O GRANDE	Rei de Portugal	Sóbe ao throno	1385
		Morre	1433
D. DUARTE	Rei de Portugal	Sóbe ao throno	1433
		Morre	1438
D. AFFONSO V	Rei de Portugal	Sóbe ao throno	1438
		Morre	1481
D. JOÃO II	Rei de Portugal	Sóbe ao throno	1481
		Manda Bartholomeu Dias á descoberta do grande cabo meridional da Africa	1486
		Protesta contra a bulla que de Alexandre VI obtivera o rei de Hespanha e faz aprestar uma armada para guerrear a este; mas chega a um accordo, celebrando um tratado em Tordesilhas a 7 de Junho de	1494
		Morre 27 de Outubro de	1495
D. MANOEL	Rei de Portugal	Sóbe ao throno	1495
		Manda Vasco da Gama dobrar o cabo da Boa Esperança o chegar ás Indias	1497
		Dá a Vasco da Gama os titulos de conde da Vidigueira e almirante dos mares orientaes	1499
ALEXANDRE VI	Papa	Por uma bulla confere ao rei de Hespanha o dominio das terras descobertas e por descobrir, dentro dos limites que estabelece por uma linha imaginaria	

Fonte: Macedo[268]

Assim como o livro de Macedo, o compêndio de Pombo é dividido em breves capítulos, que na primeira edição comporiam as três partes exigidas pelo edital. A parte I trata a América antes da chegada dos europeus e é composta por 11 capítulos, sendo o último destinado a lançar um "Prognostico sobre o destino provável da civilisação aborigena interrompida"[269], em que o autor conclui que se a chegada dos europeus ocorresse quatro ou cinco séculos mais tarde a conformação da América seria outra, uma vez que os povos do sul, dado o espírito belicoso dos tupi, acabariam por invadir e dominar o norte, que, por sua índole e falta de espírito militar,

---

[266] *Ibidem*, p. 11.
[267] *Ibidem*, p. 3.
[268] MACEDO, 1907, p. 9-10. (Coleção Particular).
[269] POMBO, 1900, p. 31-33.

não resistiria. Termina tal prognóstico reforçando que, independentemente da conformação americana, a dominação e colonização europeia far-se-iam devido à superioridade dos segundos.

A parte II, destinada ao período colonial, está dividida em 32 capítulos, que vão desde as percepções europeias sobre a existência de novos mundos, a empresa de Colombo e a situação da Europa no período da descoberta, passando pela incorporação dos indígenas ao sistema colonial e a inserção do trabalho escravo africano até a instalação da administração dos diferentes colonizadores na América.

Por fim, a parte III, que trata da emancipação e da integração dos estados americanos, conta com outras duas seções. Na primeira, dividida em 20 capítulos, trata da emancipação das colônias do novo mundo, sendo que os quatro primeiros capítulos são destinados à apresentação da "situação geral da América" e ao "regime colonial". Nos capítulos seguintes, discorre sobre as independências das colônias a partir de seus colonizadores, sendo um capítulo para a colônia inglesa. Para as colônias espanholas, são reservados 15 capítulos específicos, ficando a emancipação do Haiti e da colônia portuguesa no capítulo LXIV, que é dividido em quatro lições. Já na segunda seção, o foco é a integração e a constituição das nações independentes. Está dividido em 14 capítulos, sendo: dois sobre os Estados Unidos da América do Norte; três sobre o México; um reunindo a Guatemala, S. Salvador, Honduras, Nicarágua e Costa Rica; um para a Argentina; um reunindo Uruguai e Paraguai; um para o Chile; um para Peru e Bolívia; um para Colômbia, Venezuela e Equador; o capítulo LXXV dividido em três lições sobre o Brasil. O último capítulo do livro, assim como o final da primeira parte, propunha um "Prognostico dos destinos do Novo Mundo"[270], em que aponta como principais impedimentos para a evolução e civilização da América o certo voltar-se para si mesmas das jovens nações e a necessidade de se prevenir contra as potências do Velho Mundo[271]. Assim, quanto ao formato, o livro de Rocha Pombo seguiu não apenas o estabelecido pelo edital, mas também o que já vinha se conformando para os manuais e compêndios didáticos.

No que se refere às fontes para a escrita da obra, há após cada uma das partes do livro a indicação da bibliografia utilizada. Lembremos que o compêndio foi escrito em um período em que a história da América

---

[270] *Ibidem*, p. 345-350.
[271] *Ibidem*.

não se apresentava como um tema para a grande produção nacional, e, ao mesmo tempo, com o advento da república e a busca por enquadrar o Brasil no seio dos países americanos e republicanos, fazia-se uma exigência na produção escrita e histórica nacional. Tratava-se de um período em que a própria escrita da história do Brasil estava em discussão e em processo de solidificação dentro dos espaços intelectuais como o Instituto Histórico e Geográfico Brasileiro. Inserido nesse universo, Rocha Pombo buscou entre autores estrangeiros e poucos nacionais as informações necessárias para a composição de seu compêndio, construindo sua obra por meio da leitura, principalmente de franceses e hispânicos e de alguns ingleses e alemães[272]. Nessa bibliografia encontram-se autores como Alexis de Tocqueville e Alexander von Humboldt, Paul Gaffarel, Francisco Pi y Margall, Rocha Pitta, Bartolomé de Las Casas e Willian Burck.[273]

---

[272] Embora não tenha sido encontrada nenhuma indicação direta sobre as línguas em que Rocha Pombo lia, escrevia ou falava, a análise das notas de rodapé de suas obras permite inferir que o autor lia em espanhol e em francês, que são as línguas-bases das leituras apresentadas ao longo de suas obras. O autor ao apontar a bibliografia americana, inglesa e alemã sempre indica que foi feita a leitura de uma tradução ou em português ou em francês.

[273] Estão listados a seguir as obras indicadas como bibliografia para cada parte do livro, conforme apresentadas por Rocha Pombo: Parte I: Allain Manesson – L'Amériqque; An. -Animaux des deux Amériques; Ulloa. – Voyage em Amérique; D'Orbigny – L'homme américaín; Nadaillac – L'Amérique prehistórique; Bertillon – Ethnographic moderne; D'Orbigny – Voyage em Amérique; Pi y Margall – America em la época del descubrimiento; Brasseur de Bouborburg. – Historie des nations civiliseés du Mexique et de l'Am. Centrale, antericure à Colomb; Carli – Lettres américaines; Farcy. – Antiquités américaines; Chaencey – Le Mythe de Votan; Gaffarel – Etymologies américaines; Garcia – Origen de los indios del Nuevo Mundo; Rafn - Antiquités américaines; Vilanova – Protohistoria americana; Aubin – Examen des anciennes peintures figuratives de l'ancien Mexique; Cons. Pereira da Silva. – Diversos Estudos; Gonçalves Dias. – Brazil e Oceania. Parte II: Além de muitas das obras citadas na primeira parte; Gravier – Découverte de l'Amérique per les Normands au X sîecle; Las Casas – Historia da a destruição de las Indias; Pi y Margall – Historia generale de la America; De Larenaudiére – Le Mexique (na importantíssima e rara coleção L'Univers); O mesmo – Quatemala (*ibidem*); Frédéric Lacroix – Perou e Bolivie (na collecção L'Univers); Burck – Histoire des colonies européennes; Burck – Histoire des colonies européenes dans l'Amérique; Campe – la découvert de l'Amérique [Há tradução Portuguza]; Solis – La conquête du Mexique; Washington Irvinge – Companeros de Colon; Barros Arana – Compendio de História de Americ; Feliz Azara – Viaje por la America meridional; Lopez de Gomara. Histoire de Méjico; Ixtlilxochitil (Fernando D'Alva) – Cruautés horribles des conquérantes du Mexique; Humboldt – Historie de la Nouvelle-Espagne; Gracilaso de la Veja – Commentarios reales (obra importantissima); Charlevoix – Histoire du Paraguay el du Canadá; Robertson – Histoire d'Amérique. Rocha Pitta – História da America Portugueza; Bancroft – Histoire des Etats-Unis; Warden – Recharches sur l'antiquité des Etats-Unis de l'Amérique septentrionale; Cexmelin – Histoire des flibustiers. Parte III: Seção 1 - Além dos autores já indicados precedentemente: Prida y Arteaga (Francisco de) Le Mexique, del qui'il est aujourd'hui; Gabriel Ferry – Expedicion de Mina; Madiou – Histoire de Haiti; G. D'Alaux – L'empereur Soulouque et son empire; Gregoire – Dictionnarie d'histoire des temps modernes. (Diversos caps. Relativos à America); C. Quentin – Le Paraguay; Gervinus – Histoire du Xix sîecle (trad. do allemão); Cesar Catu – Histoire Universelle (vol. da trad. Franceza de Aroux e Leopard); Seção 2 - Além dos livros já indicados: Nicolas Estevanez – Resumen de la Historia de América; A. de Tocqueville – de la democratue en Amérique; C. Trinocq – Historie de l'Amérique; Porto Seguro – Historia do Brasil; Michaud – Biographie nouvelle; Renegger et Longchamps – Essai sur la revolution du Paraguay; - Historia particular dos diversos paizes americanos. *Cf.* POMBO, 1900.

Entre suas referências teóricas, encontramos expoentes da historiografia francesa, bastante utilizados no período, como Hippolyte Taine, Émile Hennequin e Fustel de Colanges. Dessa forma, ao escrever sua primeira obra didática, Rocha Pombo tem basicamente como referência a junção e a adaptação de teorias de Taine — que propunha a preponderância dos meios sobre os agentes, ou seja, a subordinação das individualidades à ação absorvente das massas — e de Hennequin — que desdobra as considerações de seu mestre, Taine, e estabelece que os indivíduos, os grandes vultos e homens da história recebem influência do meio, mas acabam por imprimir a marca de sua superioridade sobre as massas.

Assim, o que se encontra no *Compendio de Historia da America* é um texto que mescla a atuação e a superioridade dos grandes homens e os grandes feitos e fatos, e uma tentativa de demonstrar como essas ações e fatos são influenciados e influenciam os indivíduos e as sucessões de fatos comuns.

Nesse aspecto, a obra didática e histórica inaugural de Rocha Pombo lança bases para uma forma de escrever a história que se estenderá às suas outras produções, que oscilarão entre uma abordagem do caráter do desenvolvimento do povo brasileiro e a apresentação exaltada dos grandes personagens e fatos, mas sempre demarcando que esses não se fizeram grandes por si só, mas que foram transformados pelo ambiente e cunhados como símbolos das qualidades que deveriam ser desenvolvidas pelo povo em questão.

No que se refere aos referenciais teóricos, é possível estabelecer que Rocha Pombo segue os mesmos caminhos que outros autores de material didático e historiadores do período como João Ribeiro, José Veríssimo, Capistrano de Abreu, entre outros, assim como adota os mesmos eixos temáticos bastante comuns ao período, muitos deles já indicados por von Martius em seu artigo ao Instituto Histórico e Geográfico Brasileiro, *Como se deve escrever a história do Brasil*[274], de 1845: a importância de se observarem as três raças e suas particularidades físicas e morais; a superioridade e inferioridade de uma raça em relação às outras; a influência e participação das três raças no desenvolvimento e construção da nação (aqui das nações americanas); os projetos de nação — o que Rocha Pombo estende para um projeto de América forte e unida. A obra do autor para-

---

[274] MARTIUS, Karl Friedrich Philipp von. Como se deve escrever a História do Brasil. *Revista do IHGB*, Rio de Janeiro, v. 6, n. 24, p. 381-403, jan. 1845. Disponível em: http://www.ihgb.org.br/rihgb.php. Acesso em: 13 jan. 2025.

naense transmite também uma das premissas básicas da função da história apontada por von Martius:

> A história é uma mestra, não somente do futuro, como também do presente. Ela pode difundir entre os contemporâneos sentimentos e pensamentos do mais nobre patriotismo. Uma obra histórica sobre o Brasil deve, segundo a minha opinião, ter igualmente a tendência de despertar e reanimar em seus leitores brasileiros amor da pátria, coragem, constância, indústria, fidelidade, prudência, em uma palavra, todas as virtudes cívicas.[275]

Embora o artigo de von Martius esteja voltado para a escrita de uma história do Brasil, muitos de seus elementos permeiam a obra sobre a América. Nesse sentido, o *Compendio de Historia da America* é uma obra em muitos aspectos similar às outras do mesmo período, mas também é muito singular na medida em que se trata do primeiro compêndio didático sobre história da América produzido no Brasil. Conforme já foi aqui registrado, a obra é fruto de um momento em que a construção não apenas da nação está em discussão, mas também de sua inserção no interior, pela primeira vez como igual, de uma América independente e republicana. Assim, o Conselho Superior de Instrução Pública do Distrito Federal buscava com a produção do livro eliminar uma lacuna no sistema de ensino e na concepção que se tinha do nacional e americano. Com o compêndio, pretendia-se eliminar uma falha na formação dos alunos. Levando-se em conta que a construção de uma identidade nacional está intrinsecamente ligada à ideia de pertencimento e à constituição de uma memória e história coletiva[276], fazia-se necessário que se elaborasse não apenas manuais e compêndios sobre a história do Brasil, dos quais o país ainda carece em número, mas também sobre a América, continente ao qual o Brasil não apenas pertencia territorialmente, mas também como elemento contrastante ao Velho Mundo. Segundo Rocha Pombo:

---

[275] *Ibidem*, p. 401.

[276] JANCSÓ, Isteván; PIMENTA, João Paulo G. Peças de um Mosaico ou apontamentos para o estudo da emergência da identidade nacional brasileira. *Revista de História Idéias*, Coimbra, v. 21, p. 389-440, 2000. Disponível em: http://rhi.fl.uc.pt/vol/21. Acesso em: 13 jan. 2025. FIORIN, José Luiz. A construção da identidade nacional brasileira. *Bakhtiniana*: Revista de Estudos do Discurso, São Paulo, v. 1, n. 1, p. 115-126, 2009. Disponível em: https://revistas.pucsp.br/index.php/bakhtiniana/article/view/3002/1933. Acesso em: 13 jan. 2025.

> Até hoje, o ensino da historia americana é o menos completo que se faz em todos os nossos estabelecimentos de instrucção, quer officiaes quer particulares; e isso talvez em grande parte se deva atribuir á falta de um compendio especial proprio para escolas. Possuimos, ou historias nacionais, ou resumos de historia geral do Continente: estes peccam por omissos; aquellas por minuciosas demais.
>
> Um compendio didactico deve evitar os dois defeitos, pois a primeira qualidade de tal trabalho é a de pôr ante os olhos de quem estuda, os factos nas suas linhas geraes, de modo que a variedade delles não faça esquecer nunca o espirito do leitor a grande synthese em que esses factos coincidem, ligam-se e como que se completam e se animam.[277]

Assim, para o autor seu compêndio se inseria na intersecção dos dois tipos de produção, além de inaugurar um campo para a escrita do material didático até então negligenciado em nosso país: a História da América. Ser a primeira obra desse tipo dá ao compêndio de Rocha Pombo um local de destaque na produção didática do país, uma vez que todas as obras posteriores poderiam tomá-lo como base, além de ser por alguns anos a única obra do tipo e, portanto, a única utilizada na formação de professores. A influência dessa obra em outros textos pode ser verificada, por exemplo, na obra que o próprio parecerista do concurso escreveria anos depois sobre o tema. Manoel Bomfim, em sua introdução ao polêmico *A América Latina: Males de origem*[278], alega ter reunido leituras e notas por nove anos que culminariam na escrita de seu livro, mas que:

> Essas mesmas, agora desenvolvidas, já as apresentei, em parte, resumidamente num parecer, prefácio à excelente História da América, livro didático do Sr. Rocha Pombo, parecer que deriva justamente dessa preocupação, já antiga. Em 1897, quando o diretor geral de Instrução Pública fez anunciar o concurso de um compêndio de História da América, solicitei a honra de, na qualidade de membro do Conselho Superior de Instrução Pública, dar o parecer sobre as obras que se apresentassem: tal era o interesse que esse assunto apresentava para mim; e só assim se explica essa pretensão de tratar de matéria fora da minha especial.[279]

---

[277] POMBO, 1900, p. 33.
[278] BOMFIM, 2008.
[279] *Ibidem*, p. 3.

A EDUCAÇÃO COMO IDEAL

Destarte, se a obra de Rocha Pombo não inspirara o seu parecerista, uma vez que Manoel Bomfim já tinha interesse e coletava material sobre o tema, servira de ponto de partida e espaço para as reflexões do segundo. Ronaldo Conde Aguiar, em seu estudo sobre Manoel Bomfim, alega ser o parecer "uma espécie de *trailer* do que viria a ser dentro de poucos anos o *A América Latina: males de origem*"[280] e também que muitas das ideias de Rocha Pombo estavam em consonância com aquelas de Manoel Bomfim, sendo que vários pontos debatidos no parecer seriam detalhados e aprofundados nos livros futuros do autor sergipano[281].

Não se pode esquecer que o *Compendio de Historia da America* é uma obra produzida a partir de um edital de concurso e que, como esperado de uma obra desse tipo, o manuscrito de Rocha Pombo deveria seguir, conforme já demonstrado e várias vezes reforçado nesta obra, uma série de regras e trazer, em sua totalidade, um texto compatível com o grau de instrução de seu público-alvo – os alunos da Escola Normal da capital federal. E aqui se apresenta um importante ponto para se pensar essa obra enquanto não apenas a primeira do tipo para o Brasil, mas também para a construção da escrita didática de Rocha Pombo: o leitor.

Sobre esse aspecto, o edital é bastante claro:

> A narração dos factos deve ocupar o primeiro logar, de sorte que o alumno venha a ter uma noção exacta do modo porque cada parte da América foi primeiro descoberta, depois colonizada e chegou afinal á situação em que hoje se acha: ainda de sujeição ou já de independência.
>
> É indispensável que durante toda a obra não se perca de vista o seu fim, inteiramente alheio á erudição, visando apenas educar educadores.
>
> Preparando de algum modo o ensino que as futuras mestras a que se destina terão de transmitir aos alunos da escola primaria, o autor deve destacar com todo o colorido a biografia dos homens notáveis e os mais emocionantes episódios da historia e mesmo da lenda de cada povo, próprios a sugerirem os grandes sentimentos de liberdade e de justiça, só exaltando o valor guerreiro quando ele tenha estado a serviço de nobres causas.[282]

---

[280] AGUIAR, 1999, p. 230-231.
[281] *Ibidem*.
[282] POMBO, 1900, p. 5-8.

Aqui está posta a necessidade de se distinguir a escrita que busca levar ao leitor um vasto conhecimento com o objetivo de torná-lo um profundo conhecedor dos temas tratados e aquilo que se entende ser necessário para o ofício do magistério nos anos iniciais da instrução, a saber, um conhecimento básico, resumido e mediano dos temas a serem posteriormente ensinados aos alunos. O edital, ao delimitar o público-alvo e, principalmente, o seu perfil, acaba por nos oferecer uma visão bastante interessante daquilo que seria a instrução pública no período, ou seja, formar professores não exigia, aquilo que Rocha Pombo tanto clamava em seu *Supremacia do Ideal*, o ideal de uma civilidade ou reflexões acerca do tema trabalhado, mas sim o ajuntamento de um grande número de informações, datas, nomes, lendas que por um lado exaltasse os grandes feitos e por outro fosse facilmente assimilado e reproduzido como conteúdo histórico. Todo aprofundamento deveria ficar fora dessa instrução básica.

A simples relação de algumas das exigências constantes no edital demonstra a importância de se observar que essa é uma direção preestabelecida, na medida em que isso torna a obra não apenas um livro com público específico e predefinido, como costumam ser os materiais didáticos, mas também um livro que deveria seguir padrões fixos, impostos por um órgão estatal, de organização, conteúdo e forma de escrita, limitando e regrando a escrita do autor. Por outro lado, ajuda a compreender como Rocha Pombo efetua a construção de seu material didático e histórico, podendo verificar aquilo que permanecerá e aquilo que será modificado nesse modo de fazer.

Segundo Ronaldo Conde Aguiar, o livro foi adotado na Escola Normal da capital por pelo menos 20 anos[283], mas esse não seria o único espaço e formato em que a obra de Rocha Pombo circularia. No que se refere às publicações, o *Compendio de Historia da America* teve duas edições — a original, em 1900, e outra, em 1925. Além dessas duas edições, Rocha Pombo publicou pela Garnier uma versão para escolas primárias[284].

Essa nova edição adaptada trouxe a História da América, não mais em 359 páginas, mas em 114 páginas, nas quais se desenvolviam 82 lições. Tal diferença na quantidade de capítulos (77 na primeira versão) não se dá por acréscimos ao conteúdo, mas por transformar em capítulos independentes os subitens da versão original, como o capítulo LXIV, que estava dividido em quatro lições agregando as lutas pela independência do Haiti e São

---

[283] AGUIAR, 1999, p. 237.
[284] Na Biblioteca do Colégio Pedro II, existe uma segunda edição dessa obra datada de 1904, mas não sabemos quando foi publicada a primeira edição. Assim, trabalharemos aqui com: POMBO, José Francisco da Rocha. *Historia da America, para escolas primarias*. Rio de Janeiro: Garnier, 1904.

Domingos e Brasil[285]. O livro traz quatro períodos. Aqui não mais preso ao formato imposto pelo edital, Rocha Pombo manteve a divisão proposta em seu manuscrito original, separando a "Emancipação das coloniaes americanas" e a "Integração das nacionalidades americanas". Outra modificação verificada nessa versão é que foram suprimidas a bibliografia utilizada e as sínteses ao final das partes do livro. O livro traz ainda imagens de vários personagens históricos, o que não ocorria no primeiro compêndio e não ocorreria na segunda versão do livro para o público adulto, mas que seria um padrão para seus manuais e compêndios didáticos destinados aos alunos. Na Figura 2, é possível ver como essas imagens foram inseridas no material didático sem nenhuma intervenção ou análise sobre elas. Seu papel seria o de fazer ver e conhecer as figuras mais proeminentes da história que se desejava contar. Nessa lição discorre-se sobre a independência das colônias inglesas que futuramente formariam os Estados Unidos da América do Norte, e a figura mais importante desse processo é apresentada ao jovem leitor.

Figura 2 – História da América, Lição LXVIII, 1902

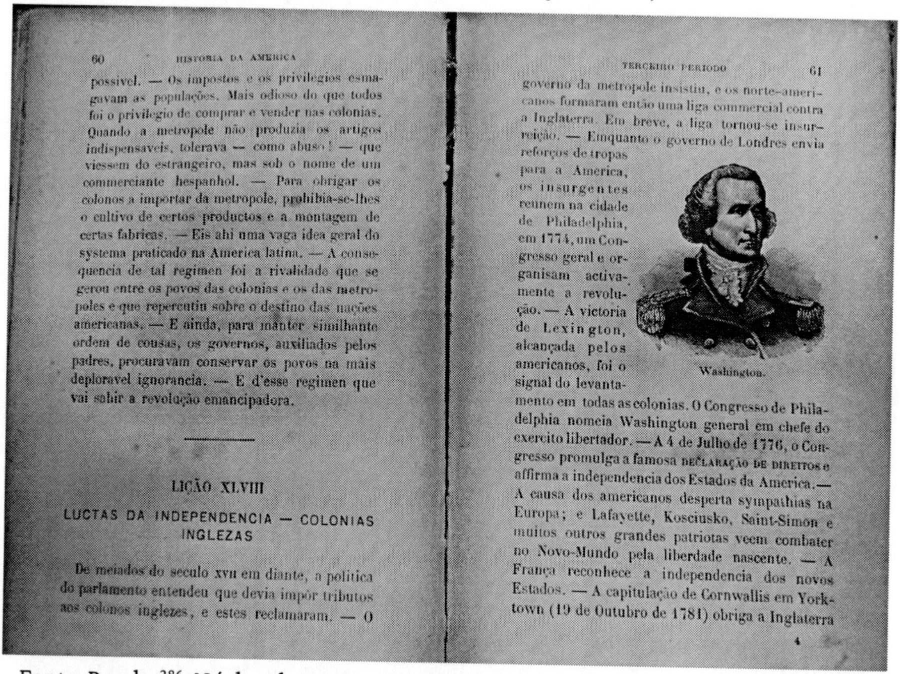

60 HISTORIA DA AMERICA

possivel. — Os impostos e os privilegios esmagavam as populações. Mais odioso do que todos foi o privilegio de comprar e vender nas colonias. Quando a metropole não produzia os artigos indispensaveis, tolerava — como abuso! — que viessem do estrangeiro, mas sob o nome de um commerciante hespanhol. — Para obrigar os colonos a importar da metropole, prohibia-se-lhes o cultivo de certos productos e a montagem de certas fabricas. — Eis ahi uma vaga idea geral do systema praticado na America latina. — A consequencia de tal regimen foi a rivalidade que se gerou entre os povos das colonias e os das metropoles e que repercutiu sobre o destino das nações americanas. — E ainda, para manter similhante ordem de cousas, os governos, auxiliados pelos padres, procuravam conservar os povos na mais deploravel ignorancia. — E d'esse regimen que vai sahir a revolução emancipadora.

LIÇÃO XLVIII

LUCTAS DA INDEPENDENCIA — COLONIAS INGLEZAS

De meiados do seculo XVII em diante, a politica do parlamento entendeu que devia impôr tributos aos colonos inglezes, e estes reclamaram. — O

TERCEIRO PERIODO 61

governo da metropole insistiu, e os norte-americanos formaram então uma liga commercial contra a Inglaterra. Em breve, a liga tornou-se insurreição. — Emquanto o governo de Londres envia reforços de tropas para a America, os insurgentes reunem na cidade de Philadelphia, em 1774, um Congresso geral e organisam activamente a revolução. — A victoria de Lexington, alcançada pelos americanos, foi o signal do levantamento em todas as colonias. O Congresso de Philadelphia nomeia Washington general em chefe do exercito libertador. — A 4 de Julho de 1776, o Congresso promulga a famosa DECLARAÇÃO DE DIREITOS e affirma a independencia dos Estados da America. — A causa dos americanos desperta sympathias na Europa; e Lafayette, Kosciusko, Saint-Simon e muitos outros grandes patriotas veem combater no Novo-Mundo pela liberdade nascente. — A França reconhece a independencia dos novos Estados. — A capitulação de Cornwallis em Yorktown (19 de Outubro de 1781) obriga a Inglaterra

Washington.

4

Fonte: Pombo[286]. Núcleo de Documentação e Memória (NUDOM), Colégio Pedro II, Rio de Janeiro

285 Na nova versão, o capítulo LXIV trataria do Haiti, e os capítulos LXV, LXVI e LXVII, da independência do Brasil.

286 POMBO, 1904.

Assim, de modo geral, há mudanças expressivas na forma do livro. O conteúdo é mantido, mas há uma grande diminuição da massa de dados. A principal alteração está na adaptação do texto em linguagem e volume tidos como apropriados para as crianças. Segundo Rocha Pombo, os

> Livros destinados à infancia devem preencher, antes de tudo, as seguintes condições: - devem ser divididos em capítulos ou lições iguaes, e escripta em estylo conciso, nobre e elegante; - dar a maior somma de instrucção no menor numero possivel de palavras; entreter a curiosidade do menino, estimulando-lhe a intelligencia e o coração; - mover no seu espirito o gosto pelo estudo e o desejo de saber; - devem em summa, obrigar, por assim dizer, o mestre – a fazer explanações, e o alunno – a pensar, a inquirir, a controverter.[287]

Nessa perspectiva, o livro tinha um papel crucial na formação dos jovens alunos e também no desempenho dos professores em sala de aula: não bastava informar, fazer conhecer a história, mas antes de tudo deferia formar, gerar o interesse e o pensamento em seus leitores. A sua proposta como livro seria a de oferecer aos meninos e meninas uma instrução sólida, que só poderia vir com a leitura desde muito cedo de livros de História, Ciências e Artes, que deveriam despertar em seu espírito a sede pelo conhecimento e não "idéas pueris, de lendas e contos banaes, que lhe viciam o espirito e lhe atravancam a memoria"[288]. Era preciso oferecer aos pequenos grandes modelos e grandes noções: "[...] modelos reaes e legitimos como são os da Historia; noções verdadeiras e uteis como são os das sciencias e das artes. Só assim tornaremos o primeiro ensino fecundo, como fundamento de mais largo preparo futuro"[289].

Rocha Pombo diz ter produzido seu manual didático sobre a História da América voltado ao público infantil, tomando essas premissas como ponto de partida, e colocava-o à avaliação e à utilização dos professores. Essa versão do *Compendio de Historia da America* é de extrema importância para a análise de sua obra didática e histórica, uma vez que, assim como seu primeiro livro, essa versão traz em seu bojo o formato que tomariam suas obras futuras para os anos iniciais do ensino, podendo ser estabele-

---

[287] *Ibidem*, p. 5.
[288] *Ibidem*.
[289] *Ibidem*, p. 6.

cidos ambos não apenas como obras inaugurais de uma nova categoria de escrita do autor, como também o laboratório de uma escrita que se faria um sucesso por muitas décadas.

Nesse aspecto é importante verificar como a escrita do livro se modifica e se as interpretações e conclusões sobre a América se mantêm. Para isso será feita nas páginas que seguem uma comparação do penúltimo capítulo de ambas as obras, intitulado "Haiti e S. Domingos". A escolha se dá por ser a própria presença de uma análise sobre o Haiti algo pioneiro na produção sobre História da América do período[290].

Quanto ao formato, a lição no primeiro livro está desenvolvida em nove pontos — assim como em todos os capítulos — contando com quatro páginas de texto explicativo[291], enquanto na versão infantil o texto é condensado em uma página, e deixam de existir as separações em pontos. Na segunda versão, uma grande quantidade de nomes e datas é suprimida, e o texto aproxima-se muito mais da síntese[292] que da lição proposta *Compendio de Historia da America*. Para a comparação, será utilizado o último ponto que sintetiza a consolidação das nações haitiana e dominicana:

> 9. Em poucos mezes os dominicanos desiludiram-se do recurso da anexação, e a prova cabal que iravam convencia-los de que era preferivel a contingencia em que os punha a vizinhança do Haiti a toda aquella miséria a que os submetia a intoleravel dominação hespanhola. Em 1863 rompia a guerra: os insurrectos declararam que não abandonariam as armas antes de haverem reconquistado a perdida independencia. O governo de Hespanha esforçou-se por assegurar definitivamente a posse d'aquella presa que lhe cahira de novo nas mãos; mas em 1865 as côrtes de Madrid decretaram a evacuação, e a Republica Dominicana reconstituiu-se. O Haiti continua a pretender a unificação politica da ilha e é

---

[290] BITTENCOURT, Circe Maria Fernandes. Ensino de história da América: reflexões sobre problemas de identidades. *Revista Eletrônica da Anphlac*, [s. l.], n. 4, p. 5–15, 2013. p. 9. Disponível em: http://revistas.fflch.usp.br/anphlac/article/viewFile/1365/1236. Acesso em: 13 jan. 2025.

[291] POMBO, 1900, p. 340-345.

[292] "LXXVI. – **Haiti e S. Domingos.** – Apezar dos esforços do governo do Haiti, os dominicanos separaram-se logo, organisando-se em Republica independente; mas a luta continuou por muito tempo, até que os dominicanos desesperados, preferiram reincorporar-se à Hespanha. – No Haiti, Souluque proclama-se imperador, governa cerca de 10 annos, ao fim dos quaes é deposto e expulso. – A anexação de S. Domingos à Hespanha desillurira logo os dominicanos de semelhante expediente: o governo hespanhol resturou naquela parte da ilha todo o regimen colonial antigo; e os abusos levaram outra vez os domininicanos a recorrer às armas para reconquistarem a independencia. O Haiti continua a aspirar a unificação, e é provavel que afinal ella se faça, pois está isso nos interesses comuns das duas Republicas" (*Ibidem*, p. 353).

provavel que afinal seja essa idéa realizada, não só porque consulta aos interesses da nacionalidade, como porque a raça negra assume uma grande preponderancia na ilha.[293]

A lição para as escolas primárias sobre todo o processo de consolidação das referidas nações está assim constituída:

> O governo do Haiti, havendo unificado politicamente a ilha, procurava gerar sympahias entre os dominicanos, mas sem esquecer nunca certos prejuízos de raça. – Não demorou que S. Domingos (onde predominava a população de origem hespanhola e africana) fizesse a sua independência, organizando-se em republica. A lucta, entretanto continuou entre haitianos e dominicanos, chegando estes, fatigados de discordias, a desejar a restauração do regimen colonial. Faustino Souloque foi o ultimo que, em 1847, pretendeu submeter s. Domingos, mas inutilmente. – Soulouque declara-se imperador do Haiti; mas é afinal deposto (1859) e obrigado a fugir para a Jamaica. A republica se reorganisa e, apezar das desordens internas, vai prosperando. – Os dominicanos, alem de sofferem continuamente os ataques do Haiti, luctam também com as dissenções intestinas, que foram em toda a America hespanhola a herança fatal dos tempos da colonia. Os embaraços chegaram a ser tão acabrunhadores que por fim o general Santana abalançou-se a fazer a reincorporação de S. Domingos à Hespanha. – Mas o governo de Madrid restabeleceu logo todos os abusos e vexações do regimen antigo, com que só se satisfariam as classes privilegiadas. – Em breve se disilludiam os dominicanos do expediente e tomavam de novo armas contra a metrópole, conseguindo constituir outra vez a Republica em 1865.[294]

Como se pode verificar, o ponto 9 está condensado nas três linhas finais da lição proposta na versão infantil, a linguagem e a quantidade de informações são suprimidas, e as considerações finais sobre a possibilidade de uma reunificação da ilha não fazem mais parte do texto de Rocha Pombo. Essa forma de contrair e simplificar a escrita ou de estendê-la e aumentar a quantidade de informações e dados, assim como a inserção de mais ou menos mapas e imagens, será largamente acionada por Rocha Pombo dentro de sua produção didática. Seus textos posteriores para o

---

[293] *Ibidem*, p. 344-345.
[294] POMBO, 1904, p. 108-109.

ensino serão sempre modificações, ampliadas ou contraídas, de um texto-base[295], que se adaptará ao público leitor em idade e nível de formação.

Se a versão para crianças trazia tais diferenças, o mesmo não aconteceu com a segunda edição do *Compendio*, publicado 25 anos após o lançamento da primeira edição. Em 1925, Benjamin Aguila, editor de sete dos dez volumes de *Historia do Brasil (Illustrada)*, colocou o *Compendio de História da América* novamente no mercado, dessa vez mantendo o formato sem imagens e mais extenso. Nessa nova edição, foram mantidas as mudanças nas partes e capítulos realizadas para a versão infantil, a indicação da biografia utilizada seria suprimida, assim como o parecer de Manoel Bomfim, mas seriam mantidos os conteúdos tais quais haviam sido publicados em 1900. Segundo Rocha Pombo, no prefácio à segunda edição, pouco havia de mudanças na direção que os povos da América tinham tomado nos 25 anos que separavam as duas edições, que ele não via necessidade de alterações no conteúdo da obra. Em suas palavras:

> E de tal modo é funda essa impressão que relendo este compendio, cuido que vou escrevendo hoje, com a mesma consciencia e a mesma sympathia que hoje dominam o nosso pensamento em relação a todos os paizes irmãos.
>
> [...]
>
> Não sinto, portanto, necessidade de nenhuma reforma na presente edição, nem mesmo de aduzir coisa alguma ao trabalho feito em 1899, mas que está como si o tivesse acabado hoje. Apenas fiz-lhe cuidadosamente a revisão e alterei a numeração dos capítulos, por estar agora livre das condições do concurso a que o apresentei.[296]

Aqui, livre das regras do concurso, Rocha Pombo pode manter sua divisão original em quatro partes e modificar o número de capítulos, mas o texto em si não seria alterado, mesmo sentindo e reconhecendo a necessidade de uma ampliação do conteúdo que apresentasse o movimento intelectual nos vários países americanos nos últimos 50 anos. Para o autor, isso não se apresentava como um grande defeito e não exigia uma

---

[295] Todos os manuais e compêndios didáticos sobre a história do Brasil terão como texto-base *Historia do Brazil (Illustrada)*.

[296] POMBO, José Francisco da Rocha. *Compêndio de História da América*. 2. ed. Rio de Janeiro: Benjamin de Águila, 1925. p. 8.

mudança imediata na obra, embora, se ainda a ele fosse possível, pretendesse um dia completar o volume para torná-lo integral[297].

É interessante observar, ainda nas considerações de Rocha Pombo sobre essa edição, a análise que o autor faz da América nos anos entre as duas publicações. Segundo ele, embora não tenha havido mudanças na direção tomada pelos países americanos, muitas haviam sido as alterações no que se referia ao convívio continental, em que o espírito fraternal se fortalecia admiravelmente a cada dia:

> O sentimento de união entre todos os povos do continente toma um desenvolvimento que se poderia prever, mas de que muitos ainda duvidavam ha vinte annos.
>
> O nosso comum desejo de conhecer-nos mais intimamente tem hoje uma força que só se poderia explicar, menos pelas afinidades de raças, que por uma solidariedade moral que não está só nos nossos interesses, porque anda muito mais fundo em nosso coração.
>
> Tem-se mesmo a impressão de que entre todas as nações americanas ha um como concerto de familia; e de que a nossa America vai com efeito no seu largo caminho aberto para o futuro.
>
> Não houve nestes cinco lustros, entre os povos do continente, o mais ligeiro estremecimento, nenhum caso mesmo insignificante, que pudesse contradizer a nossa orientação histórica e a directriz que seguimos na rota do destinos.[298]

Dessa forma, aparentemente o autor via a América caminhando para a comunhão e a união dos povos e, quiçá, para a formação da grande "Idéa de Americana", que ele propunha na introdução à primeira edição. É com grande satisfação que Rocha Pombo apresenta o livro não apenas como uma obra sobre a América, mas como uma prova de que ele estava seguindo na direção correta ao realizar a sua análise, ou que pelo menos não havia andado os últimos 25 anos longe dos princípios "peculiares que regem a nossa vida, nem do ponto de vista sob que temos de encarar o modo de ser, as idéas, as tendencias, as virtudes e os vícios, o caracter e a alma das populações americanas"[299].

---

[297] *Ibidem.*
[298] *Ibidem*, p. 7.
[299] *Ibidem*, p. 8.

Outro ponto interessante sobre essa nova edição é a forma como Rocha Pombo a apresenta e imagina seu público leitor. Segundo o autor, embora ainda não integral, o livro serviria ao seu objetivo principal, que era proporcionar à mocidade e a todos os que desejassem um "meio facil de conhecer alguma coisa da nossa grande America"[300]. Assim, o público geral, especialmente o mais jovem, teria acesso a toda a história da América, ou pelo menos "[...] em synthese, que a nossa historia tem de fundamental, nas tres phases que se lhe discriminam: a phase dolorosa (a da conquista); a phase do noviciado ou da aprendizagem (a da colonia); e a phase heroica (a da independencia e da organização nacional"[301].

O autor ainda declara o desejo e a esperança de poder escrever uma quarta fase em que discorreria sobre a América atual, aquela da plena eclosão do espírito americano e o seu papel no contexto mundial[302].

Embora veja seu livro como um grande manual, em que aquilo que se desejasse conhecer da história da América estaria dado, Rocha Pombo deixa claro que para ele o *Compendio* não era um livro para o estudo da história da América, mas um resumo para um estudo inicial direcionado àqueles que não gostariam de passar por ignorantes no assunto[303]. Nesse aspecto não há como afirmar com certeza o que seria para o autor um livro para o estudo efetivo da história da América, mas é possível imaginar, pela leitura de suas obras e pela reconstrução de seu pensamento, que um livro para o estudo deveria ser mais amplo, com uma quantidade muito maior de informações, em que fatos, personagens e a geografia fossem tratadas e analisadas de forma extensiva para dar a conhecer o espírito das nações estudadas e, principalmente, dos povos que as constituíam, como o veremos fazer em *Historia do Brazil (Illustrada)*.

1.1 Os que aqui estavam e os que para cá vieram: o choque e a convivência das raças

Dentro da análise aqui proposta de verificar o papel da obra didática e histórica de Rocha Pombo observando principalmente a sua relevância na formação e consolidação dos conceitos de raça e nação, no *Compendio*

---

[300] Ibidem.
[301] Ibidem, p. 7-8.
[302] Ibidem, p. 8.
[303] Ibidem.

de Historia da America há três capítulos[304] da parte II, sobre a colonização, que merecem uma análise mais aproximada, pois tratam diretamente dos grupos que, segundo o próprio autor, são essencialmente formadores das nações americanas.

O primeiro grupo a ser analisado é aquele composto pelos europeus, que são descritos como filhos da elite, aventureiros, ávidos de riquezas, que traziam consigo uma massa de egressos do cárcere e das camadas inferiores das grandes cidades, "quer dizer — ou eram criminosos degradados, ou homens pervertidos pela miséria e pelos vícios, e para os quaes a vida de aventureiros, favoneada de todas as esperanças, era um vasto horizonte aberto no escuro da sua desgraça"[305]. Embora descritos como sendo da pior estirpe possível, os colonizadores são apresentados, mesmo quando criticados em suas ações, como membros da raça superior. Seria a origem miserável, os vícios e, principalmente, a sede pelas riquezas que os cegaram, não permitindo ver sobre a grandeza da terra que poderia, com mão firme e uma indústria ordenada, evoluir grandemente para a formação de uma sociedade civilizada e moderna, assim como os impedia de perceber seu papel como guias dos bárbaros e selvagens, aos quais deveriam proteger e civilizar, mas que:

> Por toda parte andava essa gente proclamando o seu direito de raça mais culta e mais nobre e sem ver desde logo nos habitantes das terras conquistadas mais do que raças inferiores e vis, contra as quais tinha o europeu os mesmo privilegios que tem o homem sobre toda a animalidade e, portanto, em todas as colonias, foi-se cuidando de logo tirar o maior proveito possivel da pobre besta. Começaram os europeus por obrigar os indios a todos os trabalhos grosseiros de que tinham necessidade, ao serviço da navegação fluvial, à conducção de bagagens nas longas excursões pelas florestas, à pesca e à caça, etc. ao mesmo tempo que impunham taes deveres aos homens, apoderavam-se das mulheres e as submetiam a toda especie de torpezas imaginaveis e a todo serviço domestico necessario.[306]

---

[304] Trata-se dos capítulos XXVI – Primeiras imigrações. A sorte dos indigenas; XXVII – Incorporação das raças aborigenas no organismo da sociedade americana; XXVIII – O trafico dos negros. Incorporação da raça africana.
[305] POMBO, 1900, p. 85.
[306] *Ibidem*, p. 85-86.

Assim, o elemento branco para cá deslocado era pervertido e não poderia ser considerado a contento como um exemplar da raça evoluída, superior e civilizada que Rocha Pombo gostaria que tivesse colonizado a América, mas, por outro lado, mesmo inferior e desregrado, esse elemento ainda era superior ao indígena aqui encontrado. Seu principal crime aos olhos do autor paranaense teria sido o de não exercer devidamente o seu papel de raça superior, guiando, educando e catequizando os autóctones, mas fazendo uso de sua força e superioridade para massacrar e destruir populações inteiras em favor de sua ganância e sede por ouro e outras riquezas.

É importante aqui ressaltar que esse quadro é descrito — assim como o massacre contra os indígenas, que acossados se enfiam nos matos e se embrenham nos sertões — como uma característica da colonização hispânica e portuguesa, enquanto a francesa, por exemplo, teria se dado por meio da negociação e de acordos com os indígenas[307]. Fugindo os homens para os sertões, os colonizadores ficaram sem braços fortes para o trabalho e passaram a servir-se de mulheres e crianças. Segundo o autor, a leitura de crônicas que descrevem esses excessos leva a refletir sobre os horrores impostos por uma raça superior a uma ainda muito pura e despreparada. Nesse ponto, vemos a replicação de uma ideia corrente desde o século 18, cunhada pela obra de Jean-Jacques Rousseau, de que o indígena americano configurar-se-ia no estado puro, primitivo e ainda não corrompido pelo contrato social[308]. A construção rousseauneana do bom selvagem reforça-se na passagem em destaque:

> Fica-se a pensar — ao lel-as — na enormidade do tremendo sacrificio que se impunha assim a uma raça de homens ainda virgens das torpezas e das halucinações daquella época, e a crer que, nas mesmas almas avassallavam a terra em nome do carinhoso e doce Jesus, aquella inxcedivel piedade e aquella misericordia suprema do Nazareno emmudeciam suffocadas sob os desvairamentos e os impios tripudios do genio do mal.[309]

Assim, o selvagem, embora inferior, ainda não havia sido corrompido ou estava preparado para enfrentar a malícia e a maldade europeia. A

---

[307] Ibidem, p. 86.
[308] SCHWARCZ, 1993.
[309] POMBO, 1900, p. 88.

crítica de Rocha Pombo estende-se ainda para o uso do discurso religioso como legitimador e justificador do massacre americano. Para o autor, o grande mal ocasionado por não se fazer uso da superioridade racial em favor dos indígenas era potencializado ao dominar e destruir povos inteiros em nome de Cristo. A construção que Rocha Pombo faz do contato entre as duas primeiras raças que comporiam a América deixa claro que, embora o autor não deixe de entender o branco como superior, não lhe poupa em nada, descreve-o como vil, gênio do mal e ganancioso, e sua união e relação com o indígena — inocente, puro, despreparado, mas inferior — não poderia trazer para a América ganhos no que se referia à evolução e civilização.

O segundo elemento formador de nossa América que, como já dissemos, é descrito como inferior, mas bom e puro, equiparado às bestas, terá sua integração à sociedade colonizadora discutida no capítulo seguinte. A construção da análise de Rocha Pombo sobre o indígena americano está firmemente pautada em sua leitura de Bartolomé de Las Casas, assim o que faz é uma descrição que parte sempre da vitimização do indígena. Segundo o autor, os indígenas massacrados não tinham seus gritos de agonia ecoados na Europa, e mesmo que tivessem ali ouvidos duros, como o de Sepúlveda[310], não fariam caso de suas dores, que eram muito parecidas àquelas impostas dentro da própria Europa pelos tentáculos do Santo Ofício. Seria apenas com a chegada de grupos de missionários que os ameríndios teriam, pela primeira vez, voz. Esses homens viriam em movimentos piedosos que olhariam sobre e contra os crimes aqui realizados.

Bartolomé de Las Casas é descrito por Rocha Pombo como "um dos mais nobres patriarcas que registraria a historia da civilisação do continente"[311], um homem que dedicara inteiramente sua vida para proteger os indígenas contra a cruel e insaciável avidez dos espanhóis, lutando entre a América e a Europa a clamar contra os conquistadores, sendo considerado um herói entre os povos indígenas da América espanhola, muitas

---

[310] Aqui Rocha Pombo faz referência a Juan Ginés de Sepúlveda, jurista espanhol que defendia a ação bélica, mesmo nos conflitos religiosos, segundo José Alves de Freitas Neto, Sepúlveda colocava-se contra aqueles que "[...] viam na conquista espanhola apenas a mácula e a desonra do Império, do rei e da Igreja. Em defesa desses, Spúlveda [...] apresentou os argumentos que justificariam a guerra contra os índios e seriam o tema da principal polêmica vivida por ele e pelo bispo Las Casas, em Valladolid, em 1550 e 1551". *Cf.* FREITAS NETO, José Alves de. *Bartolomé de Las Casas*: a narrativa trágica, o amor cristão e a memória americana. São Paulo: Annablume, 2003. p. 51.

[311] POMBO, 1900, p. 89.

vezes adorado por eles. A construção que Rocha Pombo faz do bispo de Chiapas é bem exemplificativa da forma como ele lida com outras personagens que aponta como importantes para a construção da América. Las Casas apresenta-se como exemplo a ser seguido, um indivíduo cuja importância está no caráter e virtudes que deveriam ser seguidos por seus contemporâneos. A escolha de Las Casas para representar os "salvadores dos indígenas" é bastante emblemática no que diz respeito à interpretação que Rocha Pombo faz desse grupo, na medida em que o bispo espanhol propunha uma leitura dos ameríndios que ia ao encontro da visão do paranaense, em que os indígenas eram descritos como enredados em um contexto trágico, de massacre e dizimação. Segundo José Alves de Freitas Neto, a presença de Las Casas na composição da memória americana é muito ampla, fazendo-se por meio de um discurso com elementos trágicos. Para o autor:

> O modo como Las Casas procedeu para proclamar sua visão foi eficiente e isso deve-se, entre outros motivos, à sua capacidade retórica de construir uma imagem do índio, representativa do selvagem afável, manso e pacífico, que desperta nos leitores e ouvintes de suas pregações o amor e, tendo tornado-se vítimas, foram glorificados por Las Casas.[312]

Para a América Portuguesa, a construção do indígena será a mesma, sempre posta na imagem do bom selvagem e da vitimização. O que muda é o agente civilizador e cuidador desse grupo ainda inapto para o contato com o Velho Mundo: na América Portuguesa seriam os jesuítas os vetores desse processo de proteção, dentre os quais se destacavam Manoel da Nóbrega e José de Anchieta. Seria no Paraguai, nas *reduções* dos jesuítas, que Rocha Pombo estabeleceria outro mal contra a população indígena, baseado nos relatos de Félix Azara[313]. O autor apresenta esses locais como

---

[312] FREITAS NETO, 2003, p. 179.
[313] Félix de Azara (1781-1801), cartógrafo e naturalista espanhol. Segundo Rogelio C. Paredes, a expedição de Azara tinha inicialmente o objetivo de fixar os limites dos impérios espanhol e português na América do Sul, após a expulsão dos lusitanos de Colônia do Sacramento e da fundação do Vice Reinado do Rio da Prata, dando origem à obra *Viagens na America Meridinal*, que se tornaria uma das principais fontes de conhecimento geográfico da região do Prata, para o pesquisador argentino: "[...] a obra de Azara constituiu uma das principais fontes de conhecimento da natureza rioprantense para Charles Darwin durante sua viagem ao redor do mundo com o Beagle [...]". *Cf.* PAREDES, Rogelio C. Relatos imperiais: a literatura de viagem entre a política e a ciência na Espanha, França e Inglaterra (1680-1780). *Almanack*, Guarulhos: Unifesp, n. 6, p. 95-109, 2013. Disponível em: http://www.almanack.unifesp.br/index.php/almanack/article/download/1048/pdf. Acesso em: 13 jan. 2025.

espaço em que os jesuítas de certa forma destruíram o espírito altivo dos indígenas, reduzindo-os a uma submissão absoluta, cancelando sua personalidade pela "ignorancia, pelo fanatismo e pelo ódio voltado a todo estrangeiro"[314]. Rocha Pombo reconhece serem os indígenas paraguaios, sob a tutela dos jesuítas, mais felizes que aqueles expostos ao conquistador ganancioso, mas estabelece a atuação de ambos como "os dois meios de matar o espírito de uma raça"[315].

Em linhas gerais, o quadro que Rocha Pombo apresenta para a integração do elemento indígena promove certo apagamento dele dentro de seu texto, já que seria a atuação do branco que acabaria por moldar as atitudes e também por criar três tipos distintos de ameríndios:

> A conquista, portanto, fazia assim dos selvagens da America tres especies de homens: o *bárbaro americano*, altivo e forte, representante das virgens opulências de antigas raças; que prefere, à civilisação pelas portas que lhe abrem, os azares da sorte tremenda no seio das florestas, nos alcantis das montanhas, a protestar eternamente, como si guardasse na desgraça a lembrança e a saudade da vida livre que fôra sempre seu apanagio na profundeza dos sertões; o *indio domado como besta*, decahido de sua condição antiga prostado pelo azorrague aos pés do senhor deshumano, dirigido como animal na tarefa; e o *indio machina* das *reduções*, bruto fanatizado, incapaz de pensar e de agir, sem ambições e sem estímulos.[316]

Seria exatamente esse último grupo que se incorporaria à massa das populações que dominavam a América e que comporiam o povo americano. No que se refere à união das duas raças até aqui apresentadas, Rocha Pombo expõe uma visão bastante pessimista, em que a mistura só havia se realizado entre aquilo que havia de pior entre elas: de um lado, a escória europeia; e, de outro, o indígena deturpado pela conquista. A união de uma massa de homens europeus e mulheres indígenas teria gerado a "perpetuação por gerações e gerações, das misérias a que cedera a parte avassalada e envilecida das infelizes populações"[317]. Assim:

---

[314] POMBO, 1900, p. 91.
[315] *Ibidem*.
[316] *Ibidem*, p. 92.
[317] *Ibidem*.

> Com o sangue indígena, assim injectado na sociedade americana, não vinham os vigores, as qualidades normaes das raças mescladas, mas os vicios e as miserias – fructos dos processos coloniaes, - o fanatismo e a escravidão por um lado, e por outro a prepotência feroz, o instico do mal, a perversidade irresponsavel e o incontinente egoismo dos conquistadores. Os vestígios desta anomalia fundamental no facto da assimilação das raças indigenas não podiam desaparecer em poucos seculos.[318]

Aqui se apresenta de forma bastante clara a preocupação e a visão negativa de Rocha Pombo sobre a miscigenação, que para ele trouxe para a América apenas o pior das duas raças em contato, eliminando todo o caráter de normalidade da população que por gerações seriam as constituintes do continente. Trata-se de uma firme ideia de degeneração das raças que, mesmo desiguais, deveriam ter se mantido puras e, de certa, foram apartadas. Assim, nada de bom poderia sair da junção desses dois elementos, biologicamente tão diversos, mas principalmente deturpados pelo meio e pelo processo predatório em que se encontravam.

Outra crítica feita pelo autor é ao papel dos indígenas na economia colonial. Segundo ele os indígenas tiveram que restringir a sua ação à incapacidade a que foram condenados pelos conquistadores, mantendo a ignorância de sua raça, tendo a sua índole e vigor pervertidos, tanto pela violência quanto pela proteção no interior das *reduções*. Entretanto o autor faz uma ressalva de que esse quadro só é observado no que se refere a uma parte da América — a oriental —, onde as "populações indigenas achavam-se em grau muito mais alto de regressão"[319], uma vez que na parte ocidental — que pelo desenrolar do seu texto fica claro serem as possessões francesas e inglesas — os "elementos que foram incorporados eram muitos superiores e por isso a intervenção de raças não foi tão desastrosa"[320].

Por fim, o terceiro elemento formador de nossa América, o negro, teria sido introduzido como alternativa para a falta de braços na lavoura, gerada tanto pela atuação dos conquistadores que massacravam ou levavam à fuga dos indígenas para o sertão quanto pela proteção dos religiosos. Sem esses braços, os colonizadores tinham à mão apenas mulheres

---

[318] *Ibidem*, p. 92-93.
[319] *Ibidem*, p. 93.
[320] *Ibidem*.

e crianças que serviam para alguns trabalhos, mas faltava-lhes a força física necessária para a manutenção da empresa colonial. Rocha Pombo data o início do trabalho escravo africano, pela Espanha em suas colônias americanas, em 1517, mesmo ressaltando que essa já era uma prática na Europa nesse período. Segundo ele, as explorações na costa africana já eram bastante comuns e permitiram aos exploradores que verificassem que a "situação e os costumes naturaes permitiam facilmente converter em rentoso negocio a pratica dos hediondos crimes ali tão communs"[321]. Embora em tom de crítica à introdução da escravidão na América, sua descrição da implantação do sistema escravista na idade moderna traz os mesmos elementos utilizados em muitos discursos que buscavam justificar a escravidão africana em outros períodos como aquele do Primeiro Reinado no Brasil, especialmente no que se referia às discussões acerca do fim do tráfico atlântico de escravizados e cujas principais justificativas para a manutenção do tráfico e consequentemente da escravidão era de que ela seria um mal menor para a nação e que existia uma cultura de comércio escravo existente dentro da própria África[322]. Essas não eram justificativas cunhadas apenas no período imperial, já estavam postas muito anteriormente em obras como as de Manoel Ribeiro da Rocha[323] e que seriam sempre acionadas como parte do discurso contra o fim do tráfico e da própria escravidão. Nas palavras de Rocha Pombo:

---

[321] *Ibidem*, p. 95.

[322] Um exemplo disse nos é dado por Beatriz Mamigonian ao analisar a proibição do tráfico atlântico e a oposição de vários políticos brasileiros aos acordos bilaterais estabelecidos entre Brasil e Inglaterra com o intuito de extinguir gradativamente a escravidão. Segundo a autora as discussões, por exemplo, acerca de um tratado firmado em 1826 entre os dois países, que entre outras coisas transformava em piratas os navios negreiros, havia sido recebido com um grande número de críticas: "[...] as discussões revelam os contraditórios sentimentos em relação à abolição do tráfico de escravo. Ningué, ousou defender abertamente sua perpetuação, mas sintomática foi a longa intervenção do deputado por Goiás Raimundo José da Cunha Mattos, militar português que havia vivido 18 anos na costa africana antes de se transferir para o brasil. Mattos reprovou a assinatura do tratado, por considera-lo inconstitucional e prejudicial à economia do país. Não admitiu defender abertamente a continuação indefinida do comércio de escravos africano diante dos espíritos esclarecidos pelas 'luzes do século', mas declarou ser esse um 'mal menor' e arrolou todos os argumentos de defesa do tráfico e da escravidão: o comércio de prisioneiro de guerra era natural aos povos africanos e sobreviveria à proibição do comércio transatlântico; era melhor para os africanos serem escravos no Brasil do que prisioneiros de guerra e sujeitos à morte na África; e os escravos africano eram extremamente necessários para o desenvolvimento da economia do Brasil, especialmente na impossibilidade de civilizar os índios ou de obter trabalhadores europeus" (MAMIGONIAN. Beatriz Gallotti. A proibição do tráfico atlântico e a manutenção da escravidão. *In*: GRINBERG, Keila; SALLES, Ricardo (org.). *O Brasil Imperial*, vol. I. Rio de Janeiro: Civilização Brasileira, 2011. p. 220-221).

[323] ROCHA, Manoel Ribeiro da. *Etíope Resgatado, Empenhado, Sustentado, Corrigido, Instruído e Libertado*. *Cadernos do Instituto de Filosofa e Ciências Humanas*, Campinas, IFCH- Unicamp, n. 21, 1991.

> [...] Os chefes das tribos africanas vendiam livremente os seus súbditos e os inimigos apanhados em combate. Em todo o interior do continente o commercio nefando de creaturas humanas fazia-se em larga escala e desde tempos immemoriaes. Os arrebanhamentos em massa eram feios pelos proprios chefes, ou mediante autorização deles. Em grandes levas, os negros eram conduzidos para o littoral, onde a troco de *missangas*, eram vendidos a traficantes de profissão, embarcados em navios especiaes em cujos porões muitas vezes ficavam em promiscuidade milhares de infelizes, homens, mulheres e crianças.[324]

Assim, embora horrenda, a escravidão africana estava justificada pelo próprio atraso e torpeza dos africanos, numa construção e numa leitura histórica do processo de escravização africana que se perpetuaria não apenas no ensino de História, mas que seria reproduzido por dezenas de anos pela historiografia brasileira. Assim como seriam reproduzidas as ideias da natural promiscuidade africana, iniciada na própria África em que vários povos praticam a poligamia, reforçada pelo convívio de homens, mulheres e crianças tanto nos navios negreiros quanto nas senzalas. Muitos são os fatores comuns na descrição de Rocha Pombo e na memória mais recorrente sobre a população negra escravizada, como a vitimização, a força física como principal característica e o tremendo atraso da raça africana em relação à europeia. Segundo ele, o elemento negro:

> [...] Era estúpido, mesmo de uma bruteza que raiava às vezes pela imbecilidade; era desregrado e indolente; avesso à disciplina, supersticioso e contumaz. Essas miseras criaturas tinham que ser domadas pela força. Trabalhavam debaixo da vergasta do feitor, e só a cominação de castigos impiedosos é que os trazia na obediencia e na ordem. Nas grandes fazendas, o regimem disciplinar era rigorosissimo; não bastava a religião (a qual nunca destruiu no espírito do negro o fetichismo de origem) para assegurar a regularidade na senzala e nos eitos: empregaram-se então castigos mais tormentosos, capazes de escarmentar-lhes a rude sensibilidade. Os senhores chegavam a valer-se de alguns aparalhos de supplicio usados pela Inquisição.[325]

---

[324] POMBO, 1900, p. 95.
[325] *Ibidem*, p. 96.

Aqui fica claro que, se ao indígena era concedida a piedade e o amor por ser ele assumido como ainda primitivo e dotado de bondade natural, ao negro restava apenas o domínio pela força e o tratamento mais duro possível. A forma como Rocha Pombo reproduz as ideias em seu texto dá a entender que, por pior que tenha sido a escravidão — ele reforça a todo o momento que ela era um crime hediondo, horroroso, uma torpeza —, a violência, o castigo, o uso constante da força eram necessários, consequência e uma reação à própria imbecilidade e animalidade da raça negra, e que se faziam imprescindíveis para a manutenção da ordem e proveito da indústria colonial. Além de consequência de seu próprio comportamento, o castigo e a violência teriam sido extremamente positivos à raça negra, na medida em que despertariam nela a consciência, obrigando o negro a pensar em seu destino e amortecendo-lhe o ânimo, domando-o. Dessa forma, o africano, que na juventude era desregrado e dado à rebeldia, chegava à velhice em estado de submissão, deixando-se dominar por um tipo de nostalgia, "dansando o seu *samba*, ao som lugubre de canções que lhe recordavam a terra distante, perdida para sempre, o velho africano chorava, numa resignação espantosa com a sorte"[326], esse negro domado teria aceitado os males que padecia como "imposiçõas ineluctaveis de uma suprema misericordia, cujos segredos ninguem pode desvendar"[327]. Em sua relação com o senhor não apenas se tornava submisso, como também identificava e assumia a superioridade do branco, para Rocha Pombo ao negro escravizado sempre ficava como que em presença de um "ente sobrehumano"[328]. Dentro de sua descrição do elemento negro a submissão é algo que se destaca grandemente, mesmo degradado e bestializado, o negro de Rocha Pombo não se revoltava, sua válvula de escape eram os vícios, principalmente a embriaguez, em que afogavam sua desgraça. A revolta e a resistência negra são apagadas de sua leitura, ocorrendo como uma excepcionalidade, apenas em casos específicos, como o Haiti e alguns quilombos no Brasil, dentre os quais se destacaria Palmares[329].o branco parecia "um ser de outra esfera"[330], tanto que diante de seu senhor o escravizado sempre ficava como que em presença de um "ente sobrehumano"[331].

---

[326] *Ibidem*, p. 96-97.
[327] *Ibidem*.
[328] *Ibidem*.
[329] *Ibidem*.
[330] *Ibidem*, p. 97.
[331] *Ibidem*, p. 97.

Um aspecto muito importante da leitura de Rocha Pombo sobre o elemento negro para a compreensão de seu papel no universo do ensino brasileiro é a avaliação que ele faz da escravidão no que se refere ao próprio negro. Se o seu negro era bestializado e desumanizado, a escravidão teria em última análise positiva para sua evolução enquanto raça. Segundo o autor paranaense, a escravidão poderia ser resumida como uma desumanidade de curto período pelo qual passaram milhões de negros, com uma duração de apenas três séculos, pouco comparado aos dez mil anos da existência da sociedade ocidental, segundo ele:

> Durante toda esta longa série de seculos, ella sofreu amarguras indescriptiveis. Nada de quanto se infligiu aqui ao africano era novo na terra: tudo e muito mais ainda, já havia pesado sobre as raças brancas... E até, no momento em que aqui padecia o seu martyrio a familia africana – que horrores não cahiam sobre as cabeças das raças históricas? No entanto, em 300 annos apenas, o preto foi redimido e poude erguer na America a sua fronte de homem.[332]

Assim, a violência e o sofrimento imposto aqui ao negro assume nessa leitura o papel civilizador, principalmente quando o negro americano é contraposto a aquele que ainda permanecia na África que, para o autor possuía ainda uma escravidão ainda mais horrenda que aquela que existiu na América, para ele:

> Lá o preto é livre como livre é a caça, a besta errante das florestas, emquanto pode evitar os seus algozes. E, mesmo quando o misero é feliz para ficar com a vida, nem ao menos se lhe deixa a esperança de uma redempção por vir. É o que se poderia chamar uma eterna escravidão enquanto houver deserto, ella durará![333]

Se o negro aqui havia sofrido, esse sofrimento era relativizado tanto pelo sofrimento do branco no decorrer de seus dez mil anos de história quanto pela permanência da vilania e inferioridade de seu continente de origem. Embora destaque que seu texto não é uma apologia à escravidão e que com suas considerações deseja "colocar devidamente na historia o facto que mais comoveu a consciencia humana no presente seculo"[334],

---

[332] Ibidem, p. 98.
[333] Ibidem.
[334] Ibidem.

Rocha Pombo acaba por construir um quadro em que a escravidão se torna não apenas um mal menor e necessário como definiam os escravocratas do século 19, mas principalmente um bem para o africano que, expatriado, mas aqui livre, seria muito mais beneficiado do que aquele que permaneceu em seu local de origem, sendo este último o verdadeiro necessitado da caridade e misericórdia cristã, por manter-se em estado permanente de animalidade, sem perspectiva alguma[335].

Ao negro aqui integrado, Rocha Pombo dá como principal característica positiva ter, depois dos trezentos anos de seu martírio, esquecido os sofrimentos e "[...] entre pretos e brancos (si fizermos alguma restricção quanto aos Estados Unidos do Norte) não ficaram preconceitos, nem contra os antigos senhores guardam os libertos o minimo ressentimento"[336]. Nesse sentido, pode-se estabelecer que Rocha Pombo retirava o peso da negatividade da escravidão na América, na medida em que ela deixava de ser apenas um sistema de trabalho compulsório, voltado para o lucro e enriquecimento dos senhores e principalmente grandes proprietários, e ganhava um papel crucial para a evolução e civilização de uma das raças que aqui conviviam, não apenas uma, mas a mais atrasada e animalizada das três. Assim, para o autor mais que discutir os seus males para negros e para o próprio sistema de trabalho, era necessário realizar uma série de reflexões que não cabiam ao compendio, mas que eram imprescindíveis para a compreensão da formação da América:

> [...] até que ponto o sangue da raça desgraçada poude influir na ethnogenia definitiva da sociedade americana? Em que proporções exerceu-se a influencia reciproca das duas raças? Houve algum proveito, mesmo tardio, que compensasse às raças brancas a acção deprimente do africano e sobretudo do regimen servil? Em que pontos do continente foi mais completa a incorporação da raça africana?[337]

Tendo o *Compendio de Historia da America* apenas o intuito de dar ao fenômeno histórico o seu lugar, assinalando de forma geral como se fez a assimilação do elemento negro na América[338], o autor se abstém de buscar ou pelo menos de apresentar suas opiniões sobre essas questões.

---

[335] *Ibidem.*
[336] *Ibidem*, p. 97.
[337] *Ibidem*, p. 98.
[338] *Ibidem*, p. 98-99.

Entretanto a presença de tais questões no livro é um indício das preocupações de Rocha Pombo sobre a forma que tomava a nação brasileira no início da república, deixar de lado as discussões sobre os males e os horrores da escravidão e passar a pensar em como lidar com os negros e, principalmente, com a mestiçagem no seio da sociedade era algo que se fazia urgente. Por outro lado, lançar tais questões após a construção do elemento negro nos termos propostos no livro pode ser uma estratégia de Rocha Pombo para que se abrisse o caminho para essa discussão pelo público-alvo, o que certamente levaria à conclusão de que o elemento negro se constituía como uma mácula na formação do "povo" brasileiro e por outro lado naturalizava ou mesmo apagava a discriminação e o preconceito na sociedade republicana. Também poderia levar à conclusão de que a miscigenação seria um mal a ser combatido, pois a mistura com uma raça tão inapropriada só traria mazelas ao Brasil.

O elemento negro, assim, entrava "na sociedade americana pela porta da escravidão"[339], trazendo a sua inferioridade, mas a sua integração, assim como a do indígena, não se faria de maneira igual em todo o continente, sendo que em alguns lugares ela seria menos prejudicial devido à segregação. Segundo o autor:

> [...] temos ahi três elementos distinctos entrando na constituição ethnica da sociedade americana, devendo-se notar que nos diversos paizes não foi o mesmo valor a influencia exercida por indigenas e por africanos sobre o elemento preponderante. Nas nacionalidades do Pacifico, em regra, foi maior e mais profunda a influencia dos indigenas; na República Argentina e nos Estados-Unidos do Norte ficou mais imune o elemento adventicio; nas Antilhas parece que o negro sobrelevou os outros, e no Brazil indigenas e africanos contrabalançam-se, e é pouco acentuada a unidade, a pureza da raça predominante.[340]

A integração dos elementos negro e indígena na América, embora feito de formas diversas pelas sociedades que aqui se criaram, foi uma empreitada eficiente e se constituíra na mais importante característica americana em contraponto com o Velho Mundo. Fruto de um processo doloroso, mas eficaz, o estabelecimento das três raças na América deveria ser motivo de

---

[339] Ibidem, p. 97.
[340] Ibidem, p. 99.

orgulho, pois dava ao mundo o exemplo de possibilidade de harmonia e capacidade de convivência de elementos tão diferentes e desiguais:

> [...] o nosso espirito como que se acha extasiado ante esse grande espetaculo que o hemisfério novo deu ao antigo mundo, de verdadeira pacificação histórica, de congraçamento de raças tão diversas, apercebidas de que no fundo de sua alma revive uma fraternidade primitiva que as idades, os climas, as vicissitudes seculares não puderam matar.[341]

E nesse processo a escravidão africana teria um papel crucial, na medida em que, para o autor, ela seria o elemento que permitira o resgate do negro e a sua união ao elemento branco, promovendo a possibilidade de sua evolução:

> Tem-se mesmo um desejo sacrilegio de bemdizer a escravidão, si é verdade que a escravidão foi aqui o unico meio de resgatar, num instante, a irmandade perdida nos seus transviamentos por um vasto continente inhospito, desolada n'um mundo, onde poderia evoluir entregue a esforços seus exclusivos. É então que reflectimos de mais alto sobre o estranho fenômeno, e compreendemos como emquanto na Africa ainda o negro é selvagem, ou errante nos areaes, degradado, mil vezes milseravel na *liberdade*, a descendência do antigo escravo na America sente-se igual e quantas vezes superior às raças escravizadoras.[342]

Conclui-se que a composição feita por Rocha Pombo das três raças e, principalmente, da forma como elas aqui se integraram para formar e conformar o espírito americano constitui-se em uma história da tragédia de três povos, diferentes, desiguais que conseguiram, na experiência colonial construir uma relação harmônica, dada principalmente pela índole do negro, por sua capacidade de submissão e aceitação, não apenas da condição de cativo, mas de sua inferioridade e da dádiva lhe ofertada pelo cativeiro e traslado da África para a América.

A América de Rocha Pombo é composta pelo esquecimento, pelo apagamento dos elementos indígena e negro, se não enquanto partes integrantes da formação das nações americanas, como agentes históricos.

---

[341] *Ibidem*, p. 97-98.
[342] *Ibidem*.

Sua presença e sua história aqui constituída é feita a partir do branco, o elemento civilizador — mesmo que em sua maioria fosse composto pela escória europeia. Sua obra cria uma leitura da América como um local em que os elementos podem esquecer os males que lhes foram infligidos e formar sociedades em que o preconceito poderia ser apagado — exceto os Estados Unidos, onde o racismo e o apartamento entre as raças eram bastante evidentes —, criando uma relação harmônica entre as raças.

Esse esquecimento, essa pretensa falta de preconceitos e a relação harmônica que se estabeleceria entre as três raças seriam um ponto comum para a sua análise da conformação do que seria não apenas a América, mas principalmente a nação brasileira como será demonstrado mais adiante. Esses são elementos essenciais para a compreensão do papel da obra didática de Rocha Pombo, não apenas para o ensino, mas principalmente para a construção de um pensamento racista que naturalizou a desigualdade e a discriminação racial no Brasil, na medida em que as discussões sempre tão acadêmicas e distantes das grandes massas se conformam nas obras didáticas que seriam utilizadas por décadas nas escolas brasileiras.

1.2 A ideia americana: por uma América forte e unida

Mesmo devendo seguir as regras impostas no edital fica claro em sua introdução que Rocha Pombo imprimiu sua própria marca à obra, trazendo para sua escrita as crenças que alimentava sobre a importância e o papel da educação para a sociedade em que vivia, assim como trazia concepções próprias sobre diversos temas e a forma como deveria ser organizado o livro, muitas das quais foram modificadas após o parecer de Manoel Bomfim.

No que se refere ao conteúdo da obra, é importante destacar que ela traz como proposta capital a união entre os países americanos. Essa proposta se dava, segundo aponta o próprio autor em sua introdução, porque havia, nos últimos anos do século 19, uma ameaça que pairava sobre toda a América: o imperialismo europeu. É importante ressaltar que para Rocha Pombo os Estados Unidos da América do Norte estavam inclusos em seu conceito de América unida e forte, despontando como exemplo maior para o resto do continente, o maior expoente da república moderna[343]. Vale lembrar que o período de escrita da obra de Rocha Pombo é o mesmo em que se inicia a reação americana contra o imperialismo europeu, momento em que as ideias de anti-imperialismo, pan-americanismo ou latino-americanismo, como chama Patrícia Funes, são gestadas e incorporadas pelos intelectuais latino-americanos[344]. Assim, iniciada em finais do século 19, essa política era inspirada nos modelos dos movimentos pan-eslavo e pan-germânico e visava à união das repúblicas americanas sob a liderança dos Estados Unidos que, em 1889, promoveu a Primeira Conferência Interamericana de Washington, em que apareceu pela primeira vez o termo pan-americanismo, que seria assumido nas conferências que ocorreram até 1948[345]. O movimento desdobrar-se-ia em uma reação latino-americana contra as tendências absorventes dos Estados Unidos e seu "Destino Manifesto"[346].

No Brasil o pan-americanismo foi intensamente debatido, e pode-se estabelecer que existiram duas correntes divergentes entre os intelectuais, uma que se colocava em oposição à política expansionista dos Estados Unidos[347] e a outra que defendia ardorosamente o pan-americanismo[348]. Embora as principais obras produzidas pelas duas correntes só fossem publicadas alguns anos após o compêndio, essas ideias estavam em circulação no período, e Rocha Pombo, conforme demonstrado no capítulo 1, era um homem sempre atualizado das grandes discussões e sobre elas criava interpretações, que aqui podem ser um desdobramento de sua leitura de Taine e Tocqueville. Assim, seria a partir da consciência da ameaça imperialista e na tentativa de contê-la que Rocha Pombo elaboraria seu compêndio como parte do material necessário para a formação dos jovens professores.

---

[343] TAINE, Hippolyte. *Noveaux Essais de Critique et d`Histoire*. Paris: Hachette, 1866. Disponível em: gallica.bnf.fr. Acesso em: 13 jan. 2025.

[344] FUNES, Patricia. *Historia mínima de las ideas políticas em America Latina*. Madri: Turner Publicaciones; México, DF: El Colegio de México A. C., 2014. p. 129.

[345] DULCI, Tereza Maria Spyer. O pan-americanismo em Joaquim Nabuco e Oliveira Lima. In: ENCONTRO INTERNACIOAL DA ANPHLAC, 7., 2006, Campinas. *Anais* [...]. Campinas: ANPHLAC, 2006. p. 2. Disponível em: anphlac.fflch.usp.br/sites/anphlac.fflch.usp.br/files/tereza_dulci.pdf. Acesso em: 10 jun. 2015.

[346] FUNES, 2014, p. 129-132.

[347] Nesse grupo destacam-se: Eduardo Prado (*A Ilusão Americana*, 1893), Oliveira Lima (*Pan-Americanismo*, 1907), José Veríssimo (em vários artigos publicados n'*O Imparcial* e no *Jornal do Comércio*, do Rio de Janeiro) e Manuel Bomfim (*América Latina*, 1905, e outras obras). BAGGIO, Kátia Gerab. *A "outra" América*: a América Latina na visão dos intelectuais brasileiros das primeiras décadas republicanas. 1999. Tese (Doutorado em História) – Departamento de História, USP, São Paulo, 1999. p. 52.

[348] Nesse grupo destacam-se: Joaquim Nabuco (em discursos e artigos), Artur Orlando (Pan-Americanismo, 1906) e Euclides da Cunha (em artigos e cartas, mas sem o mesmo entusiasmo dos colegas) (*Idem*).

A proposta de construir um futuro, por meio do conhecimento da história, da educação e da instrução nos mais variados níveis da sociedade já estava posta em *Supremacia do Ideal* e é característica que perpassa não apenas a obra didática de Rocha Pombo, mas também está presente em suas obras históricas e, como já foi aqui verificado, em seus textos jornalísticos. A necessidade de educar o povo com o intuito de levar o Brasil, e mesmo a América, a um grau de desenvolvimento e de civilidade ideal é algo que Rocha Pombo já pontuava em vários de seus textos de jornais do Paraná e que se solidificaria em suas obras didáticas e históricas.

Seu texto caracteriza-se por trazer um forte apelo por uma América cujo povo deveria ser unido fraternamente e em que o amor e orgulho pan-americano devessem prevalecer e ultrapassar as fronteiras políticas das nações individuais. Nas palavras de Rocha Pombo:

> [...] o que a Historia nos aconselha é que, ao mesmo tempo que abrimos os braços fraternalmente para receber todos os povos do mundo, cultivemos e desenvolvamos, com o espirito de patria, a grande IDÉA AMERICANA – isto é – o estímulo que dirige todo um conjuncto de povos, irmãos pela solidariedade do destino, para a ampla vida nova, que recebe da historia que o passado fez de grande, e funda no amor e na justiça, no dever e no direito, que se constituem a plenitude da existencia moral, o desenvolvimento desse augusto patrimonio.
>
> E isso, é bem claro, só conseguiremos pregando a união de todas as nacionalidades americanas, afirmando perante o mundo a nossa aliança geral, cimentada na consciencia da nossa missão conciliadora [...].[349]

Dentro de sua proposta, a "Ideia Americana" se faria pela união das nações de forma que a um lado se construiria uma América unida por laços de solidariedade e de um passado comum e por outro lado reforçaria e daria ao Brasil uma feição nova ao civismo, ao amor à liberdade e à ideia de pátria, por serem esses atributos inerentes às nações democráticas que ali se estabeleciam. E o primeiro passo para a construção dessa América forte e unida se daria

---

[349] POMBO, 1900, p. 31-32.

[...] começando por ensinar nas escolas, nos clubs, nas associações, nas nossas festas cívicas, pela imprensa, pela tribuna, pelo livro a historia da nossa grande America, mais bela, mais edificante do que parece aos que lhe desconhecem os nobres lances e aos que não reflectem na grandiosa figura que ella tem de representar no vasto scenario do mundo.

Agitar as multidoes com que esta vasta aspiração; e sobretudo, começar nas escolas a acender na alma da mocidade esta nova scentelha de paixão, sacrossanta e humana, que virá a ser um como novo espirito a exaltar-nos no avanço incessante para o futuro – eis ahi o que estão reclamando os nossos destinos.[350]

Aqui mais uma vez Rocha Pombo aponta para a educação como o caminho para a evolução da nação, é por meio do ensino e da formação dos jovens, que se colocaria em suas almas o ideal para a mudança da humanidade e para que se alcançasse a efetiva evolução rumo à modernidade e à civilização. Assim como propunha em a *Supremacia do Ideal*, o ensino não deveria se restringir ao espaço da instrução pública, deveria, sim, ser estendido a outros ambientes, meios e caminhos, fazendo parte de um projeto muito mais amplo com o objetivo de formar e ilustrar aos jovens, mas também à nação desenvolvendo o amor à pátria e ao continente por meio de sua história comum e do "culto dos grandes homens com que o Novo Mundo, nascente ainda, já se pode apresentar altivo ás velhas nações do Occidente antigo"[351]. É preciso destacar aqui que Rocha Pombo, ao registar suas ideias sobre o ensino, principalmente nos prefácios, introduções e apresentações de seus livros, reforça uma diferenciação entre educação e instrução pública, o que não acontece em outros autores de material didático do período. A análise de seus escritos permite estabelecer que para ele a instrução pública, apontada como deficiente também por outros autores como José Veríssimo[352], era apenas uma pequena parte daquilo que se constituía a educação de um indivíduo. É importante esclarecer que embora Rocha Pombo faça essa diferenciação entre instrução e educação e, em vários momentos critique a forma como a instrução pública no Brasil ocorria, ele confere a ela um papel fundamental no processo de educação, seja enquanto meio formal de ter acesso ao conhecimento seja como parte do processo que levaria ao ideal de civilização.

---

[350] *Ibidem*, p. 32.
[351] *Ibidem*, p. 33.
[352] VERÍSSIMO, José [1900]. *A educação nacional*. Rio de Janeiro: Topbooks; Belo Horizonte: PUC-Minas, 2013.

A América a ser apresentada pelo professor, que se incumbiria de realizar uma parte importante para a educação de seus jovens alunos, estabelecia-se como fruto do despotismo e ganância de dois grandes poderes europeus, a saber, a realeza absoluta e a hierarquia católica, que associados "projectaram-se sobre os paizes da America, espalmando suas mãos de ferro por onde quer que houvesse atividades a explorar e consciências a pungir"[353]. A história da colonização é uma história de abusos de toda ordem, agravados pela distância daqueles que poderiam regrar e punir aos que para cá vinham, uma vez que o centro do poder de ambas as instituições estava na Europa. Para o autor, nunca, em lugar algum na história da humanidade, houve maior opressão ou morte que na América entre os séculos 16 e 19. Opressão e morte que não ficavam restritas à população autóctone, mas se estendiam à massa geral dos diversos elementos que para cá vieram e que se tornaram um "grande rebanho tosquiado pela multidão dos exactores [sic] régios, impiamente gananciosos e venaes"[354]. O que se vê estabelecer na América Colonial é uma luta titânica entre a tirania das metrópoles e a firmeza heroica e insubmissa dos três elementos que formaram a sociedade americana e que só cessaram a luta quando conseguiram "eliminar a tutela impiedosa" dos povos europeus[355].

Para Rocha Pombo, essa intensa luta era positiva na medida em que trouxera o fim do jugo europeu, mas também carregava um aspecto negativo, pois uma vez realizada a independência o conflito manteve-se sob outra forma: os países passaram a lutar consigo próprios, vivendo sob um estado constante de guerras civis[356]. As nações americanas manteriam os vícios profundos gerados durante os três séculos do regime colonial e

> Entregues a si mesmos, livres do poder que absorvia todas as actividades, que monopolisava todas as iniciativas, excluindo tudo que não era proveito imediato, batendo de morte tudo que não era submissão — os povos americanos tinham, emancipados, de eliminar essas variedade de vicios em que se dilatavam os males do periodo colonial até além da colonia.[357]

---

[353] POMBO, 1900, p. 346.
[354] Ibidem, p. 347.
[355] Ibidem.
[356] Ibidem.
[357] Ibidem, p. 347-348.

Assim, para o autor paranaense, a herança colonial se fazia em forma de um espírito dominador, predatório e explorador, que gerava a situação atual da América, um estado geral de guerra civil, tão estranha aos seus analistas europeus, mas que para ele, Rocha Pombo, e para aqueles que aqui viviam poderia ser facilmente identificada como uma "phase natural da historia do Novo-Mundo"[358]. Esse estado quase permanente de guerra civil nada mais era que um "prolongamento, um desdobramento do conflito fundamental travado pelo espirito americano contra o tradicionalismo europeu que aqui tentou vingar"[359]. Assim, todas as guerras e conflitos internos pelos quais os países americanos passaram ou ainda passavam, exceto o Paraguai[360], eram fruto de nada menos que uma reação à característica mais marcante da herança colonial, os abusos de força, e à tentativa de se estabelecer governos tirânicos. Uma reação natural das massas acostumada à disputa e luta contra a opressão, o que também apresenta um aspecto positivo na medida em que é exatamente esse espírito que impede que o despotismo e a tirania, que aparece constantemente em governos e dirigentes, organize-se e se estabeleça, fazendo com que "os tyrannos descem des do momento em que o espirito nacional readquire a consciencia de si mesmo"[361].

Os vícios da herança eram muitos, mas Rocha Pombo também não via outro resultado possível para a forma como a colonização e a exploração ocorrera na América. Para ele, por mais que alguns pensadores esperassem que a independência e o estabelecimento das novas nações americanas acabassem por criar um elo de conciliação com as ex-metrópoles europeias, o único resultado esperado para o quadro de terror e opressão que vigoraram nos séculos de domínio europeu no novo mundo não poderia ser outro que não o de ressentimento, antipatia profunda e

---

[358] Ibidem, p. 348.

[359] Ibidem.

[360] Segundo Rocha Pombo, no Paraguai havia atuado causas excepcionais que o estabeleceram como um espécime único e estranho no continente. Em suas palavras: "A historia desta... Republica, entregue, por cêrca de 60 annos, a todos os horrores de um despotismo verdadeiramente asiatico, é uma das mais estranhas e curiosas. No continente, o Paraguai não representa, como os demais paizes, o conflicto secular do espirito americano com as velhas tradições: o Paraguay representa o soffrimento, e é uma lição viva, uma prova incontrastavel de quanto podem a ignorancia e o fanatismo degradar gerações e gerações, até amortecer na alma de um povo tudo que esse povo poderia dar de energias viris. 'O povo do Paraguay – diz um autor (1) – não supporta a tyrannia: ele se satisfaz com ella, elle a ama; o jugo não le pesa; elle não deseja entrar em communhão com as outras nações; elle não comprehende mesmo que a situação politica e economica em que se acha seja anormal e nem aspita a outra.' (2)". Notas: "(1) Ch. Quentin – 'Le Paraguay'; (2) Este juízo era dado em 1865. Desde 1870 começou incontestavelmente a mudar a situação interna da Republica (*Ibidem*, p. 315-316).

[361] Ibidem, p. 348.

de suspeitas. Se por um lado a América cultivava esses sentimentos por outro a Europa nada fazia para modificar esse quadro, na verdade o que Rocha Pombo via eram os próprios países europeus criando e nutrindo rancores uns contra os outros, devido à política expansionista e colonizadora que naquele momento estava em sua marcha total, não apenas sobre a África e Ásia, mas também sobre a própria Europa e a América[362]. O autor não via esforços da Europa em evitar a competição dos antigos colonos com suas antigas metrópoles, assumindo o risco de transformar essa competição em um conflito de Continentes. Em suas palavras:

> Senhora dos mares pela extensão de sua marinha mercante, ella entendeu que a sua hegemonia, na phase nova aberta pela America, devia fundar-se no poder de esquadras formidaveis e de temerosos exercitos de terra, que levassem a todos os ângulos do mundo sua voz de comando e a preponderancia de seus interesses. O mesmo que ella faz hoje no extremo Oriente e talvez mais do que isso, fazia no littoral da America, nos dois Oceanos, e só conteve-se mais com as nações americanas do que com a China agora, depois que o glorioso povo do Norte ergue-se no Continente. Ainda assim, livres de perigos de absorpção territorial ou política, as nações da America vivem constantemente ameaçadas da pavorosa mão de força, perseguidas pela diplomacia, tendo diante de si o espantalho das estações navais permanentes. Entre as manifestações do intuito supremo a que obedecem as grandes potencias avassaladoras, ahi está a sua famosa e antiga politica das indemnizações, bem caracteristica e bem eloquente para falar da natureza da luta que se tem de travar.[363]

Nesse excerto temos apresentados dois elementos importantes na proposta de América de Rocha Pombo e dos caminhos que ela deveria seguir: a América unida contra o imperialismo e os Estados Unidos da América do Norte como padrão e exemplo a ser seguido dentro da América. No primeiro caso, o que se vê no decorrer do livro e especialmente em seu prognóstico para o futuro da América é a necessidade de união e prevenção contra a atuação da Europa, posta no texto como ameaça real para o futuro das nações do continente americano. A exemplo do perigo que o avanço europeu significa, Rocha Pombo traz para a discussão a atua-

---

[362] Ibidem, p. 348-349.
[363] Ibidem, p. 349.

ção da Europa por meio da chamada "diplomacia das canhoneiras"[364], o avanço sobre territórios americanos sob pretexto de cobrar dívidas[365] e a ocupação e instalação de unidades militares europeias na América, como a ocupação da ilha brasileira de Trindade pela Inglaterra sob pretexto de instalar um cabo telegráfico submarino[366].

No segundo caso, pode-se perceber na leitura de todo o compêndio que há na descrição da história norte-americana certo teor de vanguardismo e de reverência à forma como se deu e se estabeleceu a Grande

---

[364] Segundo Luigi Bonafé: "Na segunda metade do século XIX, em paralelo à difusão da propulsão a vapor, generalizou-se a fabricação de grande quantidade de embarcações de pequeno e médio porte para fins militares. Do ponto de vista técnico, as canhoneiras eram navios de guerra relativamente pequenos com casco de aço e arsenal bélico relativamente grande. Navios de guerra de grande porte, com maior poder destrutivo, eram mais caros e menos adequados do que as canhoneiras quando havia necessidade de atuação em águas rasas ou áreas restritas. Por isso, entre fins do XIX e início do XX, tais embarcações de menor porte tornaram-se predominantes nas ações de demonstração naval e patrulhamento de territórios coloniais. Sua utilização por várias potências imperialistas como forma de intimidação ou intervenção militar visando a atingir resultados em política externa caracterizou a diplomacia das canhoneiras.
A expressão designa um método amplamente difundido como instrumento de política externa das potências imperialistas da época. De acordo com a definição clássica de James Cable, trata-se do uso político de uma força naval limitada. Em outras palavras, a diplomacia das canhoneiras pode ser entendida como um método de intimidação ou intervenção militar por meio da mobilização de navios de guerra de pequeno e médio porte para, sem recorrer à declaração formal de guerra, perseguir objetivos nacionais.
Tal método serviu tanto à preservação de vantagens quanto à tentativa de evitar perdas. Na prática, a ameaça ou o uso efetivo de forças navais limitadas perseguiu os objetivos de cobrar dívidas, garantir a ordem política ou/e social e preservar áreas de influência, colônias, mercados ou protetorados. A diplomacia das canhoneiras foi fundamental, portanto, para a integração (e manutenção) de áreas periféricas do planeta subordinadas ao sistema de Estados europeu e capitalista, que estava em rápida transformação. Em contexto de acirradas disputas imperialistas, o incremento do arsenal de guerra naval foi uma das prioridades da política externa da maioria das grandes potências, tendo sido instrumento, inclusive, da projeção internacional de polos de poder extra europeus em ascensão, que não tardariam a desafiar a própria hegemonia do Velho Mundo". Cf.: BONAFÉ, Luigi. Diplomacia das Canhoneiras. São Paulo: CPDOC/FGV, [20--?]. Disponível em: http://cpdoc.fgv.br/sites/default/files/verbetes/primeira-republica/DIPLOMACIA%20DAS%20CANHONEIRAS.pdf. Acesso em: 13 jan. 2025.

[365] Segundo Luigi Bonafé: "Em fins do século XIX, quando foi proclamada a república no Brasil, a prática de mobilizar forças militares para fins políticos era indissociável de acirradas disputas imperialistas, que inegavelmente se projetavam também no continente americano. Mais do que amplamente difundida, tal prática era considerada legítima. [...] Até 1907, um dos principais objetivos de política externa perseguidos por potências imperialistas por meio da diplomacia das canhoneiras foi a cobrança de dívidas. É possível afirmar que tal método foi mobilizado com cautela pela maior parte dos países credores. Mas a prática de cobrar dívidas com o uso de força militar foi aceita e relativamente difundida durante o século XIX, em especial na América Latina. [...] Em 1889, portanto, quando foi proclamada a república no Brasil, uma situação de insolvência financeira poderia redundar em ameaça de intervenção armada dos países credores em território nacional. Tal método serviu tanto à preservação de vantagens quanto à tentativa de evitar perdas. Na prática, a ameaça ou o uso efetivo de forças navais limitadas perseguiu os objetivos de cobrar dívidas, garantir a ordem política ou/e social e preservar áreas de influência, colônias, mercados ou protetorados. A diplomacia das canhoneiras foi fundamental, portanto, para a integração (e manutenção) de áreas periféricas do planeta subordinadas ao sistema de Estados europeu e capitalista, que estava em rápida transformação". Cf.: Ibidem.

[366] Ibidem.

República do Norte, como o autor a denomina, o que deixa bastante explícito o seu alinhamento com a proposta de América unida sob o comando ou pelo menos sob o modelo estadunidense. Já na descrição do período colonial o que se pode ver é a construção de uma colônia que prosperou e tornou regular sua administração a ponto de tornar-se modelo político e administrativo para a própria pátria-mãe; em que se promoveu o bem estar de seus colonos e não a simples exploração; em que se estabeleceu a liberdade religiosa, o que não existia nem mesmo na Inglaterra; que cuidou de resolver dois problemas capitais para os colonos: a instrução da infância — com a fundação de numerosas escolas — e a catequese dos indígenas. Para Rocha Pombo, a colônia inglesa no Novo Mundo trazia como defeito o grande massacre de autóctones, mas mesmo isso teria sido uma reação de proteção ao ataque dos segundos às lavouras e à própria existência da colônia[367].

Quanto à independência, Rocha Pombo apresenta as colônias britânicas como totalmente diversas das hispânica e portuguesa. Num processo desencadeado por uma reação à cobrança de impostos considerada injusta e onerosa o espírito de liberdade se desenvolveu e cresceu no seio das colônias que sob as mãos habilidosas de George Washington proclamam sua independência, criando a mais eficiente e bela nação republicana da América espelhada nas características de seu primeiro líder:

> [...] este homem, typo unico talvez na historia moderna, começa a revelar, sobre aquella firmeza e aquelle valor que o consagraram na revolução, as qualidades mais finas de um grande estadista, com toda a alta visão sobretudo com todo o sentimento da nova ordem politica e social que se fundava na America. As suas grandes normas, a igualdade de seu civismo, o seu caracter puríssimo, o seu indefectivel espirito de justiça, a sua confiança inabalavel no trabalho, na virtude e no amor, e a sua fé serena e intangível – ficaram orientando a existencia do glorioso povo do Norte e fizeram de Whashington o mais bello e admiravel dos creadores de nacionalidade[368].

Nessa descrição é possível identificar claramente aquilo que foi apontado no início da análise do *Compendio de Historia da America* aqui

---

[367] POMBO, 1900, p. 156-157.
[368] Ibidem, p. 197.

realizada, a saber, o herói que nasce como exemplo a ser seguido pela nação e como polo que agrega os elementos que aquela sociedade por sua história constituiu. Nesse sentido, George Washington é, ao mesmo tempo, o símbolo e o resultado da nação norte americana. Ele guiaria e seria o criador da nacionalidade nascente, cercando-se dos homens mais eminentes e confiáveis, cunharia uma nação que

> [...] está collocada hoje no mundo entre as potencias de primeira ordem, e na politica do continente, representa o papel preponderante; e isso com o consenso, para não dizer com o orgulho das outras nacionalidades da America, pois que até hoje o glorioso povo do Norte tem sabido ser, no concerto internacional, a incarnação do principio americano.[369]

Assim, os Estados Unidos apresentavam-se como o modelo a ser seguido pelo resto da América independente e republicana, seria em suas instituições e no seu espírito de modernidade que deveram se pautar as novas nações, buscando a união de suas forças para fazer frente ao imperialismo europeu. Segundo o autor, era preciso vencer o conjunto de males que se faziam de herança da colonização a fim de adentrar a fase industrial. Para Rocha Pombo, os males produzidos no decorrer dos 300 anos de dominação colonial poderiam ser canalizados e reduzidos a duas ordens:

> I – as preoccupações quasi exclusivas da politica interna esterilizando e até pervertendo as melhores aptidões dos individuos e dos povos; e II – as contingencias da politica internacional, obrigando as nações americanas a prevenir-se contra as grandes potencias do Velho-Mundo.[370]

É interessante observar o duplo sentido que Rocha Pombo dá a essas duas ordens de males. Se por um lado, conforme foi aqui apresentado, elas produzem os problemas que as nações americanas apresentavam naquele momento, seriam elas também que acabariam por dar orientação histórica para a sociedade americana. Como mestra da vida, a história por um lado daria às sociedades americanas o conhecimento de si próprias, construindo as bases para o desenvolvimento da "[...] mais

---

[369] *Ibidem*, p. 289.
[370] *Ibidem*, p. 350.

completa liberdade política na democracia e como conquista definitiva de consciência [...]"[371] e por outro lado permitiria a constituição de um sentimento de união e de solidariedade dos povos americanos, permitindo-lhes enfrentar e se adequar à nova fase da política internacional. Nas palavras de Rocha Pombo:

> [...] desses dois factores que se preparam — o sentimento da liberdade politica que fará nações prosperas e grandes, e — o ideal americano que fará nações amigas e unidas; e conconrrendo com esses dois factores o espirito de proselytismo, o sentimento de justiça e de amor para faternisar com os povos da terra: a America vai ser a sede definitiva da civilisação que vem, na qual o vasto patrimonio espiritual da familia humana se refundirá sob a dupla influencia do genio do Occidente, irrequieto e fervido, e do antigo genio oriental, contemplativo, mysterioso e amplo como a propria Historia. TERRA DA MEDIAÇÃO ha de ser, pois esta America formosa e ingente, para conciliar os dois mundos que há 50 seculos vêm empenhados na luta tremenda.[372]

Assim, Rocha Pombo finaliza sua primeira obra didática, anunciando aos leitores e, consequentemente, aos seus futuros alunos qual o papel a América deveria assumir na posteridade, uma vez estabelecia a união tão esperada: a de mediadora. A América se constituiria, no universo ideal de Rocha Pombo, como o espírito conciliador das nações e principalmente dos continentes até então separados pelas diferenças, pela ganância e pela exploração de um sobre os outros. À América caberia a missão de iniciar uma nova era na história da humanidade, uma era em que os males impostos pela agressão e opressão imperialista seriam superados. Assim, ao compendio caberia o papel crucial de dar início à educação da nação ao que se referiam ao seu passado e papel dentro desse enorme movimento da História.

---

[371] *Ibidem.*
[372] *Ibidem.*

CAPÍTULO 3

UMA HISTÓRIA DO BRASIL PARA OS HISTORIADORES DO FUTURO

> *Entretanto não há como desconhecer o extraordinário mérito da obra de Rocha Pombo, sua utilidade provada, os serviços prestados aos estudiosos, que a estimam entre todas as congêneres. Se conferidas as estatísticas das bibliotecas, verifica-se que sua História do Brasil é, nessa classe, o livro mais consultado, o mais lido de todos, o que significa popularidade e vale pela mais legítima das consagrações.*
> (Rodolfo Garcia, Rocha Pombo, Homepage ABL, Atualizado em 06/04/2016)

Após a publicação do *Compendio de Historia da America* e de *O Paraná no Centenário*, José Francisco da Rocha Pombo dá início à escrita de sua obra histórica de maior fôlego: a *Historia do Brazil (Illustrada)*. Trata-se de uma extensa obra em dez volumes, publicados ao longo de doze anos, de 1905 a 1917, computando quase 7.000 páginas.

A obra está dividida da seguinte maneira: volume I, com 598 páginas, conta com duas partes: O Descobrimento (parte primeira) e A Terra (parte segunda); volume II, com 638 páginas: As raças que se fundiram (parte terceira); volume III, com 761 páginas: Conquista e Colonização do Litoral (parte quarta); volume IV, com 664 páginas: A Formação do Espirito Nacional (parte quinta); volume V, com 774 páginas: Formação do Espirito Nacional (continuação da parte quinta); volume VI, com 752 páginas: Integração do Territorio e Primeiras Idéas de Independencia (parte sexta); volume VII, com 916 páginas, dividido em duas partes: O Brazil – séde da mornarchia portuguesa (parte septima) e A Independencia (parte oitava); volume VIII, com 742 páginas, está dividido em duas partes: O Periodo Regencial (parte nona) e O Segundo Reinado (parte decima e final); volume IX, com 550 páginas, O Segundo Reinado (continuação da parte decima e final); volume X, com 535 páginas, Documentos para a história do primeiro decênio da republica (parte suplementar) e Apêndice, contendo notas, acréscimos, correções e indicações de novos documentos para os dez volumes, além de trazer um índice dos capítulos dos dez volumes e um índice geral remissivo.

Os volumes são editados em capa dura, em formato *in quarto*[373] e trazem um farto número de ilustrações o que, segundo Ivan Norberto dos Santos, fazia parte de uma estratégia editorial de mercado que buscava chamar a atenção de um público mais amplo que aquele formado pelo público letrado[374]. Esse tipo de estratégia era comum nos livros de História do Brasil, segundo Circe Bittencourt, e seu início estava datado ainda na primeira metade do século 19, na produção dos primeiros manuais e compêndios didáticos. A autora aponta para a existência de ilustrações, principalmente representando personagens e grandes eventos, já em 1844, na obra de Abreu Lima. Para a autora, esse tipo de recurso tinha por objetivo não apenas apresentar um passado, mas também tornar esse passado mais presente, além de, por meio daquilo que se via, fixar na memória imagens daquilo que se lia[375]. Assim, *Historia do Brazil (Illustrada)* apresenta-se desde a sua concepção como uma obra voltada ao grande público, ao leitor médio que se interessasse em conhecer a história de seu país, dando a esse leitor não apenas uma densa escrita sobre o passado, mas também imagens desse passado que mereciam ser registradas e guardadas na memória.

A *Historia do Brazil (Illustrada)* teve seu primeiro volume publicado em 1905, por J. Fonseca Saraiva Editor, que editou também os dois volumes seguintes. Do IV ao X volumes a editoração ficou por conta de Benjamin de Aguila Editor, sendo o último volume publicado doze anos após o primeiro livro. Apesar das múltiplas referências e anúncios em jornais da chegada dos volumes aos livreiros de várias capitais do Brasil[376], a extensa obra aparentemente nunca teve, em seu formato original, um sucesso editorial ou de vendas considerado excepcional, principalmente quando comparada à edição em cinco volumes e com *Nossa Pátria*. Entretanto é

---

[373] *In quarto*: Edit. Diz-se da folha de impressão dobrada duas vezes, que gera um caderno com quatro folhas; 2. Diz-se do formato do livro assim composto. *Cf.* AULETE, Caldas. *Diccionario contemporaneo da lingua portugueza*. Lisboa: Parceria Antonio Maria Pereira, 1925. Disponível em: http://www.auletedigital.com.br/. Acesso em: 13 jan. 2025.

[374] SANTOS, 2009, p. 107.

[375] BITTENCOURT, Circe Maria Fernandes. Livros didáticos: entre textos e imagens. *In*: BITTENCOURT, Circe Maria Fernandes (org.). *O saber histórico na sala de aula*. São Paulo: Contexto, 1997. p. 70-78.

[376] Foram encontradas centenas de anúncios em jornais do Paraná, São Paulo, Rio de Janeiro, Ceará, Rio Grande do Norte, Santa Catarina, Rio Grande do Sul e Minas Gerais, no decorrer dos 12 anos de publicação da obra, de maneira geral os anúncios registravam e informavam ao público leitor da chegada aos livreiros dos volumes da obra. *Cf.* http://hemerotecadigital.bn.br/. Acesso em: 24 mar. 2025.

importante ressaltar que a primeira edição da obra teve uma expressiva circulação, sendo comprada por encomenda em várias partes do Brasil, especialmente por órgãos públicos e particulares, como a aquisição indicada na nota publicada no jornal *O Paiz* de 21 de janeiro de 1910: "- O Governador do Estado mandou tomar assinatura de dez exemplares da Historia do Brasil, que o Sr. Rocha Pombo está publicando"[377].

A obra ainda figurava como parte de bibliotecas públicas, como a da capital[378], as de escolas públicas de vários distritos do Rio de Janeiro[379], da Casa de Correção[380], do Arquivo Municipal[381] entre outros. Sua popularidade no Rio de Janeiro e a série de anúncios e comentários sobre a obra em outros estados apontam para a possibilidade de que fora da capital essa difusão de seus volumes também se fizesse corrente. Apesar disso, *Historia do Brazil (Illustrada)* foi escrita ao longo de mais de uma década com riscos de não ser finalizada, e conformou-se em uma obra de grande fôlego e com uma repercussão que, de acordo com os biógrafos do historiador paranaense, não fazia jus à sua grandeza e causou ao editor dificuldades para a sua impressão[382]. Isso ao ponto de Aguila escrever duas cartas a Ruy Barbosa, solicitando que, o então senador, cumprisse a promessa de ajudá-lo na divulgação da obra. A primeira, escrita em 1914, pedia ajuda nos seguintes termos:

---

[377] O PAIZ. Rio de Janeiro, 21 de janeiro de 1910. Disponível em: http://hemerotecadigital.bn.br/. Acesso em: 13 jan. 2025.

[378] Foram encontrados vários anúncios notificando a doação dos volumes da obra, por Benjamin Aguila, a bibliotecas e autoridades político-administrativas e ao próprio presidente da república. *Cf.* http://hemerotecadigital.bn.br/. Acesso em: 24 mar. 2025.

[379] Foram encontradas várias notas em que Inspetores Escolares solicitavam às professoras que confirmassem a existência dos volumes da obra nas escolas da capital. *Cf.* http://hemerotecadigital.bn.br/. Acesso em: 24 mar. 2025.

[380] Em 29 de janeiro de 1916, a *Gazeta de Notícias* publicou uma entrevista com Manoel Cardoso dos Passos, ex-cocheiro de praça, que após envolver-se em uma briga fora recolhido à detenção e posteriormente à Casa de Correção, cumprindo pena de 15 anos. No decorrer da entrevista, o ex-cocheiro alega ter ficado deslumbrado com as mudanças da cidade, principalmente porque na prisão não se sabia o que ocorria do lado de fora: "- Mas não liam jornaes?/ é expressamente prohibido. Livros sim, a gente pôde ler. A casa tem uma biblioteca bem boazinha./ - E que livros C. lia lá?/ - Lá muitos. Quase todos os romances de Julio Verne, a 'Historia do Brasil', de Rocha Pombo, os romances de José de Alencar, a gramatica de João Ribeiro, e de Alfredo Gomes... Por signal a de João Ribeiro é muito confusa. Pôde servir para os senhores, que estudam desde meninos. Mas para quem vai aprender depois de velho é muito complicada [...]" (GAZETA DE NOTICIAS. Rio de Janeiro, 29 de janeiro de 1916. Disponível em: http://hemerotecadigital.bn.br/. Acesso em: 13 jan. 2025.

[381] No dia 29 de julho de 1912, o Arquivo da Municipalidade publica nota em que diz ter recebido de Benjamin Aguila os seis volumes da obra já publicados até aquela data, juntamente com o compromisso do envio dos volumes a serem publicados futuramente (O PAIZ. Rio de Janeiro, 29 de julho de 1912. Disponível em: http://hemerotecadigital.bn.br/. Acesso em: 13 jan. 2025.

[382] CARDIM, 1958, p. 42.

Rio de Janeiro, 18 de junho de 1914.

Emo. Conselheiro Senador Ruy Barbosa

Amigo e Inr.

Peço a Va. Exa. Que me perdoe a ouzadia que tomo em dirigir esta a Va. Exa., mas as circunstâncias e difficuldades em que me vejo, para levar ao fim a prezada empreza que tomei sobre os meus hombros, obrigam-me a isso.

Tenho ouvido dizer que o nosso velho imperador, numa ocasião salvou de apuros um negociante, mettendo-o num carro aberto e saindo com ele em passeio pela cidade. Pois, amparo semelhante a este tenho eu esperança de que Va. Exa. me dará, escrevendo o artigo que me prometeu sobre a nossa "Historia do Brasil", chamando assim sobre ella a atenção do público. Convicto que um movimento desta natureza está muito no coração de Va. Exa., espero que Va. Exa. embora com sacrifício, preste mais este serviço a Patria e as nossas letras, salvando-me também das angustias de não poder dar conta até final do pezado encargo a que me propuz. Desde já, beijo-lhe as mãos o mais humilde dos admiradores de Va. Exa. Benjamin de Aguila.[383]

Embora nessa primeira missiva, Benjamin de Aguila deixe claro a sua dificuldade em levar até o fim a empreitada de editar a obra de Rocha Pombo, apresenta-se bastante latente na carta a busca por dar uma maior visibilidade à obra, o que pode ser um clamor desesperado devido à sua pouca repercussão ou uma estratégia comercial do próprio Aguila. A consulta a diversos jornais, entre os anos de 1905 e 1917, demonstra que Benjamin de Aguila assumia uma postura bastante agressiva na propaganda e distribuição dos volumes da obra. Um exemplo disso é a doação dos seis volumes da obra, editados até 1913, ao ex-presidente norte americano Theodore Roosevelt, durante sua visita ao Rio de Janeiro. Tal doação foi anunciada no conjunto da reportagem que cobriu a visita de Roosevelt e apresentava o livro como importante obra e uma oferta valiosa ao hóspede, sendo seguida da reprodução da carta de doação de Aguila e replicada em vários jornais.

Como brasileiro, desejoso de associar-me às justas homenagens que a V. Ex. prestam o governo e o povo do meu paiz, tenho a honra de oferecer a V. Ex., os seis volumes que se acham publicados da "Historia do Brazil, de Rocha Pombo, de que sou editor. Lendo-a V. Ex. podera julgar melhor da

---

[383] *Carta de Benjamin de Aguila ao Conselheiro Senador Ruy Barbosa, 18/07/1914, CR 16(2)*. Rio de Janeiro. Casa de Ruy Barbosa.

nossa nação, não só pelo passado, como pelo presente, pois elle vira até os nossos dias. Sinto que ainda não esteja completa a sua publicação, mas comprometo-me a remeter a V. Ex. os subsequentes volumes, logo que estejam prontos.

Pedindo a V. Ex. aceitar esta pequena homenagem, tributo de grande sympathia de um humilde admirador, subscrevo-me, com o mais elevado apreço e distincta consideração – Benjamin de Aguila.[384]

São inúmeros os anúncios e notas que relacionam o seu nome ao de Rocha Pombo e torna-se comum, principalmente na década de 1910, encontrar a descrição de Benjamin de Aguila como "o editor da Historia do Brazil, de Rocha Pombo", a exemplo do cartão de boas festas enviado pelo editor em 1912/1913:

Saudações affectuosas

A Empresa Editora da Historia do Brazil de Rocha Pombo, representada por seu proprietário Benjamin de Aguila, tem a honra de cumprimentar V. Ex. e sua Ex.ma Famíla pela entrada de ano novo.

Boas Festas   Feliz Anno Novo

Dezembro 1912   Janeiro 1913

Rua do Carmo, 19 – Sobrado

Rio de Janeiro.[385]

Benjamin de Aguila incorporaria essa fórmula ao seu nome e de sua empresa editorial em propagandas de suas publicações futuras. Um exemplo disso é o anúncio da publicação de *Horto de Magoas*[386], de Gonzaga Duque por Benjamin de Aguila, em uma nota que apresenta ao público o autor e a obra:

Agora, alguns anos após a sua morte, o inteligente editor Benjamin de Aguila, que é o homem que, entre nós, teve a coragem suprema de levar a termo a publicação da monumental Historia do Brasil, de Rocha Pombo, acaba de lançar

---

[384] O PAIZ. Rio de Janeiro, 23 de outubro de 1913. Disponível em: http://hemerotecadigital.bn.br/. Acesso em: 13 jan. 2025.

[385] *Cartão de Boas Festas, Benjamin de Aguila, 00/00/1912, CR 11*. Rio de Janeiro. Casa de Ruy Barbosa.

[386] DUQUE, Gonzaga. *Horto das maguas*. Rio de Janeiro: Benjamin de Aguila Editor, 1914.

no mercado, num volume singelo, mas cuidado com apuro, o Horto de Maguas.[387]

Dessa forma, é possível afirmar que Benjamin de Aguila muito se empenhara para tornar o livro um sucesso e manter a publicação de todos os volumes como uma realidade, mas também que *Historia do Brazil (Illustrada)* tornara-se o "carro chefe" de seu trabalho como editor e que para além de suas próprias descrições de dificuldades é possível afirmar, ainda, conforme as fontes, que o livro recebeu notoriedade e era conhecido e reconhecido como uma obra a qual valia a pena ligar seu nome.

Infelizmente, não foi encontrado nenhum indício de que Ruy Barbosa tenha feito o referido artigo em resposta à carta[388]. Em 1916, Benjamin de Aguila recorreria a Ruy Barbosa novamente, com um pedido de ajuda para colocar no mercado os dois últimos volumes da obra:

> Exmo. Sr. Conselheiro Dr. Ruy Barbosa
>
> Tenho a honra de apresentar a Va. Exa. as minhas respeitosas saudações. Peço vênia a Va. Exa. para vir a sua presença solicitar amparo moral de que careça a minha empresa. Senhor! Ha cerca de 12 annos tomei sobre meus fracos hombros o compromisso de dotar o paiz de uma obra digna de sua grandesa, tal como é a "Historia do Brazil" de Rocha Pombo, que Va. Exa. conhece. Acontece que agora, devido às que causas da maldita guerra que ensangrenta o muito, vejo-me em difficuldades para concluir minha missão. Na atualidade não vejo ninguém que melhor possa avaliar os sacrifícios feitos nesse longo período de 12 anos, para levar a efeito um empreendimento de tal magnitude, do que Va. Exa. que é a grande alma que anima hoje a vitalidade deste paiz em todas as esferas. Por isso venho implorar de Va. Exa. esse amparo de que careço para poder concluir aquella publicação. Não me parece justo senhor, que depois de tantos sacrifícios, sucumba quase ao fim da grande jornada, pois faltando apenas dois volumes para a conclusão da obra, deixe-a levar ao fim por falta de recursos monetareos e isto depois de ter dispendido cerca de duzentos contos de reis. Senhor! Recorro à generosidade de Va. Exa. pedindo que como intelectual, como brazileiro, como patriota e como senador da

---

[387] O PAIZ. Rio de Janeiro, 8 de março de 1916. Disponível em: http://hemerotecadigital.bn.br/. Acesso em: 13 jan. 2025.

[388] Nenhuma nota de Ruy Barbosa sobre o livro de Rocha Pombo foi encontrada nos jornais disponíveis na Biblioteca Nacional entre os anos de 1914 e 1917. Entretanto não é possível alegar que a ajuda não veio em forma de uma citação pública da obra, do autor ou mesmo do editor.

Republica, não me negue o amparo que solicito. Um gesto apenas de Va. Exa. salvará nossa empresa e as nossas letras. Tenha, pois, piedade de quem tão humildemente procura se acolher na grandeza de sua sombra, na magnanimidade do seu coração do seu elevado e culto espírito. Certo que Va. Exa. me perdoará a ousadia deste grito de angustia, aguardo a honra de sua resposta e peço licença para subscrever-me

De Va. Exa.

Admor. E Cro. Mto. Grato

Benjamin de Aguila

Rio, 12 Ago – 1916.[389]

Mais uma vez o editor da *Historia do Brasil (Illustrada)* clama ao senador por ajuda para finalizar a missão que assumiu ao tomar para si a responsabilidade de editar e publicar a obra de Rocha Pombo. Fica claro que, após dois anos da última súplica ao senador, a obra não foi suficiente por si só para gerar fundos para a publicação de sua sequência. Entretanto aqui o pedido do editor é feito tomando como principal problema a dificuldade financeira causada pela Primeira Guerra Mundial que ainda estava andamento. Desde o seu início, a guerra trouxe prejuízos para o comércio internacional e afetou diretamente a balança comercial brasileira, dependente da exportação do café e importação de produtos principalmente os europeus. Em decorrência da guerra, houve modifica-

---

[389] *Carta de Benjamin de Aguila ao Conselheiro Senador Ruy Barbosa, 11/08/1916, CR 16(32).* Rio de Janeiro. Casa de Ruy Barbosa.

ções na receita e uma consequente baixa do câmbio[390]. Nos anexos de seu livro, Hallewell traz dados sobre o câmbio do período. Na tabela a seguir, algumas dessas informações são reproduzidas:

Tabela 1 – Taxa de Câmbio da Moeda Brasileira, 1905-1917

Ano	Libra	Dólar	Réis/Escudo	Franco
1905	15,10	3,10	----	----
1906	14,83	3,05	----	----
1907	15,57	3,20	3,14	0,630
1908	16,06	3,30	3,18	0,637
1909	16,06	3,30	3,19	0,636
1910	15,00	3,10	3,22	0,598
1911	15,00	3,10	3,20	0,598
1912	15,00	3,09	3,12	0,597
1913	15,00	3,10	2,82	0,600
1914	16,01	3,30	2,67	0,668
1915	19,35	4,00	3,05	0,737
1916	20,13	4,10	2,91	0,723
1917	18,87	3,90	2,56	0,694

*A moeda portuguesa deixa de ser o Réis e passa a ser o Escudo.

Fonte: Hallewell[391]

---

[390] Segundo Abreu e Coelho num estudo sobre a evolução monetária brasileira: "Em 1906, começa a funcionar uma Caixa de Conversão para restabelecer a conversibilidade da moeda e a estabilidade do câmbio. A Caixa emitia notas ao portador de curso legal e conversível em relação ao peso do ouro. O teto de emissão permitido era de 3.200.000 contos de réis. Entre 1900 e 1913, o produto agregado cresceu 4% ao ano, a formação de capital na indústria cresceu em um ritmo mais acelerado, o sistema de transporte é reaparelhado, e mantém-se a estabilidade de preço durante todo esse período. As emissões de papel-moeda passaram de 670 milhões em 1900, a 980 milhões em 1914. [...] A baixa do câmbio fechou a Caixa de Conversão, esvaziando as suas reservas em ouro e em divisas, obrigando a suspender a conversibilidade de suas notas. Um novo 'Funding Loan' foi assinado em 1914. O mesmo serviu para aliviar o balanço de pagamentos e contribuiu para que se pudesse estabilizar a taxa de câmbio em torno de 20 a 25% abaixo da paridade de pré-guerra durante todo o conflito. Nesses anos, graças à rápida adaptação da população e à diversidade dos recursos naturais, a economia brasileira encontrou nessas dificuldades, os elementos necessários para um novo progresso. As exportações de café diminuíram consideravelmente. Mas em 1915, as exportações dos produtos ultrapassaram as de 1913, graças ao grande esforço da produção agrícola que aumentava sua produtividade. Devido à diminuição das importações de produtos fabricados em consequência da guerra, a indústria realizou grande esforço para atender às necessidades do mercado interno. O número de indústrias aumentou de 7000 em 1914 para 13.000 em 1920. Apesar disso, a guerra provocou sérios problemas nos setores das finanças e da moeda. Entre 1914 e 1920, as emissões aumentaram 88% [...]". Cf.: ABREU, Yolanda Vieira de; COELHO, Sanay Bertelle. *Evolução histórica da moeda estudo de caso*: Brasil (1889 –1989). Málaga: Universidade de Málaga, 2009. p. 71. Disponível em: http://www.eumed.net/libros/2009a/477/index.htm. Acesso em: 13 jan. 2025.

[391] HALLEWELL, 1985, p. 622-623.

É possível verificar, a partir da tabela, a desvalorização do réis em relação à principal moeda utilizada no comércio internacional, a saber, a libra esterlina, nos anos entre a escrita das duas cartas, o que permite inferir que naquele momento, ao contrário do pedido anterior, o término da obra estaria realmente ameaçado pelos altos custos da impressão na Europa, uma vez que os volumes eram impressos na Typ. a vapor da Empresa Litteraria e Typographica, localizada na cidade do Porto, em Portugal. É importante ressaltar que essa não era uma exclusividade da obra de Rocha Pombo, mas se fazia prática comum entre editores no Brasil desde o século 19, com a implantação de diversas filiais de livreiros europeus, principalmente franceses[392]. Mandar imprimir livros no exterior, segundo Laurence Hallewell, dava-se muito menos por possíveis deficiências do parque gráfico brasileiro que por questões de custo da impressão. O autor alega não haver explicações para, no início do século 20, a não utilização de papel nacional para a impressão nas tipografias do país, uma vez que existiam fábricas de papel no país desde 1808, e algumas delas produziam papel de alta qualidade. Após a década de 1850, com a introdução da madeira como matéria prima para o papel e do método da soda cáustica, o custo do papel se tornaria bastante diferenciado entre o Brasil — que continuou, até inícios do século 20, a produzir papel a partir de trapos velhos de algodão ou linho puros — e a Europa que detinha o novo processo de produção[393], com isso o custo do papel europeu se tornou muito mais baixo que o brasileiro. Entretanto, no início do século 20, a indústria de papel no Brasil já se modernizara dominava a nova técnica. Ainda para Hallewell, o principal problema para os editores no Brasil, sendo o papel importado largamente utilizado era a grande incidência de taxas de importação sobre esse produto, que acabava por torná-lo mais caro que a importação do livro pronto[394].

Assim, é factível que Benjamin de Aguila, mandando imprimir seus livros em Portugal, anteriormente com melhores preços que no país, enfrentasse um aumento do custo dos mesmos, onerado pela carestia que se desenvolve em períodos de guerra e escassez de produtos. Nesse contexto, recorrer novamente a uma figura eminente como Ruy Barbosa poderia ser um dos caminhos para dar destaque e demonstrar a importância de terminar a publicação que tanto lhe custava em tempo e recursos. Embora nessa segunda missiva não cobre nenhuma promessa anteriormente feita

---
[392] *Ibidem*, p. 128-131.
[393] *Ibidem*, p. 132-133.
[394] *Ibidem*, p. 131.

ou diga diretamente a forma como imaginava que essa ajuda deveria ser realizada, o autor é claro em indicar que buscava apoio na divulgação e não financeiro, ao contrário do que afirma Ivan Norberto dos Santos que aparentemente realiza uma leitura equivocada da carta, feita por meio da obra de Elmano Cardim, de que Aguila pedira 200:000$000 (duzentos contos de réis) ao estadista[395]. Conforme fica claro na leitura da carta, esse foi o valor que Benjamin de Aguila afirma ter empenhado ao longo dos anos da publicação dos oito volumes que compunham a obra até aquele momento. Um valor bastante considerável ao se levar em conta, por exemplo, os dados sobre a renda média *per capita* da população brasileira apresentada, em 1911, por Arthur Guimarães, segundo ele: uma família operária de quatro pessoas na cidade do Rio de Janeiro necessitava para sobreviver de uma renda mensal de 250$000 (duzentos e cinquenta mil réis) e uma família de classe média, de mesmo tamanho, necessitava de 1:500$000 (um conto e quinhentos mil réis)[396]. Levando em conta esses valores, em uma projeção apenas hipotética e que ignore desvalorizações e inflação, o dinheiro que Aguila alega ter gasto seria suficiente para manter uma família de classe média por mais de 11 anos e uma de operários durante mais de 66 anos. Dessa feita, pode-se afirmar que a missão em que se empenhara o editor apresentava-se realmente como dispendiosa e monetariamente gigantesca, mas demonstra também que a empresa editorial no período consumia e poderia gerar enormes somas em dinheiro, o que explica, por exemplo, o grande número de editoras e também de falências[397].

 Demonstra ainda, que o livro era um artefato de alto custo e que seu consumo, provavelmente, limitava-se às classes mais abastadas. No caso específico de *Historia do Brazil (Illustrada)*, que segundo informações e anúncios em vários jornais, teve seu preço em torno dos 20$000 (vinte mil réis) por volume[398], pode-se estabelecer que não era um produto a ser

---

[395] SANTOS, 2009, p. 107.
[396] GUIMARÃES, Arthur. *Problemas Brasileiros apud* HALLEWELL, 1985, p. 189.
[397] HALLEWELL, 1985.
[398] Dentre os muitos anúncios de vendas e registro de pagamentos de verbas públicas pela aquisição dos livros foram encontrados: "[...] Enviou-se à Directoria Geral de Fazenda, a conta de Benjamin de Aquila, na importância de 700$, proveniente de fornecimento de 35 volumes da obra 'Historia do Brazil ' de Rocha Pombo." O PAIZ. Rio de Janeiro, 16 de julho de 1911; "Ao Ministro da Fazenda foram solicitadas as seguintes providencias [...] Sobre o pagamento [...] de 400$, a Benjamin de Aquilla, de fornecimento de 20 exemplares da *Historia do Brazil*, de Rocha Pombo, a este ministério, em janeiro do ultimo [...]". O PAIZ. Rio de Janeiro, 14 de fevereiro de 1914; "Decreto n. 208, de 16 de março, para pagamento de 150 exemplares da Historia do Brasil de Rocha Pombo.... 3:000$000." LANTERNA. Rio de Janeiro, 29 de março de 1917; "Vendem-se os 10 volumes encadernados por 140$. O custo é 200$. Pelo correio mais 10$. Rua Alzira Valdetaro n. 61, Sampaio. (D. J.880)". CORREIO DA MANHÃ. Rio de Janeiro, 26 de janeiro de 1919. Disponíveis em: http://hemerotecadigital.bn.br/. Acesso em: 13 jan. 2025.

comprado pelo grande público, como não o eram os livros em geral[399], uma vez que esse valor representava quase 10% da renda mensal necessária para a sobrevivência de uma família operária inteira. O que não significa que a obra não fosse acessível a esse público, uma vez que, conforme já apresentado, ela constava da lista de obras de várias instituições públicas podendo ser consultadas pelas mais diversas camadas sociais.

Apesar das dificuldades declaradas, os dois últimos volumes foram publicados, e a sequência foi finalizada no ano seguinte, em 1917, compondo em sua totalidade um texto longo, denso e que além da apresentação de fatos, feitos, heróis e descrições geográficas, traz interpretações que imprimem a marca de Rocha Pombo como historiador. Analisando jornais do período fica claro que a obra tivera uma grande divulgação e circulação, e que Rocha Pombo passaria, a partir dessa publicação, a ser convidado a falar em diversos jornais da capital quando o assunto em questão estava relacionado à história do Brasil. Assim, é possível estabelecer que se criou, a partir do discurso de Benjamin Aguila e de amigos de Rocha Pombo, uma imagem de que o livro não teria recebido a devida notoriedade o que seria reproduzido pelos biógrafos do autor paranaense. Mais que não ter expressiva circulação e divulgação — fato que os biógrafos de Rocha Pombo tomam como maior problema da obra —, o que se confirma é que a peleja intelectual teria de certa forma não permitido que o autor se estabelecesse como um historiador de primeira grandeza no cenário nacional, tendo sua importância aos poucos apagada da memória que se faz da história da historiografia brasileira. Seu *Historia do Brazil (Illustrada)* pode até ter sido lido e muito difundido, podia ser uma referência nos jornais para tratar de temas históricos, mas a peleja com Capistrano parece ter eclipsado seu brilho dentro do mundo "acadêmico". A avaliação que Capistrano de Abreu faz da obra de Rocha Pombo, permanece nos estudos sobre o autor paranaense como uma "causa" para a falta de notoriedade da obra, avaliação essa que foi feita nos seguintes termos:

> Rocha Pombo é do Paraná, autor de várias obras, entre elas uma Historia do Brasil para escolas, e outra em oito ou dez volumes. Há dois anos um amigo convidou me a uma excursão a Araruama e Cabo Frio, onde tem família. Levei o volume escolar e em cerca de uma semana os dois não pudemos dar

---

[399] HALLEWELL, 1985, p. 189.

cota. O obrão, em não sei em quantos volumes, disse a um oficioso para passar-lhe, que era pior que peste bubônica.[400]

Para além dessa peleja, e de certa forma contradizendo a falta de notoriedade de Rocha Pombo, ele seria convidado no decorrer da própria escrita de seu livro a escrever uma série de manuais didáticos, sobre os quais se tratará no capítulo quatro. Assim como seria convidado, alguns anos mais tarde, a publicar seu livro em um novo formato. Em 1922, a *História do Brazil (Illustrada)* foi reeditada pela primeira vez, sem, no entanto, manter a mesma forma e tamanho. Em edição comemorativa aos cem anos da independência do Brasil, o livro foi contraído em quatro volumes[401] e passou a se chamar *História do Brazil – Edição do Centenário*[402], sendo editado pelo Annuario Brasil e impresso no Brasil[403]. Esse formato, embora bem menor, também não foi reeditado posteriormente. Os volumes publicados em 1922 mantêm a essência do texto original, havendo uma compactação, cortes de vários tópicos e diminuição de trechos com intervenção analítica de Rocha Pombo. *História do Brazil – Edição do Centenário* não traz a introdução ou um prefácio; mantém o formato *in quarto*, mas o texto vem diagramado em duas colunas; não há ilustrações; passa a ter, somados os quatro volumes, 1759 páginas; traz ao final a bibliografia, que segundo o próprio autor é a "Relação das obras principaes que serviram de fontes de informações para a *História do Brasil*, e que estão citadas na

---

[400] Carta de Capristano de Abreu a João Lúcio de Azevedo, 09 de março de 1921. In: ABREU, João Capistrano de. *Correspondência de Capistrano de Abreu*, vol. 2. Organizada e prefaciada por José Honório Rodrigues. Rio de Janeiro: Civilização Brasileira; Brasília: INL, 1954. p. 197.

[401] Há várias referências encontradas que dizem ser essa edição composta por três volumes. Entretanto a aquisição da mesma comprova a existência de um quarto volume.

[402] POMBO, José Francisco da Rocha. *História do Brasil. Edição do Centenário*. Rio de Janeiro: Annuário do Brasil, 1922. v. 4.

[403] Ao final de cada volume, encontramos a informação: Composto e impresso na typographia do Annuario Brasil (Almanak Laemmert).

edição grande"[404]; é incluso nessa edição um índice analítico dos volumes I a IV. É importante registar aqui a inclusão de "A Phase Republicana" no corpo da obra como capítulo integrante da discussão geral e não mais como parte de um anexo. Isso porque Rocha Pombo termina sua história do Brasil no volume IX e no X apenas se propõe a oferecer documentos, discussões e fontes úteis e novas (não analisadas ou utilizadas ao longo dos IX e X volumes). Essa mudança de lugar dentro da obra pode ser apenas uma demanda gerada pela própria necessidade de compactar o texto, mas também de demarcar as diferenças entre o Brasil independente, mas monárquico, e o Brasil republicano, uma vez que a obra era parte das comemorações do início do segundo sistema de governo instalado

---

[404] Dentre destacamos alguns, os mais citados na obra, segundo a ordem em que aparecem na bibliografia de Rocha Pombo: BUCKLE – Historia da Civilização na Inglaterra (Trad. franceza); FUSTEL DE COULANGES – La Cité antique; REVISTA DO INSTITUTO HISTORICO E GEOGRAFICO BRASILEIRO (É o mais vasto repertorio de documentos a que recorremos. Não nos é possivel indicar especialmente todos os trabalhos que nos foram úteis. Apenas uma pequena parte figura neste catálogo); ONFFROY DE THORON – Antiguidade da navegação no Oceano; REVISTA EUROPEA, 1839; GAFFAREL – Conferencia, 1874 e Historie du Brésil Français; GASPAR CORRÊA – Lendas da India; DAMIÃO DE GÓES – Decadas da Asia; GONÇALVES DIAS – Brazil e Oceania; M. GANDAVO – Hist. Da Prov. de Santa Cruz etc.; GABRIEL SOARES – Tratado descriptivo; WAPPAEUS – Georg. Physica do Brazil; VARNHAGEN – Historia Geral e Holandeses no Brazil; FERDINAND DENIS – Le Brésil; BOLETINS DO MUSEU GOELI; REVISTA DO MUSEU PAULISTA; BARÃO de MELGAÇO – Vias de comm. De Matto-Grosso e Breve memoria; LE MONDE; DR. H. CRULS – O clima do Brasil; DR. H. MORIZE – Esboço de uma climatologia do Brazil; DR. JOSÉ VIEIRA COUTO – Memoria sobre a capitania de Minas Geraes; ROCHA PITTA – América portuguesa; ACCIOLI – Memorias da Bahia; DR. TEIXEIRA DE MELO – Ephemerides Nacionaes; JEAN DE LERY – Histoire d'un Voyage faict en la terre du Brésil, 1589; ROBERTO SOUTHEY – Historia do Brazil (Tradução do Dr. Oliveira Castro); ANNAES DA BIBLIOTHECA NACIONAL; VISCONDE DE TAUNAY – Retirada da Laguna; Fr. VICENTE DE SALVADOR – Historia do Brazil; AUTONIL – Cultura e opulencia do Brazil; A. WALLACE – Os símios da Amazonia; DR. JOSÉ VERÍSSIMO – A pesca na Amazonia; DR. NINA RODRIGUES – O animismo fetichista dos negros bahianos e A Troia negra; MARTIUS – O passado e o futuro do homem americano; A. HUMBOLDT – Panorama das cordilheiras, trad.; ERIC BOMAN – Migrations pre-colombiennes dans le Nord-Ouest de l' Argentin; HANS STADEN – Usos e costumes dos Tupinambás; DAMERSAY – Historia do Paraguai; MONTOYA – Tesoro de la fengua Guarany; MAX MUELLER – Mythologie comparée; H. VATTEMARE – David Livingstone, Viagem na Africa (trad.); V. L. CAMERON – Atravez da Africa (trad.); ALFREDO SARMIENTO – Os sertões da Africa; ABEL HOVELACQUE – Les nègres de l'Afrique sus-équatoriale; Padre P. BOUCHE – A costa dos escravos e o Dahomey; MARQUIS DE COMPIÊGNE – L'Afrique équatoriale; DR. PERDIGÃO MALHEIROS – A escravidão no Brazil; H. BUSSON – Races d'Algerie (Bulletin de la Soc. De Geogr. Comerciale de Bourdaux, avril 1903); SYLVIO ROMERO e J. RIBEIRO – Comp. de hist. da literatura brasileira; SYLVIO ROMERO – Historia da literatura brasileira; CABEÇA DE VACA – Commentarios; RUY DIAZ DE GUSMAN – Argentina; JOÃO RIBEIRO – Historia do Brasil; Ch. SEIGNOBOS – Historie de la Civilisation; ISAAK COMMELYN – Historia da Holanda (Parte relativa ao Brazil, trad. Dr. J. de Campos Novaes, publicada na Revista do Centro de Sciencias, Letras e Artes, de Campinas, n. 16, fasc. 4, anno VI); OBRAS DO P. VIEIRA – Sermões (ed. Chardron); ARCHIVO PUBLICO NACIONAL; H. KOSTER – Voyages dans la partie septentrionale du Brésil, trad. franceza de M. A. Jay.; J. ARMITAGE – Historia do Brazil; DR. JOAQUIM. M. DE MACEDO – Lições de historia do Brazil; EUCLIDES DA CUNHA – Da independencia à republica e Sertões; RAIOL – Motins politicos; ANNAES DA CONSTITUINTE DE 1823; DR. CASTRO CARREIRA – Historia financeira etc. do imperio do Brazil; VISCONDE DE URUGUAY – Ensaios sobre o Direito Administrativo; GARIBALDI – Memorias; ALEXANDRE DUMAS – Une nouvelle Troie; VISCONDE DE OURO PRETO – O advento da Republica; DR. ARAUJO JORGE – Ensaios de historia diplomática do Regimen Republicano. POMBO, 1922, p. 307-315.

no país ao qual Rocha Pombo se demonstrou ferrenhamente oposto ao longo de sua vida. Embora a obra seja uma contração dos dez volumes originais são inclusos no volume IV: O império e o caudilhismo político (tomo XX – Complicações da política externa); A questão militar; A propaganda republicana; Pequenos Incidentes e O Brasil ao comemorar o centenário da sua independência (tomo XXI – Normalização da ordem política e desenvolvimento do paiz).

Somente a partir de 1935, a *História do Brazil (Illustrada)* de Rocha Pombo se tornaria um grande sucesso editorial, alcançando grandes públicos e tendo mais de trinta edições, agora com seus direitos pertencentes à W. M. Jackson Company, que, segundo denúncia publicada no *Diário de Notícias* de 25 de dezembro de 1949[405], havia ludibriado a filha de Rocha Pombo na aquisição dos direitos à sua obra e tomado posse de seus últimos escritos ainda não publicados. Com a manchete "Desconhece o Brasil o seu grande historiador", o jornal apresenta Rocha Pombo como um autor cuja vida e a repercussão de sua obra não tiveram equivalência, nem em grandeza e nem em frutos, ao seu caráter e genialidade. Segundo a descrição feita por Maria Visentini, o autor paranaense fora um homem de pouca sorte, que vivera em pobreza a maior parte de sua vida, mas dono de um grande talento, tolerância, de espírito doce e ingênuo. Um homem que nunca se queixara das injustiças sofridas e que enfrentou a pobreza, a velhice e as enfermidades de forma serena e resignada. Ainda segundo o artigo, Rocha Pombo intelectualmente deu ao país a sua mais sublime obra, sua "História do Brasil", sem nada pedir em troca, vivendo apenas de seu salário de professor em colégios particulares e na Escola Normal, que naquele momento chamava-se Instituto de Educação[406]. Aqui mais uma vez encontramos uma repetição da fórmula comumente utilizada ao se descrever o historiador paranaense: pobre, idealista, desvalorizado em sua genialidade e no reconhecimento de seu valor como intelectual. Essa construção é inaugurada, como já demonstrado aqui, pelo próprio Rocha Pombo e produzida por seus amigos como Nestor Vitor. Nesse caso específico, pode ser fruto das informações fornecidas pela família de Rocha Pombo que em sua denúncia sobre a forma como se deu a compra dos direitos da última versão de História do Brasil, tenha reforçado essa visão sobre o autor. Maria Visentini, sobre *Historia do Brazil (Illustrada)*, diz:

---

[405] DIÁRIO DE NOTÍCIAS. Rio de Janeiro, 25 de dezembro de 1949, terceira sessão, p. 17-18. Disponível em: http://hemerotecadigital.bn.br/. Acesso em: 13 jan. 2025.

[406] SILVEIRA, Alfredo Balthazar da. *História do Instituto de Educação*. Rio de Janeiro: Instituto de Educação, 1954.

> A obra do grande historiador teve o mesmo destino obscuro e acidentado de sua vida.
>
> Como as obras clássicas do gênio antigo, a sua "Grande História do *Brazil*" tornou-se um dêsses exemplares raros de museu, citados por eruditos em restritas conferências ou por catedáricos a um grupo distraído de alunos. Esse monumental trabalho em dez volumes, que consumiu quinze anos da vida de seu autor, continua desconhecido no país, raramente lido pelas classes intelectuais, inteiramente ignorado pelas massas populares [...].[407]

A autora do texto publicado no jornal constitui uma biografia tanto da personagem quanto de sua obra bastante próxima daquelas produzidas na década de 1950, que se solidificariam em torno da figura de Rocha Pombo. No que se refere à obra, também reproduz a pouca circulação e inserção da obra no mercado, completa dizendo que Rocha Pombo teria sido convidado pelo editor da J. F. Saraiva, no início do século, a escrever uma história em que o caráter didático "fosse esbatido pela beleza literária"[408]. Tarefa que Rocha Pombo assumiu e levou até o fim, enfrentando dificuldades múltiplas, tendo inclusive que, em 1914, com a Primeira Guerra Mundial e a consequente dificuldade de conseguir publicar todos os volumes propostos, viajar em busca de recursos para Benjamim de Aguila, seu amigo e editor:

> [...] Foi então nessa época que, inutilmente, o historiador fez uma excursão ao norte do país para solicitar dos governos estaduais a aquisição da obra. Acusado de fazer propaganda de si mesmo, Rocha Pombo agia, entretanto, em defesa dos interesses do amigo. [...][409]

Assim, a custosa publicação da obra fora difícil não apenas para o editor, mas também para o autor e sua família. A leitura do documento leva a indagar o quanto daquilo descrito é real e o quanto tem por objetivo sensibilizar o público para a denúncia que viria a seguir, e também a pensar sobre quais seriam os motivos que levaram Rocha Pombo a gastar suas parcas economias em uma viagem ao nordeste brasileiro – que resultou

---

[407] *Ibidem*.
[408] *Ibidem*.
[409] *Ibidem*.

na publicação de dois livros: *Notas de Viajem: norte do Brazil*[410] e a *História do Rio Grande do Norte*[411]. Maria Visentini também relata que ao tomarem conhecimento de que o governo do estado do Paraná pretendia publicar a "Grande História do *Brazil*" procuraram a filha de Rocha Pombo, Júlia Bond – professora da Escola Dominicana da Igreja Batista do Meier – e que esta relatou que por não conseguir editores para nova publicação da *Historia do Brazil, (Illustrada)* seu pai havia escrito um resumo, criando assim, a "Pequena História do Brasil", texto que era desconhecido da família até a sua morte. Segundo o relato da filha de Rocha Pombo:

> Pouco depois, apareceram à sua casa dois norte-americanos dizendo-se protestantes (nessa época D. Júlia já era batista) e revelaram-lhe existir, na rua de São José, um depósito de obras de Rocha Pombo – fascículos velhos, amarelecidos, empoeirados. Tratava-se da "Pequena História do Brasil", cuja edição não estava concluída por ter o editor desistido da mesma. Os americanos propuseram-se então organizar toda obra do historiador, inclusive fazer novas edições da "Pequena História do Brasil".
>
> A Casa Jackson – que representam – comprou a primeira edição por vinte e cinco mil cruzeiros, mediante um contrato que, além de ilimitado, não foi registrado por ter assinatura de menores. As edições não eram rubricadas, razão porque, de 1934 a 1939, os herdeiros nada mais receberam.
>
> Saíam edições e edições, que nunca se esgotavam. Nesse contrato ficava também estipulada que, esgotada a primeira edição, seria feita outra em condições menos favoráveis, uma vez que a família Rocha Pombo receberia apenas vinte mil cruzeiros. Durante treze anos os herdeiros receberam apenas quarenta e cinco mil cruzeiros, correspondentes às duas edições. No entanto, avaliasse em mais de cinco milhões de cruzeiros a venda das coleções [...].[412]

Assim, segundo a denúncia, a família Rocha Pombo teria, logo após a morte do autor, perdido os direitos autorais daquele que ficou conhe-

---

[410] POMBO, José Francisco da. *Notas de viajem*: norte do Brasil. Rio de Janeiro: Benjamin de Aguila editor, 1918.

[411] POMBO, José Francisco da Rocha. *História do Estado do Rio Grande do Norte*. Rio de Janeiro: Anuário do Brasil; Porto: Renascença Portuguesa, 1922.

[412] *Diário de Notícias*, Rio de Janeiro, 25 de dezembro de 1949, terceira seção, p. 17-18. Disponível em: http://hemerotecadigital.bn.br/. Acesso em: 13 jan. 2025.

cido e "Pequena História do Brasil" e que foi editado pela W. M. Jackson Company com grande sucesso nos anos vindouros.

A primeira edição feita pela W. M. Jackson Company, em 1935, conta com cinco tomos e passou a se chamar *História do Brazil – nova edição illustrada*[413], foi reeditada vinte e cinco vezes, tendo sua última edição em 1967[414]. A partir de 1947, recebeu atualizações sobre o período republicano, efetuadas por Hélio Vianna[415]. Tornou-se um sucesso de venda, sendo amplamente consultada em bibliotecas. É importante ressaltar que a estratégia de venda da Jackson colocava a obra diretamente na casa de seus leitores, uma vez que essa editora era especializada na venda de porta a porta e em enciclopédias e coleções vendidas à prestação. Segundo Laurence Hallewell, a W. L. Jackson Company, empresa de Nova Iorque, possuía grandes interesses na América Latina e foi a pioneira no Brasil na venda de porta a porta, atuando com esse tipo de mercado desde 1911, também fora a primeira a produzir uma enciclopédia no país, a saber, a *Enciclopédia e dicionário internacional* em 20 volumes. A editora norte-americana ainda se tornaria, em 1937, a proprietária dos direitos autorais de Machado de Assis, anteriormente pertencentes à Garnier, que publicaria em forma de coleção, sua marca registrada.[416]

As edições de *História do Brazil – nova edição illustrada* se fizeram um sucesso imediato e levaram outras editoras a publicarem obras semelhantes como é o caso de *História do Brasil* de Pedro Calmon, publicada em 1937, e que, segundo Hallewell, teria sido lançada para fazer concorrência à obra de Rocha Pombo. Além da edição e publicação dos cinco volumes a Jackson & Co. fez uso da obra de Rocha Pombo, em outras publicações suas. Um exemplo é a enciclopédia *Tesouro da Juventude*, que em seus 18 volumes traz vários resumos do autor, encontrados na enciclopédia mesmo antes da compra dos direitos autorais[417].

---

[413] POMBO, José Francisco da Rocha. *História do Brasil, nova edição ilustrada*. 1. ed. Rio de Janeiro: W. M. Jackson, 1935. v. 5.

[414] TAVARES, Mariana Rodrigues. Refletindo e escrevendo o Brasil: Rocha Pombo e a produção historiográfica na Primeira república. In: OLIVEIRA, Camila Aparecida Braga; MOLLO, Helena Miranda; BUARQUE, Virgínia Albuquerque de Castro (org.). *Caderno de resumos & Anais do 5º. Seminário Nacional de História da Historiografia: biografia & história intelectual*. Ouro Preto: EdUFOP, 2011. Disponível em: http://www.seminariodehistoria. ufop.br/ocs/index.php/snhh/2011/paper/view/543. Acesso em: 13 jan. 2025.

[415] Foram encontradas no IHGB várias anotações de Hélio Vianna para a ampliação da obra de Rocha Pombo.

[416] HALLEWELL, 1985, p. 289-290, 381.

[417] *Thesouro da Juventude*. Rio de Janeiro: W. M. Jackson Company, [192-?/1957].

No que se refere ao conteúdo, a nova edição da obra é quase que idêntica à edição de 1922, tem o mesmo formato *in quarto* e o texto diagramado em duas colunas; mantém as divisões e nomes dos tomos; não há tomos inclusos ou cortados; mantém a bibliografia e os índices. As diferenças se fazem apenas no retorno das ilustrações agora não mais inseridas no corpo do texto, mas em páginas inteiras em um tamanho que lhes dá melhor visualização; é incluído também um índice ao fim de cada volume.

O público da *História do Brazil* passava a ser o leitor de classe média urbana, que buscava adquirir, em pequenas prestações, uma vasta quantidade de informações. Aqui se apresenta uma mudança no formato, no público, no mercado e principalmente no relacionamento obra — editor, além da ausência do próprio autor nessa relação. Nesse processo uma obra massiva, torna-se — provavelmente impulsionada também pelo sucesso obtido pelas obras didáticas produzidas pelo autor desde 1917 — um bem passível de ser não apenas adquirido, mas principalmente consumido em grande escala.

Essa obra é fundamental para a compreensão da obra didática de Rocha Pombo, uma vez que ela será a base para a sua construção de sua imagem de Brasil e da constituição do que seria "o brasileiro" para o autor, além de poder ser estabelecida no interior da produção de Rocha Pombo como o marco da passagem de uma escrita amadora para a escrita "profissional" da História[418].

Tal, como no *Compendio de Historia da America* é possível verificar em *Historia do Brazil (Illustrada)* a influência da historiografia francesa. Entretanto, conforme o próprio autor destaca, a sua principal referência encontra-se no autor inglês Henry Thomas Buckle — autor da obra *História da Civilização na Inglaterra*, de 1857, publicado no Brasil entre 1899 e 1900[419] —, que propunha que a história deveria ser escrita de maneira a expor o progresso das civilizações, levando em conta mais que fatos individuais, numa busca pela compreensão das leis gerais que organizam a sociedade. Segundo o autor inglês, e tantos outros no período, o progresso das civilizações era uma lei histórica. Esse progresso seria regulado pela atividade intelectual. Para Buckle, o progresso humano estava também

---

[418] SANTOS, 2009, p. 111-137.
[419] BUCKLE, Henry Thomas. *História da Civilização na Inglaterra*. Tradução de Adolpho J. A. Melchert. São Paulo: Tipografia da Casa Eclética, 1899-1900. 2 volumes.

atrelado às leis da natureza e à determinação e ao condicionamento que o meio geográfico impunha às sociedades humanas[420].

A leitura da obra de Rocha Pombo confirma as considerações de Ivan Norberto dos Santos sobre a forma como o autor constrói a sua história do Brasil, que ao tomar como base as teorias da história formuladas pelo autor inglês, o *Historia do Brazil (Illustrada)* oscila entre uma abordagem do caráter do desenvolvimento do povo brasileiro, a apresentação exaltada das grandes personagens e feitos, mas é importante ressaltar que na obra as grandes figuras não se constituiriam em grandes por si próprias e sim, como resultado, símbolos das qualidades que deveriam ser desenvolvidas no povo[421]. A obra de Rocha Pombo mantém, assim, características encontradas no *Compendio de Historia da America*, mas traz como diferencial uma densa descrição e importância conferidas à natureza e ao geográfico a que foram expostos os povos, constituindo-se também num elemento formador do caráter do povo brasileiro. Segundo o próprio Rocha Pombo, os dois grandes fatores da história eram o homem e a terra, ambos seriam os objetos que aquele que se propunha a estudar uma civilização ou "mesmo dar simples noticia de um povo"[422].

Também nessa obra é possível verificar que o arcabouço teórico utilizado é o mesmo ou pelo menos muito próximo de outros autores do período, assim como se mantêm os eixos apresentados por von Martius para que se escrevesse uma história do Brasil, dos quais Rocha Pombo havia se apropriado para a sua escrita da história da América. Rocha Pombo, como membro do IHGB, colheu grande parte da sua bibliografia nos arquivos do instituto e também seguiu o caminho de muitos de seus sócios, desde o império, assumindo a responsabilidade de ser porta voz de uma história nacional[423]. O autor utiliza a sua introdução aos dez volumes para demonstrar aquilo que se constituía a concepção moderna da história e para, de certa forma, criticar seus contemporâneos, além de deixar claro que reconhecia não ser a obra a que se propunha escrever fruto dessa história moderna, mas um simples registro de informações que serviriam ao futuro historiador como fonte[424].

---

[420] *Ibidem*.

[421] SANTOS, 2009, p. 31.

[422] POMBO, José Francisco da Rocha. *História do Brasil (Illustrada)*. Rio de Janeiro: J. F. Saraiva editor, 1905. v. 1, p. 23.

[423] GUIMARÃES, Manoel Luís Salgado. Nação e Civilização nos Trópicos: O Instituto Histórico e Geográfico Brasileiro e o Projeto de uma História Nacional. *Estudos Históricos*, Rio de Janeiro, n. 1, p. 5-27, 1988.

[424] *Ibidem*.

Na introdução muitos são os temas abordados e que eram centrais nas discussões entre os intelectuais não apenas no início do século 20, mas também daqueles que se propunham a pensar a história e os caminhos da humanidade desde o século 18, principalmente por teóricos de uma Filosofia da História[425], alguns deles lidos por Rocha Pombo como Kant, Comte e Rousseau, e pelos membros da chamada Escola Metódica[426], aos quais conferia capital importância na construção de sua concepção de história e do se fazer o trabalho do historiador.

Dentre esses temas, o próprio reconhecimento, ou constituição, da História como uma ciência apresenta-se como um ponto importante para a análise de Rocha Pombo. Para ele a História ainda não se constituía uma ciência e, ainda nos anos iniciais do século 20, havia aqueles que discutiam isso, divididos entre os que conferiam à História status de ciência e aqueles que sequer lhe conferiam a possibilidade de ser identificada dentro daquilo que se entendia por Ciências Sociais[427]. Embora alegue não ser possível naquele momento escolher um dos lados, Rocha Pombo tece uma crítica ao segundo grupo, dizendo que fundar a História enquanto ciência não seria uma tarefa gigantesca, não seria mais que uma generalização das Ciências Sociais, uma vez que já era possível ordenar fenômenos que se manifestavam nos agrupamentos humanos isolados, sistematizar os fatos relativos à vida e ao desenvolvimento da nação e que já existia, de fato, uma ciência social[428]. Dessa feita, o autor, com base nas considerações de Buckle, acreditava que as leis da história, já conhecidas, apenas aguardavam que se debruçassem sobre elas em um estudo parecido com aqueles realizados para as leis que regiam a sociedade, instituindo-se assim a ciência histórica. Em defesa dessa ideia Rocha Pombo ainda declara:

> [...] outra observação que seria legitimo fazer aos que, admitindo a scencia da sociedade, negam entretanto que seja possivel a sciencia da historia, é que assim se desconhece, não só que das leis sociaes se podem deduzir logicamente leis históricas; mas ainda – e isto é mais estranho – que, jogando com a imensa copia de material, com a vasta documentação que já fizemos na ordem dos phenomenos

---

[425] BOURDÉ, Guy; MARTIN, Hervê. *As Escolas Históricas*. Lisboa: Europa-América, 1983. p. 43-60.
[426] *Ibidem*, p. 61-118.
[427] POMBO, 1905, p. 5-6.
[428] *Ibidem*.

colletctivos, é hoje licito avançar que com tanta – e íamos dizendo até – com mais segurança e certeza do que aquellas com que formulamos leis históricas.[429]

O que impedia ou pelo menos dificultava a organização da história como uma ciência, assim, não era a falta de método ou de leis que regessem e norteassem o trabalho do historiador, mas uma aparente desordem ou um caráter de imprevisibilidade que fazia parecer tudo eventual na vida dos povos[430]. A proposta de Rocha Pombo, sempre baseada naquela de Buckle, era, como já foi dito, a generalização. Para exemplificar sua proposta, o autor utiliza a ideia de que o progresso contínuo e indefinido do espírito humano ao se constituir como desenvolvimento da civilização no planeta seria uma lei da história que não poderia se sustentar como uma lei social, uma vez que existem sociedades que deixam de progredir, que se dissolver ou ainda, ao chegaram a determinado ponto de evolução passam a se modificar e regridem até a extinção. Segundo sua análise o progresso humano, regulado sempre pela atividade intelectual, sobrevive às sociedades, os fatos humanos sucedem-se e desaparecem, mas mantêm-se a obra de uma humanidade ideal[431]. Neste sentido, a civilização seria o conjunto dos progressos humanos, na medida em que os avanços a que chegam pequenos grupos de intelectuais é agregado e projetado no conjunto social e exteriorizados na vida coletiva, distribuindo-se não apenas nas sociedades que os cunharam, mas também naquelas que, jovens ainda, recebem o "influxo de conquistas que outros fizeram"[432]. Assim, deve-se mais que observar fatos individuais, ou as particularidades, realizar um exame mais abrangente para que a desordem colocada pela multiplicidade de fatos e ações humanas fossem minorizadas e a confusão por elas gerada desaparecessem. Nesse sentido, é a observação de características comuns, dando destaque às grandes sínteses, à direção dos acontecimentos, "sem dar aos incidentes mais que o valor que eles têm como partes do mesmo todo"[433].

Outro ponto discutido por Rocha Pombo é a impossibilidade de se recusar a ideia de que a história seria a "mestra das nações", segundo ele:

---

[429] *Ibidem*, p. 6.
[430] *Ibidem*, p. 9.
[431] *Ibidem*, p. 7-19.
[432] *Ibidem*, p. 7-8.
[433] *Ibidem*, p. 16.

> A maior parte dos antigos historiadores que tratavam a história, apenas como narrativa, assignalam que os sucessos de cujo registro se ocupam, *hão de servir de lições* aos vindouros. Não se compreende como é que os factos históricos possam vir a exercer influencia sobre gerações subsequentes sem que isso signifique, não apenas uma relação de dependência entre as gerações, mas até o grau e a forma necessaria da dependência em que hão de ficar certas gerações. Si é possivel hoje constatar no presente o influxo de factores preparados em phases já decorridas — nada mais logico do que admitir a possibilidade de prever o resultado ou o effeito, mesmo em futuro mediato e longínquo, de coeficientes actuaes. Sim: si explicamos o presente pelo passado — explicaremos o futuro pelo presente. — Figura-se-nos ocioso discutir ainda e procurar pôr em evidencia a já muito debatida these – que os vivos são cada vez mais governados pelos mortos. These tão velha, talvez, como o homem, pois a encontramos na sabedoria de todos os povos mais antigos da historia. — ora, si é assim, temos todo o problema reduzido a uma simples questão de logica. Si a politica e a moral de uma epoca é que vão regular a moral e a politica da epoca, subsequente é bastante conhecer a moral e a politica da epoca de que a segunda tem de ser uma como projeção ou corollario.[434]

Seu alinhamento ao pensamento de Buckle é bastante claro e demarcado dentro da obra, e assim, Rocha Pombo assume a análise da história com o objetivo de se fazer conhecer o *devir*. Dessa forma, sua análise será sempre calcada nos valores centrais do evolucionismo e na crença excessiva no progresso.

Quanto ao conteúdo, busca cobrir a história do país desde o descobrimento com a exaltação da natureza, da topografia, da geografia, dos grandes fatos e homens e principalmente da participação e do papel das três raças na formação da sociedade brasileira. Segundo afirma o próprio Rocha Pombo, em sua introdução, o objetivo do trabalho não é o de construir uma história do Brasil como conviria a um historiador moderno, mas registrar feitos, fatos em seus máximos detalhes, numa contribuição aos historiadores do futuro. Ainda segundo o autor, não aspirava ser ele quem cumprisse a tarefa de escrever a história do Brasil, que deveria ser

---

[434] *Ibidem*, p. 15-16.

feita com fontes primárias às quais ele não tinha acesso por não poder deslocar-se à Europa⁴³⁵. Em suas palavras:

> [...] Para os modernos consiste a tarefa do historiador em apanhar cada vez com mais precisão e o mais nitidamente possível as relações entre os fatos humanos, para sabermos cada vez melhor e com mais segurança, em que sentido eles se vão desdobrando [...]
>
> [...] este trabalho não visa constituir uma história da civilização no Brazil. Para tão alta e difficil tarefa me fallecem, tanto os conhecimentos especiais que não podem deixar de ter o historiador (e isso principalmente) como o indispensável material que tem de servir de base à construção do que há de vir a ser propriamente a nossa história. A minha tarefa é ainda a mesma tarefa secundária dos que me precederam: é consubstanciar elementos para o historiador do futuro e portanto fazer apenas um pouco mais que a simples crônica, porque há de ser uma condensação de crônicas e monografias, de tudo em suma que tem de ser o estofo histórico da obra de amanhã [...].⁴³⁶

Assim, o autor exime-se da tarefa do historiador, declarando que não cumpriria a função do mesmo, mantendo-se muito mais próximo de outros autores que, segundo ele, produziam crônicas, simples narrativas e registros de fatos sociais⁴³⁷. O historiador deveria fazer mais que isso, deveria apanhar o sentido do processo desenvolvido pela sociedade. Rocha Pombo alerta que se os antigos se contentavam em descrever batalhas, ocorrências políticas, biografias de reis ou grandes guerreiros, sua obra traria outros aspectos, mesmo que não fosse uma obra de cunho verdadeiramente historiográfico. Caberia em sua obra também ocupar-se de tudo aquilo que fosse, por sua natureza, característico da evolução humana, assim em vez de fazer a simples crônica ou narrativa de grandes cidades, em vez de tratar exclusivamente da administração política haveria a busca por estudar a tudo aquilo que constituísse a essência da vida de um povo, a saber, seus costumes, opiniões, crenças, legislação, ideias, tendências, instituições, moral, atividades e riqueza⁴³⁸.

---

⁴³⁵ POMBO, 1905, p. 21-22.
⁴³⁶ *Ibidem*.
⁴³⁷ *Ibidem*, p. 19.
⁴³⁸ *Ibidem*, p. 19-20.

Segundo Ivan Norberto dos Santos, a escrita de Rocha Pombo, para além de sua ligação com a imprensa, deixava clara a existência de diferenças entre uma escrita histórica, que deveria atender a alguns requisitos mínimos para ser reconhecida como tal, e a simples crônica. Enquanto a última — narrar, ou o relato da crônica — implicaria em uma simples operação de síntese, a primeira exigia também o envolvimento do historiador, por meio de um estudo, da análise, de um aprofundamento investigativo, daquilo que fora narrado[439]. Para o autor, há na obra de Rocha Pombo uma tensão permanente na tentativa de articular as duas formas de escrita"[440] dada pela proximidade espacial e cronológica com os eventos, que tornava impossível, que o autor paranaense abrisse mão de um tom jornalístico inerente ao seu texto[441].

1. O caldeamento: o complexo étnico e a formação da raça histórica

Dentre os dez volumes de *Historia do Brazil (Illustrada)*, o livro segundo será aquele reservado exclusivamente para a análise da forma como teria se dado a formação do elemento nacional. Esse volume está dividido em seis tomos: 1. Os diversos elementos do complexo Ethnico; 2. O elemento aborigena; 3. O elemento africano; 4. O elemento português; 5. Elementos secundários; 6. Synthese da parte Terceira. No primeiro tomo, Rocha Pombo irá apresentar o tema, tratando de maneira geral a forma como os três principais elementos do complexo étnico — indígenas, negros e portugueses — aqui se encontraram e se amalgamaram para formar a raça histórica que ele pretendia ser o brasileiro.

Segundo a análise calcada no determinismo, emprestado de Buckle, o autor alega serem incontestavelmente dois os coeficientes formadores o Brasil: a terra e o homem. Ressalta a dificuldade de se estabelecer qual dos dois seria o mais importante, uma vez que o homem muda o meio, mas por outro lado o meio só pode ser moldado até certo ponto, sobre isso explica:

> É muito pouco provável que o genio flamengo conseguisse, por exemplo, fazer dos areaes do Sahara regiões fecundas, adaptaveis a acção humana; ou que nas estepes da Russia boreal viesse a triumphar, tão bem como em climas tem-

---
[439] SANTOS, 2009, p. 98-99.
[440] *Ibidem.*
[441] *Ibidem.*

perados, o mesmo espirito constructor que fez da Zelandia um paraizo."[442]

A relação entre terra e homem se daria como uma verdadeira queda de forças, e ao elemento mais fraco, menos evoluído não seria possível vencer e moldar o meio. Assim, a terra somente até certo ponto poderia ser tomada como elemento passivo nessa relação, uma vez que atuaria poderosamente sobre o homem, resistindo, opondo-se ou estimulando a sua coragem[443]. O autor ainda ressalta que o que difere no resultado das nações é exatamente o fato desses dois coeficientes terem caráteres compensativos de forma que "o excesso de valor de um póde suprir a deficiência de valor do outro"[444]. Dessa forma, uma raça civilizada[445] faria em qualquer lugar do mundo muito mais que uma menos evoluída, para ele o elemento essencialmente ativo, o homem, é quem impõe ao elemento passivo, a terra, a sua ação de acordo com a sua própria capacidade evolutiva. Isso resulta que um homem menos evoluído acaba por ser suprimido pela natureza[446] e: "Segue-se que um grande povo, deixando de lado as causas accidanaes secundarias ou accessorias, ha de ser sempre a resultante de uma equação ou de um equilibrio cada vez mais perfeito dos dois fatores capitaes — natureza munificente e espirito vigoroso e creador da raça"[447].

Ao observar essa relação para o Brasil, Rocha Pombo chama a atenção para a importância de se levar em conta, em primeiro lugar, que o país não era constituído ainda de uma raça e sim de "um vasto amalgama de raças"[448]. No Brasil não era claro qual das raças se sobrepunha ao contrário da Europa onde seria possível, apenas pela observação direta das características físicas da população, ver claramente a existência de uma raça geral e de muitas sub-raças perfeitamente definidas, mas oriundas do

---

[442] POMBO, José Francisco da Rocha. *Historia do Brazil (Illustrada)*. Rio de Janeiro: J. F. Saraiva editor, 19--. v. 2, p. 5.
[443] *Ibidem*, p. 5-6.
[444] *Ibidem*, p. 6.
[445] Rocha Pombo toma como grande exemplo de raça civilizada "o inglês".
[446] POMBO, [19--?], p. 6.
[447] *Ibidem*.
[448] *Ibidem*.

mesmo tronco[449]. Para demonstrar isso o autor tece descrições de vários povos que formaram o continente europeu, estabelecendo que embora diferentes em muitos aspectos, quando observados em comparação com a América[450] a diversidade era diminuída ou mesmo eliminada. Aqui a fusão teria obedecido a processos distintos daqueles ocorridos na Europa, assim como seria distinta a terra, de uma natureza excepcional. O principal elemento para essa diferença estava posto na conquista, uma vez que na Europa, embora passado por ondas de invasões, os territórios não foram necessariamente conquistados e seus povos subjugados. Além disso, lá o embate se daria entre raças vigorosas que adentravam territórios de outras raças em pleno desenvolvimento e os líderes invasores possuíram discernimento e inteligência para se apropriar da cultura e dos elementos civilizatórios daqueles que venciam e não trataram de eliminar a evolução dos invadidos. Enquanto na América o que se viveu foi a total conquista de povos superiores sobre uma raça ainda muito pueril e selvagem[451]. No processo de conquista da América, a raça superior teria entrado "[...] no continente como uns verdadeiros tufões, arrasando todo. Aqui, e sobretudo na parte oriental, encontramos populações que mal começavam a sair da nomadia — sem cultura, sem instituições, sem organisação politica ou siquer militar, e todas divididas em um estado permanente de conflitos"[452].

Assim, o próprio processo de conquista da América constituir-se--ia em um diferencial para a formação do indivíduo histórico de Rocha Pombo, segundo ele aqui os aventureiros passaram ávidos por riquezas, sem intuito de aqui se estabelecer. Em sua análise desse aspecto da formação da América, o autor retoma suas ideias lançadas no *Compendio de Historia da America* e demonstra que não houve colisão entre as raças e "[...] no seu aspecto geral, a conquista parece uma immensa feira aberta imprevistamente à avidez da Europa exhausta e desesperada. Lances

---

[449] A ideia de uma Europa formada por uma série de sub-raças é bastante comum no período e surge como um desdobramento das teorias raciais do século 19. Segundo Hobsbaw: "Por um lado, a velha e estabelecida divisão da humanidade em algumas poucas 'raças' que se diferenciavam pela cor da pele passou a ser elaborada agora em um conjunto de diferenciações 'raciais' que separavam pessoas que tinham aproximadamente a mesma pele clara, como 'arianos' e 'semitas', ou entre os 'arianos' e os nórdicos, os alpinos e os mediterrâneos. Por outro lado, o evolucionismo darwinista alimentou o racismo como aquilo que parecia ser um conjunto de razões 'científicas' para afastar ou mesmo, como aconteceu de fato, expulsar e assassinar estranhos" (HOBSBAWM, Eric J. *Nações e nacionalismo desde 1780*: programa, mito e realidade. São Paulo: Paz e Terra, 2013. p. 150-151).

[450] No decorrer do volume, a análise do caso brasileiro será sempre integrada àquela do continente. A especificidade brasileira surgirá principalmente na análise do elemento negro e do português.

[451] POMBO, [19--?], p. 7-8.

[452] *Ibidem*, p. 8.

heroicos, as scenas edificantes desse vasto drama não passam de simples acidentes"[453].

A tudo isso se somou uma grande diferença: o elemento negro, que tornaria o caldeamento na América ainda mais complexo e diversificado que na Europa. Assim, o europeu mesmo que desde o início operasse a fusão com as duas raças extremamente inferiores só obteria o abaixamento e a depressão da raça superior, uma vez que:

> É sabido que a mescla de dois typos diferentes produz um tipo médio, acima do mais rude, mas abaixo do mais culto, sendo muitos anthopologistas até de opinião que o elemento inferior desloca mais o outro elemento. Ora, isto é assim ainda quando a amalgamação se faz regularmente, isto é, quando individuos de raças diferentes se encontram e se aliam em mais ou menos aparente igualdade de condições sociais. Que diremos então da mistura operada nas condições que acabamos de assignalar? Que poderia sahir immediatamente da mixtão do europeu com o indio e o africano? — do europeu como senhor e insuflado da sua fortuna, com miseros barbaros envilecidos na escravidão?[454]

Rocha Pombo não responde a essas questões, que se apresentam muito mais como uma forma retórica de justificar os primeiros tempos da colonização e uma possível falta de miscigenação imediata da população na América. O que ocorreria somente por volta do século 17, quando a terra enfim fosse dominada. No quadro apresentado pelo autor a fusão apresenta-se como um problema novo, em que não se poderia dizer que "nosso organismo ethnico definitivo tinha de ser constituído exclusivamente pelas tres raças até agora preponderantes"[455]. Isso porque a imigração desde o século 19 se fazia uma constante, e ao analisar os fluxos imigratórios já era possível identificar uma intensa entrada de pessoas oriundas de países não latinos e essa presença poderia atuar no melhoramento das três raças[456]. Ao abrir essa possibilidade vemos Rocha Pombo retornar ao tema da necessidade de atrair e manter europeus no Brasil, causa pela qual militara intensamente quando morava no Paraná e que aqui aparece como uma possibilidade de melhoramento da raça, mas também como uma confirmação de que seus projetos anteriores se

---
[453] Ibidem.
[454] Ibidem, p. 8-9.
[455] Ibidem, p. 9.
[456] Ibidem.

tivessem tido sucesso poderiam constituir-se como grandes aliados no processo evolutivo do país.

O autor ainda chama a atenção para o pouco tempo em que as raças aqui se punham em contato. Para ele somente quatrocentos anos não seriam suficientes para a criação de uma unidade de raça, nem mesmo para uma uniformidade aparente — o que também não se via em toda a Europa, uma vez que ali existam locais em que a mistura teria sido mais complexa como é o caso da Itália, onde ainda, no início do século 20, a diferença podia ser claramente vista na fisionomia dos povos, podendo identificar, por exemplo, os fenícios, os lombardos, os mouros etc.[457]

No que se refere à proporcionalidade das três raças, Rocha Pombo recorre a diversos trabalhos estatísticos, mas destaca que são poucos os que se debruçam sobre esse importante aspecto para a compreensão da história do Brasil. Dentre esses poucos trabalhos há um maior destaque para o elemento aborígene, uma vez que houve, desde o período colonial, um grande interesse por conhecer, reconhecer e mapear o selvagem americano. Por outro lado, os estudos demográficos e estatísticos acerca do elemento português seriam bastante deficitários e incompletos. Nesse sentido, Rocha Pombo tece uma crítica ao serviço de estatística no Brasil, o qual alega estar "ainda muito longe de ser ao menos sofrível"[458], já que para depois de 1872, ele se via obrigado a escolher os dados que mais parecessem legítimos, sendo a sua melhor fonte o recenseamento do referido ano[459]. Assim, o autor trabalha com dados, que alega serem parcos, mas apresenta em nota de rodapé um histórico sobre os registos demográficos no século 19. Esses dados assumem papel importante em sua análise, na medida em que permitem precisar não apenas a distribuição demográfica ou racial da população brasileira, mas principalmente porque apresentam números que possibilitaram ao autor verificar os efeitos do caldeamento ao longo do tempo e chegar à conclusão de que houve um efetivo branqueamento da população. Nessa perspectiva, Rocha Pombo faz uma projeção dos números para a primeira década do século 20:

> [...] a população actual do Brazil, calculada em cerca de 25.000:000 – indivíduos que já entraram no caldeamento – 15.000:000 (60 por cento); – brancos ou europeus mais ou menos imunes – 6.250:000 (25 por cento); – caboclos

---

[457] *Ibidem*, p. 10.
[458] *Ibidem*, p. 12-13.
[459] *Ibidem*, p. 13.

ou indivíduos de raça aborígena mais ou menos imunes — 2.500:000 (10 por cento); e negros — 1.250:000 (5 por cento) [...].[460]

Assim, na leitura de Rocha Pombo, os negros seriam a minoria da população brasileira, ficando a grande massa demográfica formada pelos mestiços. E esse seria exatamente um problema com que os intelectuais do período se viam ao pensar o país como parte da modernidade. Dessa forma, no Brasil que, desde a década de 1870, recebia obras e pensava compulsivamente em termos de raciais estabelecerem qual seria o papel do mestiço na formação do nacional era algo que se fazia uma constante. Essa preocupação gerou intensos debates e em linhas gerais dividiu os intelectuais entre aqueles que se colocavam avessos à miscigenação, alegando que o "produto final" seria a total degeneração do branco e a perda de suas qualidades essenciais e aqueles que apostavam no branqueamento por meio da mestiçagem[461]. Rocha Pombo no decorrer de sua obra alia-se a esse segundo grupo e faz uma análise que reconhece a inferioridade das raças subalternas, mas que vê no caldeamento e no progressivo aumento das características superiores da raça branca no indivíduo resultante dessa mistura o caminho para a civilização que se pretende construir no Brasil. Esse alinhamento é oposto ao seu posicionamento quando da composição do compêndio, o que significa uma importante modificação na construção de seu elemento nacional, como será demonstrado no decorrer do capítulo.

O grosso dessa população mestiça (50%) estava regionalmente posta e dominava do Maranhão à Bahia — com alguns estados excluídos dessa média, a saber, Piauí, Alagoas e Sergipe onde os mestiços não representavam mais que 20% da população; do Espírito Santo ao extremo Sul essa porcentagem caía de forma drasticamente, sendo encontrado em Santa Catarina o menor número de mestiços (15%) — que era justificado pela maior presença de população europeia; Minas Gerais, Goiás e Mato Grosso — que Rocha Pombo chama de Estados do Interior — contavam com um número muito aproximado dos 50%; O Amazonas com apenas 20% — o que se explicava pelo predomínio da população aborígene (70%), pela mescla entre aborígenes e brancos e pela pouca ocorrência de miscigenação entre negros e brancos nessa região. Não há registros sobre os números para alguns estados como o Rio Grande do Sul, que aparece

---
[460] Ibidem, p. 15.
[461] SCHWARCZ, 1993.

em um comentário que diz ter sido Santa Catarina até o Rio Grande do Sul quase que totalmente povoado por europeus (açorianos e espanhóis na maior parte) e posteriormente em seu registro sobre a população indígena que estaria entre 10 e 15% e de que a população variaria entre 45% e 50%, o que soma 65% da população gaúcha, deixando aberto à especulação de sobre qual seria a composição dos 35% não citados[462] e qual a importância desse ocultamento não apenas para a obra, mas nos possíveis desdobramentos e interpretações de seus leitores sobre o tema.

    Embora não se possa afirmar que Rocha Pombo seja o precursor dessa leitura, é bastante clara a sua construção de uma imagem do sul branco e mais civilizado, que seria propagada ao longo do século 20, levando ao apagamento, por exemplo, da existência da população negra na Região Sul do país[463], quase como se o tráfico interno tivesse enviado os negros todos para os estados localizados acima do Paraná — o que em partes ocorre, principalmente devido às demandas geradas pela produção do café e a intensificação do tráfico interno após a lei Eusébio de Queiroz, em 1850[464] — e a imigração europeia houvesse tomado todos os espaços possíveis. Se os negros são, na leitura de Rocha Pombo, retirados dos estados do sul, seus redutos populacionais se concentravam nos estados do Rio de Janeiro, Maranhão; Bahia, Espírito Santo, Minas Gerais e São Paulo. Concentração que explica em termos de ciclos produtivos que exigiam maior mão de obra escravizada em determinados períodos da história do país. Assim, Rocha Pombo coloca a distribuição da população escravizada em termos que se tornariam clássicos e que se apresentariam de forma

---

[462] POMBO, [19--?], p. 15-16.

[463] Desde os últimos anos do século 20, a historiografia da escravidão tem se dedicado ao estudo quantitativo e qualitativo da participação dos negros – como escravos, libertos e livres – nos estados do Paraná, Santa Catarina, Rio Grande do Sul demonstrando que a presença negra se fazia apenas marcante e volumosa. Sobre o tema: BELL, Stephen. *Campanha gaúcha*: a Brazilian ranching system, 1850-1920. Stanford: Stanford University Press, 1998; LIMA, Rafael Peter de. *Nacionalidades em disputa*: Brasil e Uruguai e a questão das escravizações na fronteira (Séc. XIX). *In*: ENCONTRO ESCRAVIDÃO E LIBERDADE NO BRASIL MERIDIONAL, 4., 2009, Curitiba. *Anais* [...]. Curitiba: [s. n.], 2009; MAESTRI, Mário (org.). *O negro e o gaúcho*: estâncias e fazendas no Rio Grande Do Sul, Uruguai e Brasil. Passo Fundo: Ed. Universidade de Passo Fundo, 2008; MONSMA, Karl; FERNANDES, Valéria Dorneles. Illegal Enslavement and Resistance in the Borderlands: Free Uruguayans Sold as Slaves in Southern Brazil, 1846-1860. *In*: INTERNATIONAL CONGRESS OF THE LATIN AMERICAN STUDIES ASSOCIATION, 29., 2010, Toronto. *Anais* [...]. Toronto: LASA, 2010. Disponível em: http://lasa.international. pitt.edu/members/congress-papers/lasa2010/files/2583.pdf. Acesso em: 13 jan. 2025; OSÓRIO, Helen. *O império português no sul da América*: estancieiros, lavradores e comerciantes. Porto Alegre: Editora da UFRGS, 2007; PETIZ, Silmei de Sant'Ana. *Buscando a liberdade*: as fugas de escravos da província de São Pedro para o além-fronteira (1815-1851). Passo Fundo: Ed. Universidade de Passo Fundo, 2006.

[464] RODRIGUES, Jaime. *Infame Comércio*: propostas e experiências no final do tráfico de africanos para o Brasil (1800-1850). Campinas: Editora da Unicamp, 2000.

bastante forte nos materiais didáticos, a existência de três grandes ciclos econômicos que teriam concentrado a mão de obra e a riqueza: ciclo do açúcar (séculos 16 e 17) em que os negros estavam concentrados em Mato Grosso, Pernambuco, Alagoas, Sergipe e Bahia; ciclo da mineração (século 18) maior população negra em Bahia, Minas Gerais, Goiás e Mato Grosso; ciclo do café (século 19) quando os negros se deslocaram em massa para o Rio de Janeiro, São Paulo e Minas Gerais[465].

Por outro lado, os estados do Rio de Janeiro e de São Paulo, além de estarem entre aqueles com maior população negra no século 19, configurar-se-iam entre aqueles com o maior número de brancos no século 20. Para o autor, esse maior contingente poderia ser identificado nos estados localizados do Distrito Federal para baixo, o que se explicava principalmente pelo intenso fluxo imigratório: "Do que acabamos de indicar vê-se que o elemento europeu subsidiario tem a sua zona de densidade maxima ao sul do paiz. De 1872 para cá, e sobretudo depois da abolição accentua-se cada vez mais progressivamente essa densidade, pelo grande desenvolvimento que tem tido a immigração"[466].

Uma vez realizada essa tentativa de estimar a proporcionalidade dos contingentes raciais que constituiriam a raça histórica, Rocha Pombo aponta para a importância de se pensar nas condições em que se deu o caldeamento. Segundo ele a "[...] fusão das três raças – a branca, directora – e das duas outras subalternas, a aborigena e a africana – aqui se fez, respectivamente, pela immigração, pela conquista e pelo tráfico"[467]. Dada a importância de compreender o caldeamento o autor dará especial espaço para cada um desses processos de inserção das três raças e nesse aspecto o texto de Rocha Pombo, de certa forma, lança no primeiro tomo as conclusões a que chegaria a partir do desenvolvimento das análises e discussões dos tomos seguintes.

1.1 O elemento aborígene

O estudo de Rocha Pombo sobre os indígenas está dividido em quinze tópicos que vão das preliminares, em que será tratada a pré-história da América, até uma análise sobre o valor dos indígenas, num capítulo que

---

[465] POMBO, [19--?], p. 19.
[466] *Ibidem*, p. 20.
[467] *Ibidem*, p. 22.

se constitui mais da metade do volume[468]. Para construir a sua história dos indígenas, Rocha Pombo fará uso de um grande número e trabalhos produzidos no Brasil e no exterior, dentre os quais terão grande destaque em sua obra os relatos de viajantes, trabalhos de arqueólogos, de cronistas etc. Logo de início Rocha Pombo chama a atenção para o importante trabalho da arqueologia no trato e descobrimento de materiais que ajudassem a construir uma "história da pré-história", principalmente da arqueologia norte americana. Destaca o trabalho de Latouche-Tréville, de quem empresta conceitos, considerações e interpretações. Sobre a pré-história da América, Rocha Pombo conclui que o homem americano possuía perfeita unidade de origem, o que seria comprovado cientificamente pelo descobrimento e estudo de um homem fóssil pelos arqueólogos e que a esse deveriam ser estabelecidas relações com os egípcios e as populações do sul da Ásia e Oceania. Assim, o ameríndio não era uma raça ou raças isoladas, mas teria além de um ancestral comum, diverso daquele do homem branco, entrado em contato com outras raças e efetuado caldeamentos anteriores. Antes de tratar especificamente do aborígene encontrado em terras que se constituiriam na América Portuguesa, Rocha Pombo discorrerá intensamente sobre as populações da América como um todo, construindo um indígena generalizado. A raça aborígene poderia ser vista pelo leitor de Rocha Pombo:

---

[468] O capítulo 2 abrange 365 das 643 páginas do livro. Conta com os seguintes tópicos: 1. Preliminares; 2. O homem americano; 3. O caminho das migrações; 4. Distribuição das grandes famílias da America oriental; 5. Metamorphose regressiva operada na America Oriental; 6. O que representam os tupys; 7. Condições politico-sociais e estado de cultura; 8. Crenças, lendas e tradições; 9. Economia indigena; 10. Costumes – na paz e na guerra; 11. Instituições fundamentais; 12. Linguas indígenas; 13. Ensaio de uma filologia americana; 14. Influencia dos indigenas – na lingua, nos costumes, nas industrias; 15. Valor do elemento indígena, e protestos da raça contra a conquista.

Figura 3 – O Homem Americano, Historia do Brazil (Illustrada)

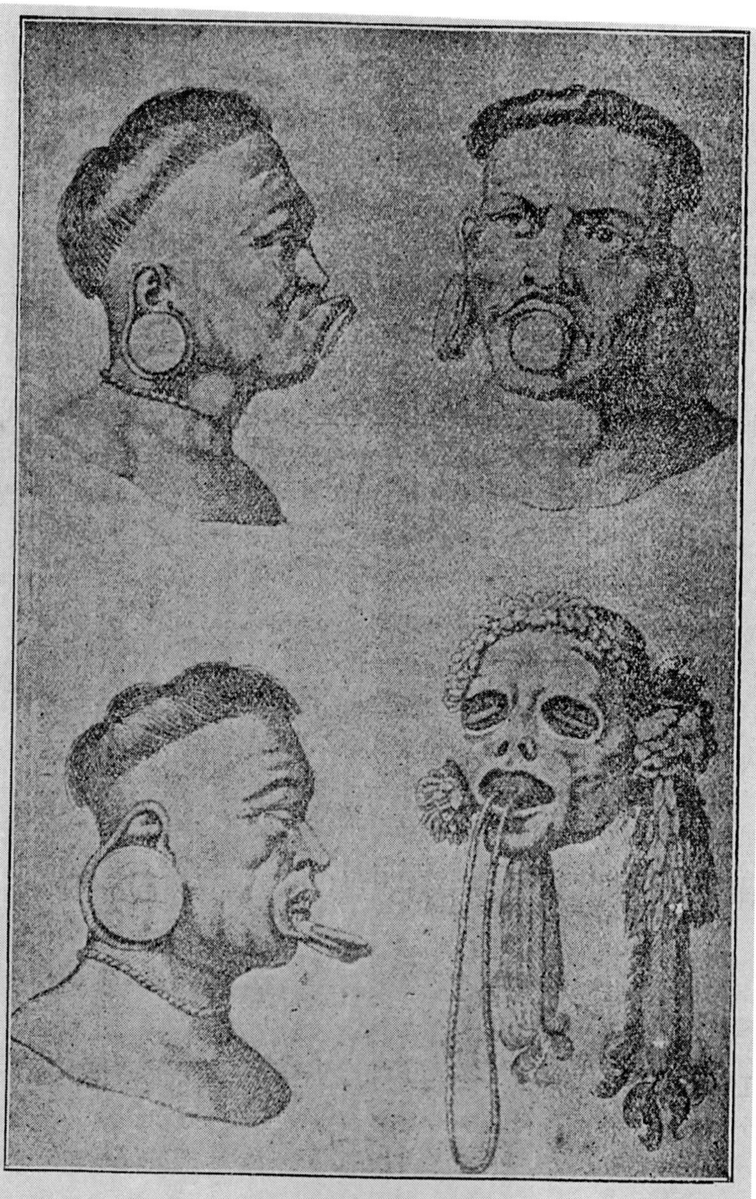

O HOMEM AMERICANO

Fonte: Pombo[469]

---

[469] POMBO, [19--?], p. 82. (Coleção Particular).

A figura acima é uma das muitas constantes na obra de Rocha Pombo e nesse momento específico do texto tem como papel apresentar ao leitor a fisionomia do elemento indígena. Assim como as outras imagens encontradas nos dez volumes da *Historia do Brazil (Illustrada)* além da legenda, não há qualquer indicação de fonte, descrição da imagem ou análise da mesma pelo autor, em alguns casos há uma indicação do autor. Seu papel, segundo o nome do livro é ilustrativo, mas da forma como se coloca a composição da obra assume um objetivo de extrema importância: deve ajudar a registrar na memória do leitor uma determinada imagem daquilo que se fala, neste caso daquilo que se constituía um indígena, uma categoria geral, sem diferenciações ou especificidades de grupos, culturais, físicas etc. Aqui é importante ressaltar que, embora *Historia do Brazil (Illustrada)* não seja um livro didático, ele é voltado para o grande público e como os didáticos suas páginas são formadas por textos multimodais, compostas de textos escritos e imagens. A relação entre estes tipos de textos cria a possibilidade de um sistema de comunicação em que um acaba por complementar o outro[470], no capítulo 4 será realizada uma análise mais aproximada desse elemento da obra didática de Rocha Pombo.

Para estabelecer o que seria o homem americano, Rocha Pombo se propõe a analisar os dois grandes "impérios do Pacífico", Peru e México. Assim, discorre sobre a religião, a organização social, a economia, a língua, arte e outros aspectos desses dois grupos de ameríndios. Ao adentrar no estudo específico das populações indígenas do território da América Portuguesa, seu foco é posto sobre o estudo das migrações e o nomadismo, voltando aos dados estatísticos sobre tribos e línguas[471], concentrando-se mais uma vez em analisar mais aproximadamente aqueles tomados pelos etnógrafos e historiadores do período, com base especialmente na obra de Gabriel Soares de Souza[472], como os maiores grupos *tupi, tapuia*

---

[470] *Ibidem.*
[471] *Ibidem*, p. 81-98.
[472] SOUZA, Gabriel Soares de. *Tratado descriptivo do Brasil em 1587*. Rio de janeiro: Typografia de João Ignácio da Silva, 1879. Disponível em: http://www.brasiliana.usp.br/node/495. Acesso em: 13 jan. 2025.

e *tupinambá*[473] e seus subgrupos, contudo, o grupo que receberá o maior destaque em sua análise seria o *tupi*.

Reconhece a existência da influência dos indígenas na língua, nos costumes e nas indústrias, mesmo que para a evolução física, moral e biológica da nova raça criada pelo caldeamento não tivesse contribuído com elementos positivos. Segundo Rocha Pombo:

> [...] o valor de uma raça tem de medir-se, antes de tudo, pelo seu poder de resistencia e immunidade ao contacto de outras raças [...] Aqui no Brazil, como em toda a America, o encontro das duas raças deu-se em condições diferentes e até contrarias. A força e a cultura estavam aqui do mesmo lado. De sorte que não seria legítimo comparar os resultados, desde que os factores são diversos. Mas esta disparidade de coeficientes tem de ser descontada aos americanos. Si uma civilização mais alta, que se deixa agredir só porque não tem mais força, consegue triumphar afinal sobre aquelles mesmos que a venceram, é evidente que mais completo triumpho alcançaria si não tivesse perdido a capacidade de defesa. Si a simples cultura resiste à preponderância da força, a força e a cultura superiores impõem dominio absoluto e imune. E foi o que se deu no Brazil, como em toda a America, mais ou menos. Aqui houve invasão e conquista, e a conquista determinou uma absorpção mais ou menos integral da raça conquistada, conforme o gráo de repulsão dos invasores pelos indigenas, e as qualidades mais resistentes que estes apresentavam. — É natural, que principalmente na America oriental fosse muito limitada a influencia do indio na sociedade historica, dasa as condições em que se fez a conquista.[474]

---

[473] Aqui tomamos os termos utilizados pelo autor sem perder de vista que esses nomes são genéricos e que, segundo John Monteiro, é preciso atentar para o processo de formação das identidades indígenas e a maneira como elas têm sido observadas e tratadas de forma cristalizadora pela historiografia. Herda-se uma leitura feita no século 19, principalmente a partir da obra de Gabriel Soares de Souza, copilada por Varnhagen, que classifica os grupos ainda na conquista da América em categorias genéricas, conferindo-lhes uma identidade afastada do processo de colonização. No processo da conquista e colonização, dar nomes e classificar os indígenas dentro de grupos aliados ou inimigos fazia parte política de domínio do conquistador, mas aceitar essa classificação e se colocar de um lado ou de outro foi parte da estratégia dos grupos nativos para a sobrevivência e manutenção de sua identidade. MONTEIRO, John Manuel. *Tupis, tapuias e historiadores*: Estudos de história indígena e do indigenismo. Tese (Livre Docência em Etnologia) – Unicamp, Campinas, 2001. Disponível em: http://cutter.unicamp.br/document/?code=000343676. Acesso em: 13 jan. 2025.

[474] POMBO, [19--?], p. 347-349.

Assim, os aborígenes teriam contribuído de forma bastante difusa e superficial para o resultado do caldeamento, pois, conforme já foi aqui demonstrado, o indígena seria o grande beneficiado com a mistura com o branco e, em decorrência da sua inferioridade enquanto raça e sua total ausência de instituições que lhe garantissem a vitória sobre elementos mais fortes, mais preparados e mais civilizados, fora totalmente subjugado e o pouco que deixava como influência na sociedade que se constituíra no Brasil eram indícios para a compreensão de seu real papel no caldeamento. Nesse sentido, Rocha Pombo construirá uma análise que estabelecerá como principal contribuição do indígena para a formação da raça histórica seria a sua altivez e para isso partirá, de certa forma, em defesa do indígena, mesmo que em vários momentos de seu texto argumentos e conclusões se tornem totalmente contraditórios quando observados e relacionados às suas conclusões ao analisar o processo de miscigenação. Sobre o valor do elemento indígena:

> Accusa-se de indolencia o nosso selvagem. Nesse ponto estão todos os autores de accordo. Quando o indio preferia a vida livre e descuidosa do sertão é porque não se mostrava disposto a viver a ida sedenta dos gremios, onde a natureza não mais lhe offerecia de graça os dons de as munificencia. Desde que fixasse ao solo, seria já necessario recorrer ao trabalho para supprir às grangearias, tão faceisao selvícola despreocupado e errante.[475]

Para Rocha Pombo, a ideia de que seria o não preparo ou o não querer trabalhar, ou seja, a aversão ao trabalho por parte do indígena o, que imperava no contato, demonstra que nos dois primeiros séculos de colonização, mesmo com a introdução do negro no mundo do trabalho no Brasil, o indígena fora sempre um grande auxiliar para o colono[476]. Foi principalmente o perder a soberania sobre a vastidão do território, da floresta e o ser "jogado" repentinamente à condição de escravizado, prática a que não estava habituado — ao contrário do africano — é que havia gerado a resistência, que era expressa principalmente pela recusa ao trabalho com a fuga para o mato.

> Eis ai como o indio se fez, aos olhos do europeu, a raça caracterizada pela indolencia, pela aversão ao trabalho e cada vez mais amando mais apaixonadamente a vida do

---
[475] Ibidem, p. 370.
[476] Ibidem, p. 371-372.

sertão. – Outras sentenças que se crearam, e correm contra os nosso incolas, os fazem passar por inconstantes, falsos, desleais, perfidos, levianos, estúpidos, covardes e quanta coisa mais. A inconstância do indio é uma das grandes *calumnias* de que com tanto ardor defendem algumas testemunhas insuspeitas de actos e provas as mais irrecusaveis em contraste cm semelhante increpação. Foram talvez alguns missionarios que se convenceram de tal falha moral do indigena à vista da facilidade com que este recebia hoje a abandonava, às vezes no dia seguinte, os ensinamentos da nova Religião.[477]

Embora dê ao indígena possíveis justificativas para a sua indolência e tente desconstruir uma leitura da anterior e da época — que se perpetuaria no decorrer do século 20 —, o indígena de Rocha Pombo estava construído nas mesmas bases daquele de 1897-1898: bárbaro, fugidio, indomesticável, trazendo para o amalgamamento a característica que um espírito altivo quebrado. Rocha Pombo conclui sua apresentação do indígena reproduzindo trechos de um texto de D. J. G. de Magalhães, publicado no tomo 23 da *Revista do Instituto Histórico e Geográfico Brasileiro*, "Os indigenas do Brasil perante a Historia", de 1860:

> [...] a importancia da parte indigena na população do Brazil, e que menos razão ha ainda para que apaixonados declaremos contra selvagens que por direito natural defendiam a sua liberdade, a sua independencia e as terras que occupavam no momento em que aqui chegamos. Pacificos e hospitaleiros ao principio, provocados depois enfureceram-se e retribuíram o mal com o mal. Assim fazem todos os homens. Os erros, os crimes, as crueldades que aqui se commetteram não nos espantam, si bem que os lamentamos; pois a historia das nações civilizadas da Europa nos habituou a maiores horrores e atrocidades, de que pasmariam os nossos mesmos selvagens, não atormentados pela sede da cubiça e do mando, que perverte e corrompe o coração do homem. Entre os que matam para escravisar, dominar e enriquecer-se, e os que matam e morrem pugnando pela propria vida e liberdade, pende a justiça em favor dos segundos, que mais despertam o sentimento do bello moral, nunca de sobra no afan vulgar da vida. Por isso é que os feitos dos indigenas offerecem argumentos sympathicos à nossa poesia nacional [...] Não cessávamos de admirar a intelligencia e perspicacia desse selvagem

---

[477] *Ibidem*, p. 380-383.

tão senhor de si, que por nenhum acto parecia estranho à sociedade em que pela primeira vez se achava. Em geral os nossos indios são dotados de grande instinto de observação e de imitação; com facilidade aprendem todas as artes; são muito affeiçoados e tendem sempre a ligar-se comnosco; e sem a perseguição a ferro e fogo que os afugente dos centros civilizados, estariam logo todos fundidos na nossa população.[478]

A apropriação da interpretação, de certo modo positiva, que Magalhães faz do elemento aborígene por Rocha Pombo reforça o caráter contraditório de sua forma de estabelecer o indígena e seu papel na construção do brasileiro. Por um lado, a altivez que seria a grande característica do indígena e que aqui aparece destacada, não se fazia presente na descrição do principal agente autóctone da mistura, a mulher indígena. Por outro lado, o mesmo indígena de alma solapada pela escravidão imposta a aqueles que foram subjugados não carregava mais a altivez. Esse traço, conforme o autor e seus interlocutores ressaltam, seria bastante característico no indígena que resistia e que se embrenhava no sertão e que exatamente por esse motivo não fazia parte do caldeamento.

Rocha Pombo constrói seu indígena num contraponto com leituras diversificadas e muitas vezes opostas. O "produto final" é um indígena caracterizado pela altivez e ousadia, mas ainda um selvagem. É um indivíduo que reage à vilania sofrida, que contribui com aspectos culturais, mas que é indiscutivelmente inferior — numa enorme distância ainda a percorrer — ao branco, mesmo aquele vilanizado e deturpado pelo ambiente. Entra no caldeamento e ajuda a construir o nacional, mas sua participação é sempre minorizada por sua própria deficiência em contribuir para o melhoramento da raça.

1.2 O elemento africano

A construção da história do elemento africano por Rocha Pombo não é tão extensa quanto à dos indígenas, o capítulo dedicado aos negros está composto por nove tópicos, que vão da descrição do selvagem africano até

---

[478] MAGALHÃES, Domingos Jos Gonçalves de. Os indigenas do Brasil perante a Historia. *Revista do Instituto Histórico e Geográfico Brasileiro*, Rio de Janeiro, p. 3-66, 1973 [1860] *apud Ibidem*, p. 395-398.

a análise dos protestos contra a escravidão, distribuídos em 174 páginas[479]. Logo de início Rocha Pombo aproxima o africano do indígena, alegando que os selvagens em todos os locais apresentam características análogas:

> A primeira impressão que se tem passado, depois de haver estudado o homem americano, a escudar o homem da Africa é a de que o selvagem é o mesmo em toda parte e que as insignificantes dissemelhanças de particularidades, devidas ao physico, se perdem ou desapparecem nas caracteristicas geraes communs a todas as raças conhecidas. Tudo no selvagem africano – o estado social, o regimen politico, os costumes, as industrias, o modo de vida, as ideas, as inclinações, os vicios e as virtudes – tudo é analogo, e às vezes perfeitamente semelhante ao que se observa entre os nossos selvagens. – Mesmo encarando a historia das duas raças nos respectivos continentes, é-se tentando reconhecer uma certa analogia ou correspondencia nas vicissitudes que soffreram e até no caminho que fizeram entrando e estabelecendo-se nos dois mundos. Como os incolas da America, diversificados nas varias zonas do continente, as populações africanas, por mais differentes que se encontrem, parecem ter os seus nucleos de irradiação, de onde se destacam pela cultura decrescente à medida que se afastam pela distancia.[480]

Para o autor há um tipo superior de bárbaro africano, assim como na América houve os ameríndios superiores do México e do Peru, que habitava os núcleos de irradiação e quanto mais afastado a população estivesse desses eixos, mais selvagem e inferior se tornava. Na África esse indivíduo superior era oriundo do Vale do Nilo e descera o litoral invadindo e conquistando tribos e nações. Uma vez dominado o litoral, eles adentraram o interior e o resultado dessa expansão foi a degeneração e a perda dos poucos níveis de evolução já alcançados[481].

> Esta degradação correspondente ao afastamento, em que iam ficando da primeira fixação, abrange todos os aspectos da raça – quer dizer – tanto o homem moral como o homem physico. O homem physicamente se degrada saindo do baixo

---

[479] 1. O selvagem africano; 2. A indole do negro; 3. Costumes caracteristicos; 4. Festas, lendas, tradições etc.; 5. O trafico; 6. Distribuição do elemento africano; 7. Influencia do africano – na lingua, nos costumes, nas industrias; 8. Valor do elemento africano: seu papel na guerra, no trabalho, nas artes, etc.; 9. Protestos da raça contra a escravidão.
[480] POMBO, [19--?], p. 399.
[481] Ibidem, p. 400.

> Egypto para o sul do littoral do Indico para o interior e para o Atlantico. Si quanto à compleição e à opulencia de musculatura o typo vai ganhando, na plenitude da vida errante e selvagem, quanto à plastica via perdendo visivelmente ao distanciar-se do seu ponto de partida. É mais corpulento, mais forte talvez, mais rude de conspecto à medida que mais intensa e tremenda se torna a luta que tem de travar contra a inclemente natureza daquele mundo formidavel. Para compreendermos isso, para termos, desse fenômeno operado no continente negro, uma perfeita intuição seria bastante alinham num quadro os typos caracteristicos da infinidade de gentes e nações, desde que se parte do Egypto passando pela Nubia, pela Abyssinia, pela Somalia, pelo Zanzibar, por Moçambique, até a terra dos Zulús; e do littoral, passando para as regiões do centro até a costa do Atalantico. Veriamos que nesse longo caminho, o homem embrutece e a sua força de resistência cada vez mais tem que submeter-se ao imperio daquela natureza sumptuosa, desordenada e terrivel. Veriamos ainda que, nessa disgregação pelo continente africano, não só a figura physica da raça que se altera tanto na fórma como na côr — em todas as varias exterioridades carecteristicas em summa: — veriamos também que se muda a sua figura moral, toda a psychologia do typo que se desdobra, e com esta a ordem politica e todo o regimen social da corrente.[482]

Aqui fica claro como o meio não apenas atua sobre o indivíduo, mas o conforma e o subjuga. É no embate com a natureza que o negro de Rocha Pombo se brutaliza. Sua inferioridade racial não permite que vença a natureza por meio do intelecto — como certamente faria o branco — e é seu físico que é conclamando para a luta, que se avoluma enquanto o psicologicamente ele se torna também mais brutal.

---

[482] *Ibidem*, p. 401-403.

Figura 4 – Typo de raça Muxiconga, Historia do Brazil (Illustrada)

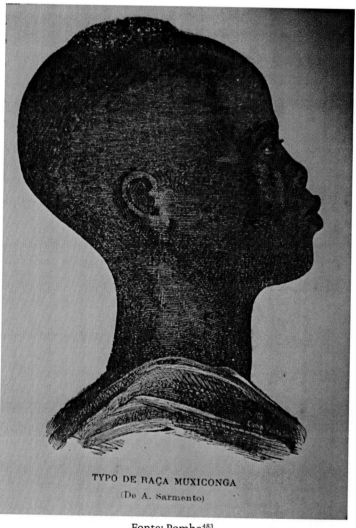

Fonte: Pombo[483]

Assim como na apresentação do elemento indígena Rocha Pombo recorre a uma figura que exemplifique o tipo africano. Mais uma vez a imagem se apresenta como uma forma de fazer conhecer um elemento que de certa forma é exótico - o negro africano - diferente daquele do pós-caldeamento e que precisa ser apresentado ao leitor. A gravura representa um muxicongo, povo da região de Angola, enquanto o texto discorre

[483] POMBO, [19--?], p. 406. (Coleção Particular).

sobre os Bechuanas, grupo de regiões dos atuais estados da África do Sul e Botswana. O que vem ao encontro da ideia de Rocha Pombo de que o africano é um só, por mais que possua características físicas diversas.

A África de Rocha Pombo é o "mundo dos despotismos mais monstruosos"[484], onde uma miríade de pequenos ditadores conseguiam tornar o continente pior que a Ásia e seus grandes déspotas[485]. A degeneração, a bestialidade e mesmo a imbecilidade do africano apresentadas no *Compendio de Historia da America* é transportada para a análise feita em *Historia do Brasil (Illustrada)*, mas aqui suas origens são mapeadas e essas características são apresentadas e estendidas de forma a atingirem as instituições e organizações políticas e sociais de todo o continente. O quadro desenhado é o de uma degradação que se acentua à medida que se aprofunda no interior do continente, chegando ao "mais brutal canibalismo das regiões occidentaes e do centro"[486].

Sua construção da África e dos africanos é feita por meio de relatos de viajantes e sobre o canibalismo baseia-se nos relatos de Livingstone[487]. De quem empresta a ideia de que existam verdadeiros engordadouros de seres humanos para o abate e de que existiam mercados em que se vendiam partes humanas e ossos, como maxilares, após serem mortos e comidos pelos próprios vendedores. Essa antropofagia se diferenciava daquelas muitas vezes encontrada no litoral entre os grupos, se não mais

---

[484] *Ibidem*, p. 403.
[485] *Ibidem*, p. 403-404.
[486] *Ibidem*, p. 407.
[487] "David Livingstone (1813-73), foi um missionário e médico escocês que explorou uma grande parte do interior da África [...] tornou-se o primeiro europeu a atravessar o continente africano. Começando no rio Zambeze, ele viajou do norte para o oeste através de Angola até atingir o Atlântico, em Luanda. Na sua viagem de volta, ele acompanhou o Zambezi até sua foz, no Oceano Índico, atualmente Moçambique. A expedição mais famosa de Livingstone foi em 1866-73, quando explorou a África Central na tentativa de encontrar a nascente do rio Nilo. Sem dar notícias por muitos anos, foi dado como morto. Tanto a Sociedade Real Geográfica quanto o jornal sensacionalista New York Herald organizaram expedições para encontrá-lo. Henry M. Stanley (1841-1904), um repórter de origem britânica que se transformaria em notável explorador por seus próprios méritos, liderou a expedição do Herald. Em 10 de novembro de 1871, Stanley encontrou Livingstone na cidade de Ujiji, às margens do Lago Tanganica, na atual Tanzânia. As notícias da descoberta causaram comoção mundial. Este livro, que surgiu em Chicago em 1872, fez parte do esforço das editoras em capitalizar a demanda do público para obter informações sobre Livingstone e Stanley e sobre a África em geral". LIVINGSTONE, David. *Explorations in Africa, By Dr. David Livingstone, and others, giving a full account of the Stanley-Livingstone expedition of search, under the patronage of the New York "Herald", as furnished by Dr. Livingstone and Mr. Stanley*. Chicago: Union Publishing Company, 1872. Disponível em: https://www.wdl.org/pt/item/2564/. Acesso em: 13 jan. 2025.

civilizadaos, menos brutalizados, em que o canibalismo era guerreiro e, de certa forma, mais facilmente compreensível[488].

Rocha Pombo estabelece que na África a raça geral estava dividida em duas castas: os que dominavam e os que eram dominados. Isso dava ao negro um diferencial positivo em relação ao indígena americano, na medida em que o negro possuiria "mais veneração e mais sentimento de hierarchia"[489]. Entretanto, dessas duas castas o segundo, o indivíduo brutalizado, acostumado à violência física, em que a sensibilidade só existia para a dor física, que foi transportado para a América. Se ao indígena fora concedida a possibilidade de ser construído de forma vitimizada, ao negro, principalmente o dominado, essa possibilidade não se apresenta, para Rocha Pombo:

> O negro degradado era (e é ainda em muitos pontos da Africa) a criatura humana mais vil e abjecta de que ha noticia em todos os tempos e em toda terra. Parecia perfeitamente resignado na sua mizeria, sem sentir ao menos assomos da sua força, revoltas da sua colera animal contra o castigo.[490]

Esse indivíduo não se rebelava ao domínio, havendo sim rebeliões entre potentados, mas nunca revoltas populares, uma vez que

> [...] espirito da massa nunca se levantou ate uma legitima consciencia de seu soffrimento para protestos decisivos contra a tyrannia e ferocidade dos potentados. Muitas vezes, o rei era um imbecil e andava, moribundo, em toda a hediondez da decrepitude e das doenças, tratado como uma divindade por aquelles mesmo cuja vida pendia de um gesto, de um simples olhar daquella mumia sacrilega. A gente da tribu é um pacifico rebanho do regulo: nem ao menos tem sensibilidade para a dôr physica que vem da mão do senhor.[491]

É importante ressaltar que mais uma vez a construção do africano por Rocha Pombo está baseada em sua leitura de diversos viajantes que imprimiam sua própria interpretação dos povos e indivíduos com que

---
[488] POMBO, [19--?], p. 400.
[489] Ibidem, p. 410.
[490] Ibidem.
[491] Ibidem.

entravam em contato. Nessa leitura de Rocha Pombo o tráfico humano e a escravidão apresentam-se como práticas comumente encontradas no continente africano e o tráfico atlântico apresentar-se-ia, não apenas como uma extensão de uma prática interna, mas também como um desdobramento das invasões sofridas no litoral, constantemente atacado por árabes e europeus. Esses dois elementos levaram os potentados locais a verem no mercado externo de escravizados um negócio que apenas ampliava práticas consideradas por Rocha Pombo como nefastas, mas tradicionais. Assim, o negro dominado, brutalizado e acostumado à violência é transportado para o Brasil. Se havia alguma qualidade nesse indivíduo seria a sua capacidade de perdoar, a sua afetividade, característica que será destacada nas obras didáticas de Rocha Pombo como a principal contribuição do elemento negro para a construção do Brasil. O negro de Rocha Pombo

> [...] que se submete, que se annulla, que se humilha na dor e que nunca sentiu diante o regulo nem ao menos os ímpetos do animal ferido fustigado – essa gente não era destituída de intelligencia e de valor moral para a vida da sociedade. Na condição humilhante de ente sórdido, abandonado às inclemencias da sua triste sina, grardava o negro africano qualidades excelentes que devem ser tidas como fundamentaes da raça, por que são as que permanecem através das vicissitudes que ella vai sofrendo. Mesmo lá na patria de seu castigo, o homem tem todos os nobres instinctos que nós outros julgamos só peculiares à civilização: ama o seu semelhante e por elle revela uma solicitude verdadeiramente fraternal; tem espirito de caridade admirável; respeita as sepulturas; venera os velhos e rende culto aos antepassados; tem um sentimento profundo do bem e da justiça; tem a paixão da natureza, do canto e da muzica; e chega a não poder dissimular, no fundo da sua grande miséria, umas tantas virtudes heroicas que lá num ou noutro momento lhe sobreleva toda a infamia a que se vê reduzido.[492]

As maiores qualidades do negro eram a fidelidade – mas a fidelidade consciente calcada no sentimento de dever –, a resignação, a imensa afetividade e a maior delas o inverossímil estoicismo na dor. E seriam essas as qualidades que se faziam positivas no negro e que vieram com ele da África e que na América se apurariam no longo martírio do cativeiro e que

---

[492] *Ibidem*, p. 416.

permaneceriam como marcas da raça e herança com a qual contribuiriam para a constituição da raça histórica[493].

Outro ponto positivo apontado por Rocha Pombo é a existência de noções do bem, o sentimento de justiça e o vestígio de instituições jurídicas na maior parte das tribos[494], o que segundo o próprio autor não corroborava com ideias que comumente se fazia do estado social daquelas populações. Entretanto, o mal não estava posto em suas instituições ou em seus sentimentos, mas em sua deformação e atraso, assim como para o indígena quatrocentos anos de contato seriam pouco para que se operasse a evolução necessária. Havia para o historiador paranaense, uma grande injustiça feita ao negro era proveniente do erro dos povos da Europa que em sua ânsia por civilizá-lo "[...] absurdamente de um dia para o outro, sem conhecer-lhe a índole [...]"[495] havia acabado por escravizá-lo.

Há na construção do africano de Rocha Pombo uma contradição importante: o negro a todo o momento é descrito como inferior, brutalizado, mas em sua conclusão, para o segundo tópico do capítulo III, essa imagem é desconstruída e o negro é descrito como um indivíduo que está em inferioridade e não que é inferior e essa diferença é bastante importante, uma vez que no primeiro caso trata-se de um estado transitório, imposto por circunstâncias e não algo inerente à raça. Nas palavras de Rocha Pombo:

> Receiando alongar de mais este §, podemos resumil-o em poucas linhas: o negro não é inferior às grandes raças que tiveram o seu papel na historia; e só por circumstancias excepcionaes do seu destino é que se explica a situação de inferioridade em que se encontra em relação a outras correntes humanas. Mesmo lá na Africa, o negro tinha familia, vida coletiva regulada por leis, instituições juridicas, idéas religiosas, culto publico, ceremonias fundamentaes de roda existencia humana, sentimento de huerarcia, noção de dever, de bem e de justiça. Criatura leal, docil, e affectiva em extremo, tem direito a que se lhe lamente o infortunio de haver, tão tarde e ainda pela escravidão, entrado com as raças superiores do occidente numa concorrencia que por isso mesmo se tornou para o negro esmagadora. Ainda assim, pode desvanecer-se e consolar-se de haver, em menos de quatrocentos anos, feito o seu regate

---
[493] Ibidem, p. 432-433.
[494] Ibidem, p. 430.
[495] Ibidem, p. 434.

> historico, principalemente no Brazil, e com heroismo digno da epopéa, pois aqui o seu noviciado para a historia foi uma das funções fundamentais da nacionalidade.[496]

Aqui a escravidão cumpre também um papel dúbio, por um lado é a forma pela qual o negro entra no contato com o branco superior e é esmagado, por outro lado é o meio pelo qual é resgatado de seu estado selvagem e abjeto. Há uma significativa mudança na forma como Rocha Pombo lida com o elemento negro, diferente da forma como o negro é apresentado em *Compendio de Historia da America*, como incivilizável, aqui Rocha Pombo, realiza a transposição da recusa para a defesa da mestiçagem, recebendo a possibilidade de evolução pelo caldeamento. Nesse ponto, Rocha Pombo assume a ideia de que o negro é civilizável e, portanto, passível da perfectibilidade rousseauneana, que previa que todos os homens possuíam a capacidade inerente de se superarem[497]. Essa não é uma leitura inédita para o elemento negro, em seu "Como se deve escrever a História do Brasil", Von Martius ao propor que se considerasse o papel das três raças na constituição da história do país, já declarava que o sangue português deveria absorver aquele das "raças India e Ethiopica"[498] e que "Um historiador que mostra desconfiar da perfectibilidade de uma parte do gênero humano auctorisa o leitor a desconfiar que elle não sabe colocar-se acima de vistas parciais ou odiosas"[499].

Assim como os indígenas, o negro de Rocha Pombo contribuiu com diversos aspectos culturais nos campos da língua, nos costumes, nas artes e nas indústrias. Essas contribuições poderiam ser mapeadas de forma muito mais precisa na tentativa de buscar influência sobre a formação do espírito nacional. Essa busca deveria ser feita entre as classes mais simples:

> Não é de certo entre as classes cultas que havemos de estudar os vestigios mais vivos e flagrantes do longo conctato com o africano. Em regra, a alta sociedade fica mais imune de concicio com uma raça subalterna. Uma das grandes tendências, ou melhor — a grande obra da cultura é mesmo *uniformizar* o typo humano. Um intellectual da America só em aspectos secundaros é que será diferente de um intelectual da Europa, ou mesmo talvez do Indo-China ou do

---
[496] Ibidem.
[497] SCHWARCZ, 1993, p. 58-62.
[498] MARTIUS, 1845, p. 383.
[499] POMBO, [19--?], p. 384.

A EDUCAÇÃO COMO IDEAL

Japão. É o caso em que é preciso reconhecer que o espirito, quanto mais forte, tanto mais poderosamente reage sobre o meio. — É nas classes populares, entre a gente que sempre viveu mais perto, ou mais de mistura com o africano, que temos de procurar, o que nos ficou da alma do negro.[500]

Era nesse grupo essencialmente subalterno — as classes pobres — que a influência do negro se fazia mais presente, a partir dele era possível observar, por exemplo, as práticas festivas de negros e mulatos que teriam sido apropriadas pelos brancos ainda fora do caldeamento. Entretanto, o negro não contribuíra com aspectos culturais positivos. Rocha Pombo alerta para a necessidade de se observar também os vícios que esses indivíduos introduziram ou fizeram nascer na raça dirigente[501]. O vício mais grave era fato de o escravo ter rebaixado o trabalho, ou pelo menos criado hierarquias entre as ocupações e não apenas entre os ofícios subalternos, as artes e a música tinha se tornado espaço negro na colônia, assim como educar aos meninos se tornara uma profissão degradante[502].

Mas, si nos cumprisse sondar mais fundo, na psychologia da sociedade historica, a multiplicidade de vicios e males a que deu logar a condição servil, veriamos como a coexistência das duas *castas* — a do senhor e a do escravo – deixou no carater nacional vincos profundos, que só a proscripção de semelhante regimen e a obra da cultura fão desaparecer. Um sentimento exagerado da fortuna e do poder até a ufania de si mesmos - em contrastes com a mais absoluta subservienciadiante de um poder e de uma fortuna mais alta; ao lado de um ridiculo autoritarismo nas funções insignificantes — uma negação absurda da autoridade; alternando com a mais leviana desestima pela ordem até as audácias mais incriveis — uma refinada hypocrisia para invocar, em momento oportuno, o imperio da lei; a violencia errogante e o renunciamento mais desprezivel; a idolatria das grandezas e oe desprezo da humildade... e outras muitas *virtudes* que se constrastam, devemol-as à escravidão.[503]

Aqui aparece o ponto importante acerca dos vícios engendrados pelo negro na raça histórica e na formação do espírito nacional, esses vícios

[500] Ibidem, p. 384-385.
[501] Ibidem, p. 537.
[502] Ibidem, p. 538.
[503] Ibidem.

não estavam postos na alma do negro, ou em suas capacidades físicas ou mentais, mas sim no sistema de trabalho em que fora engendrado e nas relações que se estabeleciam em seu interior. É o trabalho escravo bárbaro, em contraponto com o livre e civilizado, que rebaixa os ofícios. Embora os vícios trazidos pelos negros pudessem ser vistos em todas as classes sociais, mesmo que de forma menos recorrente entre as mais abastadas – que desde cedo colocaram em seu serviço doméstico o elemento negro, mas que de certa forma dele se mantiveram afastadas – era nos bairros afastados e nos subúrbios em que a índole africana expunha e suas características poderiam facilmente ser identificadas. Seria assim, em meio às classes intermediárias, "entre a gente que constitue afinal o que se chama povo"[504], em que o espírito conservador, a deficiência da cultura e a estreiteza de horizonte moral permitiriam uma maior absorção pelo contato e pela mistura de características de uma raça inferior, o que não acontecia entre a elite[505]. Segundo Rocha Pombo nesses arrabaldes era possível encontrar:

> [...] a voluptuosa indolencia africana; o desdém pelo branco, pela fortuna, pelas grandezas; a intensa luxuria da raça; a sua despreoccupação do futuro; a sua capacidade affectiva e contraste muitas vezes com extremos de odio explosivo e incontinente; uma disposição de alma, uma alegria deliciosa para gosar da desgraça e sem vontade de saber si ha no mundo alguma coisa melhor; uma excessiva desconfiança de gente de outra raça (desconfiança mais affectada e por despeito do que sincera e natural, e que se torna como desforra — dir-se-ia — da humiliação padecida); uma cega supersticiosidade e uma absoluta submissão aos prejuizos, às abusões, às credices mais absurdas: e no meio de tudo isso — costumes, habitos, usos, vicios, processos de trabalho, modeos de viver, gostos, diversões, festas de ha tres seculos, quase tudo trazido da Africa e apenas aqui alterado.[506]

Nesses locais encontrava-se o laboratório para o estudo das influências da raça negra sobre a raça histórica, apresentando-se como verdadeiras aldeias africanas em que o negro se sentia livre e atuava segundo a sua índole. Rocha Pombo aqui também constrói uma análise contraditória

---

[504] Ibidem, p. 541.
[505] Ibidem.
[506] Ibidem.

sobre o elemento negro, tal como fez sobre o aborígene, em que por um lado ele tem um papel importante para formação do nacional, não é inferior às outras raças, contribuiu com o amor para o caldeamento e por outro reforça os aspectos da brutalidade, da inferioridade e diz em vários momentos que o mestiço acaba por se afastar do negro e aproxima-se do branco numa busca por se manter ao lado da civilidade. Repete também a interpretação feita no *Compendio de Historia da America* de que a escravidão por mais males que houvesse imposto à sociedade brasileira e ao negro, teria um papel positivo, pois seria o meio pelo qual o negro fora resgatado de um estado não apenas inferior, mas quase animal, atuando como meio para a civilização e progresso do negro. De forma geral, o negro de Rocha Pombo no Brasil, assim como na América, seria que levava o senhor à violência, mas também seria construído como elemento pacífico e afeito à submissão:

> À resignação de ente humilhado e pacifico sobrevem-lhe um estimulo novo, um supremo sentimento de sua força, uma rápida eclosão da personalidade e uma formidável incontinência de orgulho ferido – tudo isso que fez da alma do escravo uma alma de homem reabilidtado, a clama contra a iniquidade.[507]

O que não significa que esse negro não se revoltava. Diversamente do que fizera no *Compendio de Historia da America*, em *Historia do Brazil (Illustrada)* Rocha Pombo reserva um tópico inteiro para as formas de revoltas de escravizados, em que essas manifestações eram apresentadas como essencialmente geradas pela busca por opor-se às injustiças e aos excessos de violência aplicados que uma luta contra a escravidão. Demonstrando que houve uma mudança na leitura que Rocha Pombo fizera da raça negra entre os anos de publicação dos dois textos. Segundo o próprio autor, existia uma nova luz que se estava projetando sobre as qualidades dos africanos trasladados para a América, especialmente para o Brasil:

> Realmente as provas que ella já deu de si na America, sobretudo no Brazil, infirmam, de modo cabal a sentença de que proclamada a inferioridade ethnica do negro, a sua incapacidade moral, a sua aversão ao progresso à cultura, e outros defeitos que se julga exclusivos do africano, quando

[507] *Ibidem*, p. 564.

são apenas imperfeições, correspondentes a certas phases da evolução do homem e da sociedade em todas as raças. Às viltas de que o inquinaram, a todas as cargas que lhe fizeram, rebateu o negro vitoriosamente.[508]

Nessa nova perspectiva, buscava-se observar os aspectos positivos que poderiam ser identificados na atuação, no físico e na moral dos negros. Um indivíduo que mesmo na África já se colocara em contato com a civilização podendo por meio de esse contato evoluir. Uma vez no Brasil "elle sentiu a fundo a ignomia e protestou contra a fora desde o dia em que poz o pé na terra do degredo"[509], um protesto que inicialmente veio por meio de lágrimas e do suicídio para depois se desdobrar em fugas revoltas e insurreições[510]. Aqui o interessante é que, embora Rocha Pombo passe nessa obra a analisar extensamente a resistência do povo negro, ela continua a se apresentar como um desvio, uma singularidade ou mesmo um breve aspecto que contribuiu para a acomodação da raça e a aceitação de seu destino. E, mais do que isso, como parte de um processo que demonstra de forma incontestável que o negro fazia-se dentre as raças envolvidas no caldeamento o maior beneficiado, principalmente se levar-se em conta que ele saíra da barbárie extrema e entrara na sociedade histórica pela porta da escravidão, havia superado e vencido os entraves e a vergonha que o cercaram[511]. O negro revelara grande capacidade evolutiva, demonstrando que não se fazia raça inferior na medida em que poderia muito rapidamente se beneficiar do contato com raças em níveis civilizatórios muito mais adiantados. Seria o negro livre, mas principalmente o "crioulo", o grande beneficiado nessa equação. O "crioulo" é descrito por Rocha Pombo como:

> Os crioulos geralmente são homens bem feitos e muito robustos: são resolutos, activos, muito mais temperantes que os negros da Africa. Em suas relações sociaes, eles dão uma certa precedencia aos brancos; mas, afinal de contas, é isso mais uma homenagem ou deferencia prestada à classe ou à posição do que à côr. Por sua parte, eles não abdicam

---

[508] Ibidem, p. 570.
[509] Ibidem, p. 571.
[510] Ibidem.
[511] Ibidem.

de uma justa altivez, fundada na consciencia da sua força e do seu valor...[512]

Esse "crioulo" já seria o resultado da atuação do meio sobre o elemento africano, moldado nas gerações que aqui nasceram e no relacionamento com a terra desenvolviam o sentimento de pertencimento necessário para a construção do espírito nacional, colocando-se com fator de extrema importância para a constituição étnica da população brasileira.

> Realmente, só a espiritos que não tenham uma alta concepção da historia e cuja vida se constrinja num estreito horizonte moral, poderia escapar a importância do elemento africano como factorethnico. Isto – já se vê – tratando-se da raça em these. Agora estudando-se o negro do ponto de vista que particularmente nos interessa, isto é, no seu concurso para a formação da nacionalidade, é forçoso reconhecer que elle representa, em toda a nossa historia, um contingente de primeira ordem. Ele começou a defender em toda a costa a presença e o estabelecimento dos portuguezes, guarnecendo-lhes as povoaçãoes e as fazendas, resistindo heroicamente aos indios, cuja animadversão se tornara por toda parte formidavel no primeiro seculo, até mais de meiados do segundo.[513]

É ao defender a terra, seja de indígenas seja de estrangeiros, que o negro se nacionalizaria, como veremos mais adiante. Rocha Pombo alega que para além da escravidão não era possível negar a verdade de que o negro veio para "retemperar a raça branca que se transladou para a America"[514]. E para demonstrar as vantagens da incorporação das raças subalternas empresas os seguintes argumentos de Sílvio Romero e João Ribeiro:

> Dest'arte, podemos, à luz dos factos e da scencia, concluir: o incorporamento directo do indio e do negro entre nós foi conveniente para garantir o trabalho indispensavel à vida economica do povo que ia se formar; e o mestiçamento deles com o europeu foi vantajoso: *a)* para construir uma população acclimada ao novo meio; *b)* para favorecer a civilização das duas raças menos avançadas; *c)* para preparar a possivel unidade da geração futura – unidade que jamais se daria se as tres raças permanecessem isoladas em

---

[512] *Ibidem*, p. 548-549.
[513] *Ibidem*.
[514] *Ibidem*, p. 555.

face uma da outra, sem se cruzarem; *d)* para desenvolver as faculdades estheticas da imaginativa e do sentimento – facto real no proprio antigo continente [...].[515]

Nesse ponto há uma marcação de posição importante na obra de Rocha Pombo, a saber, o alinhamento às ideias de branqueamento pela mestiçagem, nisso é possível verificar uma clara influência de Sílvio Romero[516] e de sua recusa em aceitar as conclusões sobre as características deterministas preponderantes na formação de cada raça, Romero em vez de lamentar a tão proclamada, "barbárie do indígena e a inépcia do negro", via na mestiçagem a saída para situação deteriorada do país e era sobre o mestiço – enquanto produto local, melhor adaptado ao meio – que recaiam as esperanças do autor[517].

Lilia Schwarcz descreve Romero como um intelectual de muitos radicalismos, de erros e acertos, que procurou orientar a sua vida como um "homem de ciência" tentando aplicar todo o ideário científico à complexa realidade nacional, para ela as deferentes matrizes teóricas só o interessavam na medida em que ajudavam a pensar um compromisso com as questões locais em novas aspirações de uma nacionalidade. Sua produção intelectual se destaca pelo radicalismo das posições e o apego ao naturalismo evolucionista, que constrói sua análise da mestiçagem como uma saída para uma possível homogeneidade a partir da leitura de Haeckel, Darwin e Spencer[518].

Ainda, segundo Schwarcz a novidade da proposta de Romero não estava apenas em sua argumentação, mas também na postura teórica compartilhada por boa parte dos mestres do Recife, que encontravam no

---

[515] *Ibidem.*

[516] Sobre Sílvio Romero: "Sylvio Romero (1851-1914) escreveu uma obra complexa, contraditória e profundamente interessada em compreender o Brasil, oscilando entre moderado otimismo e pessimismo. O autor foi um dos principais intelectuais brasileiros de seu tempo, membro fundador — com Machado de Assis entre outros — da Academia Brasileira de Letras (1897), tendo sido professor de Filosofia do prestigioso Colégio Pedro II, no Rio de Janeiro e autor da História da literatura brasileira (1888) até hoje considerada a sua obra mais importante. No livro, mais do que contar a história da literatura brasileira, o autor pretendeu narrar o Brasil. O cientificismo, que tanto caracterizou a sua geração, não comprometeu a criação de um painel interpretativo da sociedade brasileira francamente inspirado nos ideais nacionalistas" (SHCHNEIDER, Adalberto Luiz. O Brasil de Sílvio Romero: uma leitura da população brasileira no final do século XIX. *Projeto História*, São Paulo: PUCSP, n. 42, p, 163-183, jun. 2011. Disponível em: revistas.pucsp.br/index.php/revph/article/download/7982/5852. Acesso em: 13 jan. 2025. RABELLO, Sylvio. *Itinerário de Sílvio Romero*. Rio de Janeiro: Civilização Brasileira, 1967.

[517] SCHWARCZ, 1993, p. 151.

[518] *Ibidem*, p. 201.

"critério etnográfico" a chave para desvendar os problemas nacionais. Nele o princípio biológico da raça aparecia como denominador comum para todo o conhecimento, tudo passava pelo fator raça e era ele que se deveria retomar se o que se buscava explicar era justamente o futuro da nação[519].

Sílvio Romero elegia o mestiço como "produto final" de uma raça em formação, utilizava de forma pouco ortodoxa as máximas poligenistas da época. Ele estabelecia a mestiçagem como resultado da luta pela sobrevivência das espécies, ao invés de condenar a hibridação racial, Romero encontrava nela a "viabilidade nacional"[520]. Dessa forma, desautorizava qualquer leitura que negasse a importância central da mestiçagem na formação histórica e cultural do país[521]. Segundo Sílvio Rabello, a teoria de Romero se constituía em uma espécie de "arianismo de conveniência", no qual se sustentava o modelo da seleção, a eleição de uma raça mais forte, sem que, no entanto, se incorresse nos supostos dessa postura que se preocupava em denunciar o caráter letal do cruzamento das raças distintas[522]. O caldeamento das três raças formadoras se transformava, dessa maneira, em elemento fundamental, para a evolução do Brasil. É importante ressaltar que ao colocar a mestiçagem como solução para a questão nacional, Romero não propunha, em nenhum momento, a ideia de igualdade entre os homens, ao contrário propunha o abandono ao preconceito e o reconhecimento de que somos diferentes[523]. Essa é a mesma fórmula que se encontra em *Historia do Brazil (Illustrada)*, em que o "mulato" de Rocha Pombo é o resultado imediato do cruzamento das duas raças, um novo tipo esbelto e vivaz, desafrontado e altivo, ágil e forte, de espírito averto e alma sonhadora, suscetível e orgulhoso ao sentimento ferido, meigo e leal. Um tipo ainda em transição, no qual os melhores atributos das duas raças ainda não se fixaram. Rocha Pombo ressalta ainda a necessidade de se observar que além da mistura biológica há sobre esse indivíduo a influência do meio, dos ares da América, que mesmo ao "crioulo" já tornava diverso em físico e moral do selvagem africano. Assim, o "mulato" era ainda uma promessa de evolução do negro pelo caldeamento, mas "o que é certo é que o *mulato* representa já indiscutivelmente uma renovação das duas raças"[524].

---

[519] Ibidem, p. 201-202.
[520] Ibidem, p. 202.
[521] SHCHNEIDER, 2011, p. 169-170.
[522] RABELLO, 1967.
[523] SCHWARCZ, 1993, p. 203.
[524] POMBO, [19--?], p. 557.

Essas conclusões estão, segundo o próprio autor, em consonância com os estudos empreendidos por Sílvio Romero, e que demonstram a grande participação de mulatos nos mais variados estratos da sociedade, da arte e da literatura, chegando à conclusão que o "mulato" brasileiro ainda incompleto e em formação já poderia ser comparado aos europeus em termos de intelecto e cultura e que mesmo a cor da pele já se via em muitos casos bastante aproximada, pelo branqueamento resultante da mixagem, aos "melanios do sul da Europa"[525]. Assim como para Romero, na obra de Rocha Pombo a tese da miscigenação não é apenas uma ideia, mas é parte de sistema interpretativo mais amplo[526] que teria como resultado final o estado de civilização do Brasil.

1.3 O elemento europeu

Ao terceiro e último elemento do caldeamento Rocha Pombo reserva o menor espaço dentro do volume II. Embora o autor opte por apresentar o elemento português e os imigrantes em dois tópicos separados aqui eles serão considerados como elementos da raça branca que em momentos diversos da obra possuem o mesmo papel de raça superior que conferiu e conferiria a herança civilizadora ao resultado da miscigenação no Brasil. A eles estão reservados seis tópicos - quatro tópicos para o elemento português e dois tópicos para o que Rocha Pombo chama de "elementos secundários" — distribuídos num total de 54 páginas[527], o elemento branco, vetor de inteligência e civilidade, é apresentado nos seguintes termos:

> Das tres raças principais que entraram na formação da raça historica, é à portuguesa que cabe o papel mais importante. Pela superioridade relativa da sua cultura, ella teve a direcção da sociedade nova que aqui se constituia, e naturalmente imprimiu nella, mais ou menos fundo, o seu caracter de povo. Sem estudal-a, perfunctoriamenteque seja, não seria possivel ter um idéa siquer das consequências que decorrem da fusçao geral e que se prender, antes de tudo, às relações em que ficaram as raças caldeadas.[528]

---

[525] Ibidem.
[526] SHCHNEIDER, 2011, p. 172.
[527] O elemento Português: 1. O portuguez que emigrou para o Brazil; 2. Costumes e caracteristicas em geral; 3. Causas que atuaram sobre a indole do portuguez; 4. O portuguez no Brazil hoje. Elementos secundarios: 1. Os mais valiosos elementos secundarios; 2. Contribuição dos elementos secundarios: na lingua, nos costumes, nas artes e industrias.
[528] POMBO, [19--?], p. 573.

A apresentação dos portugueses e mesmo dos outros europeus para cá imigrados segue o mesmo "roteiro" utilizado para as outras duas raças, primeiro é feita uma tentativa de reconstrução das origens dos povos e o estabelecimento de seu tronco racial, para depois se realizar uma descrição de ondas migratórias e caldeamentos anteriores, especulando quais as características que permitiriam identificar a raça em questão como uma, mesmo que fenotipamente diversa. É interessante notar que para esse elemento ao contrário de indígenas e negros, não há nenhuma ilustração que faça conhecer a sua cultura, seus hábitos ou mesmo seu pretenso aspecto físico, o que aponta para a possibilidade de o autor, e/ou editor, não ver necessidade de apresentar aos olhos de seu leitor o elemento que maior papel possuía no caldeamento e na própria formação do espírito nacional.

O elemento português se constitui como uma raça histórica bastante complexa, uma vez que a Ibéria recebera um variado e incessante movimento de populações, incluindo povos africanos. O seu diferencial em relação, por exemplo, à Argélia, que recebeu igualmente raças opostas em profusão e à própria Espanha, com quem Portugal partilha a península, é que ali as várias raças fundiram-se de forma a existir uma unidade de língua, um espírito nacional e de temperamento, em outras palavras o caldeamento se dera de forma completa, o que não acontecera nos dois países com histórico de invasões semelhantes[529]. Aliado ou em contraponto a essa profusão de povos fora sido a bitola romana que se destacara, firmando o caráter português e o contato com os mouros pouco deixara, podendo ser sentido somente na parte oriental da península.

O resultado desse caldeamento seria um povo que, embora guardasse os "mais genuínos elementos fundamentais da raça ibérica ou primitiva"[530], não pode se esquivar ao contato e direto com seus invasores e que representa "sob a forma que lhes deu a assimilação latina, todas as raças que figuram no occidente"[531]. Assim, o português diferentemente do norte europeu ou do asiático oriental (chinês e japonês) não possuía uma unidade étnica, sendo impossível ao simples olhar identificá-lo como integrante de seu povo. A sua identificação como português é possível somente ao se observar a existência de compartilhamento dos mesmos

---

[529] Ibidem, p. 574.
[530] Ibidem, p. 575.
[531] Ibidem.

caracteres morais, da índole, das tendências dominantes, dos defeitos e virtudes do povo[532]. O que para Rocha Pombo apresentava-se como verdadeiro patrimônio histórico da raça. Essa construção do português abre precedente para uma proposta de brasileiro que também, mesmo depois de séculos e séculos de evolução e completo caldeamento, seria constituído pelas características que o descrevem e o identificam como povo muito mais que por uma pretensa unidade física, o que pelo texto de Rocha Pombo se fazia impossível quando povos tão diversos se relacionam e se fundem. Assim, pode-se estabelecer que Rocha Pombo também empresta de Sílvio Romero sua visão culturalista, que via no Brasil uma continuação de Portugal, por sua tendencia à miscigenação e herança histórica[533].

Assim como proposto no *Compendio de Historia da America*, aqui Rocha Pombo apresenta o colonizador, agora especificamente o português, como oriundo de dois grupos ou espécies: o degradado, pobre, criminoso e o português normal. Seria a esse segundo grupo que Rocha Pombo daria destaque e estabeleceria como elemento branco participante do caldeamento. Segundo ele:

> O portuguez normal e esse que veiu espontaneamente, tangido de ambições e de ideaes, e muitos ate de motivos superiores de ordem moral [...] As grandes qualidades que trazia o immigrante portuguez são as que elle herdou das raças cujos sangue tem nas veias e cujo influxo moral tem no caracter; são mais as que lhe resultaram das longas colisões sustentadas naquele pequeno retangulo da peninsula, contra povos e nações, contra avalanches de invasores, tão vários, tão poderosos, tão insistentes; são ainda as que decorreram da contingencia em que se sentia ao cado dessas luctas. Grave, simples, ingenuo; encarando a vida como uma grande tarefa; quase machinal no seu dever; laborioso, grangeador como um troglodyta; humilde, obediente, fiel com o seu superior; obsecado nos velhos habitos e usanças; supersticioso (tendo acima de tudo a superstição da autoridade); pouco caso fazendo da vida civil, mas afeiçoando-se à tradição do seu povo e principalmente à terra; amoroso, docil, e pacifico; resignado, tranquilo e igual; sem tristezas e acabrunhamentos, aceitando a existencia, as vicissitu-

---
[532] *Ibidem*.
[533] SHCHNEIDER, 2011, p. 180.

des, a condição social, a propria desgraça como fatalidades inevitaveis do destino, mas nunca até o ponto de renunciar no fundo do coração à esperança de vencel-o um dia [...].[534]

Características que foram alteradas na plenitude da América. O português normal, uma vez longe da placidez da península perde logo de saída o seu tradicionalismo, sua submissão à hierarquia, seu instinto de obediência e até aquele "cego respeito à autoridade que o levava a tudo sancionar sem exame desde que vinha de cima"[535]. Essas mudanças se fazem positivas na medida em que o português também se liberta de sua desilusão fatalista desde o momento em que avistou o colossal território.

Ao construir seu elemento branco Rocha Pombo resgata o português, demonstrando como a guerra, a conquista e principalmente a terra, fazem dele não apenas um vilão embrutecido, mas também um herói que usa as armas necessárias para vencer e se estabelecer em um mundo extremamente hostil e monumental, mas que também guarda no "fundo da alma victoriosa uma reserva de atributos Moraes para a obra da nacionalidade sobre a base de uma leal conciliação, de um perfeito congraçamento com os proprios subjugados"[536]. O autor alega opor-se, em sua consciência, aos meios utilizados na conquista e ressalta a importância de não se calar em apresentá-los, contudo, alerta que não se pode julgar aqueles homens com a consciência de seus dias. Propõe não apenas o afastamento do olhar, mas a busca por inserir aqueles indivíduos em seu próprio contexto e tempo, conferindo-lhes o *status* de desbravadores nos mesmos moldes daqueles da Antiguidade. Chama ainda a atenção para a necessidade de se compreender que o Brasil se constituída como uma terra deserta, abandonada e conquistável, já que o indígena não era considerado homem perante a lei, assim sendo, essa não se aplicaria no trato com eles ou sobre eles.

Sobre o outro conjunto que compunha o elemento branco, mas não colonizador, Rocha Pombo busca construir uma breve apresentação dos principais grupos que para cá imigraram e a importância desse contato para o aprimoramento da raça histórica. Alguns como os "chins" (asiáticos), os ciganos, os sírios e os turcos, são tratados de forma bastante depreciativa, na medida em que nada poderiam contribuir para a melhora

---

[534] POMBO, [19--?], p. 578.
[535] *Ibidem*, p. 579.
[536] *Ibidem*, p. 580.

pelo caldeamento. A em sua análise há marcação da existência de uma esperança de que esses novos elementos brancos inseridos no país desde o século 19, fizessem cada vez mais parte do processo de caldeamento acelerando a evolução.

Feita a apresentação, análise e demonstração de como cada uma das três raças contribui para a formação do elemento nacional o autor aponta para a importância desses estudos para compreender a forma como se dá a formação do espírito nacional. Estabelece claramente a preponderância da influência da raça branca, superior sobre as outras, mas alega:

> Constitui um vasto assumpto de estudo, e do mais alto interesse para a nossa historia sem duvida, a influencia que as duas grandes raças subalternas exerceram na nossa formação nacional. Não se poderia dizer com pela segurança qual dos dois elementos – o indígenas e o africano – entrou em mais largas proporções no complexo da raça historica, e deixou de si vestegios mais fundos e indeleveis. Mesmo pondo de lado a acção imediata de cada um desses factores na economia geral da antiga colonia, seria necessario saber a qual deles compete a preponderancia, tanto na nossa constituição ethnica, como no caracter, nos costumes, nas tendências, no espirito do povo brasileiro. Seria preciso, em summa, estudar o typo physico do mestiço e a sua alma, para ver depois, em confronto com as duas raças ainda immunes o grau de influencia de cada uma delas. Por muitas razões é claro que semelhante trabalho é por enquanto mais talvez do que difícil; sendo principal a que consiste no fato de se estar ainda fazendo o caldeamento: não temos um typo fixo e definido, mas apenas typos em transição. Esses typos não variam sómente com as diversas zonas, de modo a poder-se-lhes explicar a variedade só pela respectiva mesologia: pelos contrario, o que autoriza a concluir pela mobilidade externa, pela instabilidade desses typos — e a diferença que se lhes nota na mesma zona, dentro dos mesmos paralelos, à medida que se vai das regiões maritimas para o interior. — Isto quer dizer que, si não é ainda possível decidir quanto à acção das duas raças sobre o organismo da sociedade historica, pelo menos já podemos marcar a zona da influencia preponderante de cada um dos dois elementos: o valor do africano foi muito maior nos centros populosos da costa e duma certa faixa

contigua ao litoral; emquanto que no interior preponderou incontestavelmente a raça aborigena.[537]

Assim, não há para Rocha Pombo uma influência maior de negro ou de indígena, ou pelo menos essa diferenciação não poderia ser ainda feita devido à falta de estudos sistemáticos sobre o tema, mas é importante registar que essa questão desaparecerá na construção de seus materiais didáticos, onde os três elementos serão apresentados a partir de suas principais heranças, mas como raças que contribuíram de maneira desigual para a constituição da pátria brasileira.

2. A nação histórica: a formação do espírito nacional

Conforme proposto na introdução de *Historia do Brasil (Illustrada)*, a formação da nação está inerentemente ligada à conjunção de elementos: a terra e o homem. E para Rocha Pombo no século 17 esses dois fatores se associaram de modo decisivo. Somente após o furor dos primeiros tempos e ocorrida a instauração da autoridade política direta dos governadores gerais é que nos tornaríamos senhores do litoral, conquistadores da terra e dos selvagens. Finalmente, a brutalidade do primeiro século poderia ser substituída pela organização institucional da sociedade e dar início à nação brasileira[538]. Segundo o autor isso fazia com que a tarefa se tornasse ainda maior uma vez que:

> Haviamos dado provas de valor conquistando a terra ao selvagem e à pretenção do estrangeiro: agora temos de defender o solo como séde inalienável de uma patria nova, que nos nascia no coração com as amarguras do sacrifício, e que por isso mesmo des dos primeiros instantes nos incendeu para os extremos do grande culto, sem o qual não é ainda possivel ser povo entre as nações.[539]

Aqui surge um ponto crucial para a ideia de gênese nacional: o apartamento de Portugal desde o momento em que o espírito nacional se fez presente. É necessidade de defender essa terra seja do autóctone seja do estrangeiro, conquistada e domada pela força, que germina o

---
[537] Ibidem, p. 536-537.
[538] POMBO, José Francisco da Rocha. *Historia do Brazil (Illustrada)*. Rio de Janeiro: Benjamin de Aguila, [190---1917]. v. 4, p. 5-7.
[539] Ibidem, p. 7.

sentimento de pertencimento e desenvolveria o espírito nacional. A resistência às invasões e a luta pela manutenção da terra despontam como desdobramento direto da relação homem/terra de forma autônoma no que se refere a Portugal que representava ao colono apenas a "[...] tutela legitima fundada na paternidade historica [...]"[540]. Assim, sem deixar de dar a Portugal um papel de pátria-mãe, a quem o Brasil do período colonial devia a sua herança histórica, Rocha Pombo lançava para o século 17 não apenas o desenvolvimento de estruturas políticas, econômicas e sociais e a conquista do interior, mas também do sentimento de apartamento e de distanciamento entre o nacional — o colono — e o português na Europa — o reinol[541].

Essa ideia de apartamento, de afastamento faz parte da busca por criar o "espírito nacional", por meio da alteridade. Segundo Benedict Anderson, a língua não é o único elemento para a possibilidade de se imaginar a nação. Para o autor, o principal exemplo disso são as ex-colônias americanas, onde a língua não pode funcionar como diferenciador entre o "eles" e o "nós" quando se trata das ex-metrópoles e, assim, a unidade linguística por si só não responde à necessidade de construção de laços fortes que unam o "nós" e que ao mesmo tempo indique que não somos os "outros"[542]. Num país como o Brasil, em que a língua era a mesma da pátria-mãe[543], a construção de uma história nacional em que desde muito cedo as ideias de pertencimento à terra e, principalmente, de desenvolvimento de um sentimento de nação eram essenciais para o desenvolvimento do patriotismo. Assim, ao lançar para o século 17 o nascimento do "espírito nacional", Rocha Pombo cria em sua obra o "eles" e o "nós"[544].

É a observação desse período que permitiria a sociedade brasileira contemporânea a se ver espelhada a si mesma, uma vez que, enquanto resultado do *devir* do século 17, o século 20 podia compreender melhor as instituições e seu próprio status em meio à modernidade e à civilização.

> Eis ahi, portanto, como toda a construção da obra que estamos realizando no continente repousa sobre o que fizeram aquellas geraçõesdo seculo XVII. Cuja tradição

---

[540] *Ibidem*, p. 8.
[541] *Ibidem*.
[542] ANDERSON, 2008, p. 84.
[543] *Ibidem*.
[544] HOBSBAWM, 2013, p. 127/128.

> jamais poderemos perder. Ellas projectaram sobre as phases subsequentes da nossa historia uma claridade de manhã. Dali por diante, quaesquer que tenham sido as angustias que continuamos a padecer, através de todos os accidentes do longo noviciado, já mostramos, na confiança e resolução com que agimos, quanto vai de consciencia nacional que se desnubla. – É esta a significação que tem, a nosso ver a phase historica em que vamos entrar. É durante o seculo XVII que se forma o nosso espirito de nação: tudo que vem depois decorre dos recursos economincos e dos estímulos moraes que pudemos crear neste período.[545]

Estabelecendo o fazer-se da nação no conflito, na defesa da terra, Rocha Pombo dará grande destaque às tentativas e invasões ao território. E ao Brasil Holandês é reservado um volume inteiro da obra, com grande destaque para a atuação dos colonos, para a incapacidade holandesa de criar povos ou efetivamente ser colonizador. Segundo o historiador paranaense os holandeses "[...] viveram sempre, até hoje, como simples agentes de empresas mercantis, a canalizar para a Hollanda os proveitos directos e immediatos das possessões que conseguem fazer [...]"[546]. O que não ocorreu com ingleses, espanhóis e portugueses, que para além de seus erros, souberam preparar vastas extensões de terra para a via nacional:

> Em menos de tres seculos, os dois povos da península tinham posto na America, e educado no soffrimento e no heroismo, populações que puderam, pela sua riqueza, pela sua força e pela consciencia dos proprios destinos, dispensar a tutela das respectivas metropoles. Os inglezes fizeram, em nenos de duzentos annos, os Estados-Unidos do Norte – o grande orgulho anglo-saxão; e desde já podem ainda desvanecer-se de haver feito o Canadá, a Australia – talvez o mais admirável prodígio da raça![547]

Comparada a essas grandes pátrias-mães a Holanda não passava de uma usurpadora que invadia e se apropriava da obra de outrem sem, no entanto, contribuir para a evolução histórica dos locais conquistados, prendendo-se apenas ao mercado e ao lucro que tais possessões poderiam

---

[545] *Ibidem*, p. 9.
[546] *Ibidem*, p. 433.
[547] *Ibidem*.

trazer⁵⁴⁸. Seria contra o estrangeiro usurpador que o colono se colocaria em atitude de proteção à terra e, de certa a forma, à nação. Nessa construção a expulsão dos holandeses torna-se crucial para a compreensão da formação da nacionalidade brasileira. Embora ocorridos em Pernambuco, os embates contra os holandeses foram acompanhados em todas as capitanias, uma vez que se tratava de uma guerra "cruel e aflitiva"⁵⁴⁹. A retomada do território pelos e para os colonos pernambucanos representava também a garantia de manutenção do território, já que moralmente apresentava-se como a confirmação da legitimidade da conquista, não por Portugal, mas pelos indivíduos que aqui se encontravam. Nesse sentido:

> O esforço dos pernambucanos teve, portanto, esta alta significação: salvou toda a obra, antes de tudo a integridade latina que o portuguez aqui iniciára e rinha encaminhado com uma coragem que não foi excedida em ponto algum da America, e com uma consciencia da sua missão e uma sinceridade de intuitos que não tem exemplos no resto do continente. A victoria dos patriotas foi para a obra de Portugal infinitamente mais fecunda, mais decisiva e de alcance mais vasto do que seria para o imperio flamengo o esmagamento de todo aquele heroismo. Desvanecido da reivindicação, o colono sentiu que, mais do que à tutela da metropole, devia ao proprio valor a sua fortuna: e a terra, duas vezes conquistada pelo seu sangue tantas vezes defendida pela sua coragem, tem elle agora mais intimos e sagrados motivos ainda para amal-a, porque representa para elle o sacrifício, a afirmação da sua fé, o triumpho edificante da sua constância e da sua bravura.⁵⁵⁰

O resultado fora que esse indivíduo deixou de ser colono, fazendo--se "[...] patrício de uma patria creada pelo coração e pelo testemunho incomparavel de sua grandeza moral [...]"⁵⁵¹. Orgulho que atravessaria fronteira da capitania e espalhar-se-ia por todo o território exaltado "o animo geral das populações"⁵⁵². Por outro lado a vitória também abriu caminho para as queixas contra a metrópole:

---

⁵⁴⁸ Ibidem, p. 435-436.
⁵⁴⁹ Ibidem, p. 644.
⁵⁵⁰ Ibidem, p. 645-646.
⁵⁵¹ Ibidem, p. 646.
⁵⁵² Ibidem.

> E no meio das alegrias, é preciso não esquecer uma particularidade muito significativa: aquella obra era devida ao esforço quasi exclusivo dos brazileiros. Com os sucessos da campanha correm por toda parte as frandes queixas, que a victoria vem poderia ter apagado, mas que estavam muito fundo nos corações para cessarerm tão depressa de amargar e pungir na alma dos patriotas. com as angustias e os martyrios impostos a toda a misera gente recordam-se todos so velhos sentimentos contra a côrte: as hesitações com que se opera em Lisboa, o abandono quasi completoem que se viam os patriotas, os embaraços que teve que soffrer a insurreição orinundos da politica incongruente que a metropole era obrigada a fazer; e tantos outros males. Eram taes aquellas queixas que nunca mais foram esquecidas, antes com orgulho procuravam-se os momentos mais solenes para réptil-as.[553]

Assim, a nação e o nacional nasciam, no conflito, na defesa e por amor à terra e na oposição à metrópole. O Brasil foi assim cunhado no século 16, e o século seguinte viu a semente de pátria ali plantada germinar para se fazer realidade nos séculos 19 e 20. Olhando para esse passado Rocha Pombo constrói a pátria com base no empenho de seus habitantes em relação à terra, é ela que dá a identidade, que formata o brasileiro, obrigando-o a embrutecer e vilanizar, mas também a se estabelecer e apropriar-se dela, construindo uma relação em que terra e homem se conformam e formam o Brasil enquanto pátria. Mas nem só de sentimento se faz o "espirito nacional", são necessárias também instituições que moldem e viabilizem a evolução da sociedade e isso, no caso do Brasil, fora dado pelo próprio regime imposto pela metrópole. Mas seria também esse regime que desde muito cedo gera um dos elementos fundamentais para a criação da "comunidade imaginada", a separação entre o "eles" e o "nós"[554]. O distanciamento do poder central, o afastamento do soberano, o descaso com os colonos aliados à necessidade de defesa do território criaram a autonomia, a diferenciação e entre o português e o brasileiro, e é essa mais que a língua e a história que se constitui como elemento que norteia a separação entre eles e a o desenvolvimento do espírito nacional. Segundo Rocha Pombo:

---

[553] *Ibidem*.
[554] ANDERSON, 2008; HOBSBAWM, 2013.

> Resumem-se assim, portanto, as cuzas principaes da differenciação do nosso espirito:I – A circunstancia de haver ficado a propria defesa da terra a cargo quasi exclusivo dos colonos; a espontaneidade, a coragem e a firmeza com que ests se empenharam sempre nessa obra, da qual sahiram insuflados de legitimo orgulho, e de enthusiasmo pela patria; e ao mesmo tempo feridos de ressentimento e queixas amargas contra a Côrte; II – O regimen colonial, operando fortemente sobre o sentimento e a consciencia os colonos e convencendo-os de que eram inconciliaveis os interesses do reino e da colonia; III – O afastamento em que da Europa ficava o Brazil, dando isto logar a que ainda se agravasse, na prática, o systema instituído pela metropole; IV – O encontro das tres raças em condições exepcionaes, pelo valor desigual dos tres elementos que entraram em fusão – originando-se dahi o mais formidavel problema entre quantos rinham de ser resolvidos; V – Prefazendo o influxo exercido no espirito dos colonos todas essas cauzas, vêm afinal duas outras: a conquista do interior ampliando enormemente, à custa do heroismo dos filhos da terra, aquelle patrimonio que eles mesmos tinham defendido e guardado; e a phase da riqueza, aberta pela exploração das minas.[555]

O "espírito nacional" de Rocha Pombo é dado, dentro dessa perspectiva, em contraponto ao europeu, seja na luta com o invasor ou no ressentimento para com a pátria-mãe, o que para o autor é uma característica que o Brasil dividia com o restante da América (salvo as exceções do Norte). Os países da América Latina compartilhavam a maneira como alicerçaram suas formas de governo como parte ou resultado da herança colonial, constituídos na busca por apagar a memória e se afastar da mãe pátria. Em suas palavras; "De certo que nós, os americanos, não somos mais livres do que muitos povos da Europa, mas somos livres a nosso modo. E quem nos fez assim (antes de tudo quanto tem de particular a nossa vida) foi a propria... Europa"[556].

Esse "espírito nacional" gerado no conflito, em consonância com os vários elementos, citados e analisados por Rocha Pombo, manifestava-se

---

[555] POMBO, José Francisco da Rocha. *Historia do Brazil (Illustrada)*. Rio de Janeiro: Benjamin de Aguila, [190- -1917]. v. 5, p. 773.
[556] *Ibidem*, p. 774.

de forma contundente e também em forma de conflitos[557]. Foram nesses conflitos que se desenvolveram centros de formação de valor heroico e da clara consciência com que os colonos souberam guardar a terra.

> Depois de haver defendido o litoral, fez o colono a conquista do interior: quer dizer – arredou as raias do dominio, ampliando o território fazendo-o tres vezes maior do que o tinham feito os tratados. E tudo isso, quasi sempre, sem que a metropole o soubesse, ou pelo menos sem a intervenção directa da metropole, e até muitas vezes contrariando a propria politica da côrte. – Nem seria preciso mais nada para se explicar como se ia assim gerenado, na alma do povo em formação um forte sentimento do proprio valor, e logo uma nova consciencia jurídica em colisão com as tradições da mãi-patria.[558]

Assim, o "espirito nacional" engendrado, no século 17, e reconhecido pelos colonos, passa a criar oposição direta à metrópole. Rocha Pombo, apresenta várias revoltas e conspirações como parte desse reconhecimento do espírito nacional e ao, por exemplo, denominar Mascates e Emboabas como guerras civis, projeta esses movimentos como conflitos que envolveram a ideia de pátria e de defesa do nacional ou de um nacional. As revoltas e a inconfidência mineira são longamente discutidas por Rocha Pombo e acabam por se apresentar como indicações de que a velha ordem agonizava e seria brevemente suplantada por uma nova[559]. Transmutação que levou pelo menos um século para se tornar efetiva, mas que ocorrera por meio da consolidação do espírito nacional e do caldeamento das raças, não sem obstáculos ou acidentes, na verdade, para Rocha Pombo:

> [...] a nossa evolução historica é mais accidentada que a de nenhum outro povo da America. Houve, entre muitas antigas colônias da Hespanha, desde que declararam a sua independencia, os dissídios e luctas mais sangrentas. Entre nós, porem, as frandes crisses políticas foram mais graves e mais penosas. — A primeira dessas crises foi a presença da côrte portuguesa, com a qual só lucrára o nosso espirito.

---

[557] Revolta do Maranhão (1684); Guerra Civil dos Emboabas (1707); Guerra Civil dos Mascates (1710); Inconfidência Mineira (1789).

[558] POMBO, José Francisco da Rocha. *Historia do Brazil (Illustrada)*. Rio de Janeiro: Benjamin de Aguila, [190--1917]. v. 6, p. 569-570.

[559] *Ibidem*, p. 746.

Quando as nossas esperanças se desvaneceram, e passaram as nossas illusões, sentimos que estávamos incompatibilizados com a velha metropole. — Livres da côrte, proclamamos logo a separação. Pareceu que a independencia nos fôra facil. O que, no entanto, pelos processos que adoptamos e que astucia do rei nos preparára, trazia ella de embaraços, tinha de vir depois. O primeiro reinado foi para nós uma vida de amarguras. O periodo regencial foi uma aflição continua, que terminou pelo desvario da maioridade. — Não se poderia dizer que tudo isso passasse sem protestos. Contra a estagnação da phase joanina protestamos pela revolução de 1817. Contra o autoritarismo impulsivo do primeiro imperador protestamos pela revolução de 1824, e pela de 7 de abril. Depois da maioridade não tivemos propriamente revoluções, mas apenas os movimentos de S. Paulo, e de Minas em 1842, e de Pernambuco em 1848 — simples repercussões das luctas politicas da Regencia.
— E estavamos fatigados, e entramos na ordem; mesmo porque em seguida iera o derivativo das guerras externas.
— A ultima revolução — a do problema servil — assumiu proporções fora da questão politica; e o imperio cahiu vencido porque o imperador fôra então o revolucionário.[560]

Todos esses fatores afetaram a ordem social e a economia, trazendo, por exemplo, o atraso no desenvolvimento da indústria. Entretanto, para além das crises manteve-se a unidade política mesmo passando por três regimes diversos. Essa manutenção da unidade política era uma singularidade brasileira, algo a se espantar em um território tão vasto e de uma população tão dispersa[561]. Dentro de cada um desses regimes a manutenção da unidade fora garantida por fatores próprios:

> [...] na colonia, pelo animo e pelo esforço quasi exclusivo das próprias populações; — no imperio, pelo valor dos grandes homens; — na republica, pela força cohesiva dessas tradições, que nos deixaram quatro séculos de historia durante os quaes se fixaram em nossa alma de povo os poderosos nexo Moraes da lingua, da religião e da pátria.[562]

---

[560] POMBO, José Francisco da Rocha. *Historia do Brazil (Illustrada)*. Rio de Janeiro: Benjamin de Aguila, [190--1917]. v. 9, p. 548.
[561] *Ibidem*, p. 549.
[562] *Ibidem*.

As tradições herdadas da colônia e do império, ao orientarem a cultura brasileira e suas manifestações nos mais diversos campos, colocavam o Brasil em uma situação em que nada teria a invejar às outras nações

> [...] posta em proporçao a nossa idade, podemos orgulhar-nos de não desmerecer em cotejo os mais ricos e mais cultos. Os nossos maiores nomes falam já por nós entre as nações: os nossos sabios, os nossos poetas, os nossos artistas, os nossos grandes jurisconsultos e os nossos diplomatas — entram no vasto scenario do mundo, onde a nossa voz é ouvida como a de um povo tão digno quanto os mais dignos da terra.[563]

Assim, Rocha Pombo termina sua grande obra deixando para o último volume a narração do processo de proclamação da república e uma coletânea de fontes. Na última página do nono volume ele conclui a sua análise da formação do Brasil, finalizando uma obra que enaltece a terra e o homem, que constrói uma ideia de pátria em evolução, mas também como resultado de um processo de civilização em que elementos totalmente improváveis se unem e se misturam para criar uma nova sociedade histórica, consciente de seu papel. O Brasil de Rocha Pombo estava pronto para adentrar a modernidade, pronto para seguir a todo vapor em seu próprio processo evolutivo e civilizatório. "É assim — muito cônscios da nossa função histórica — que vamos entrar no século XX"[564].

---

[563] Ibidem.
[564] Ibidem, p. 550.

CAPÍTULO 4

NOSSA PÁTRIA: NOSSA RAÇA E NAÇÃO

> Rocha Pombo amava as crianças e, justamente por amá-las, creu que era seu dever sagrado incutir-lhes nas mentes em formação o mesmo sentimento de amor à pátria que seus próprios pais lhe incentivaram em criança.
> (Edições Melhoramentos, Pequena História do Brasil, São Paulo, 1965)

A análise empreendida até aqui buscou apresentar a construção do pensamento de Rocha Pombo e sua inserção como intelectual no Paraná. Intentou-se também compreender como suas leituras, obras, público leitor e circulação articularam-se para a mudança em seu perfil de escritor, abrindo caminho para que ele se tornasse um sucesso de vendas num nicho de mercado bastante concorrido, mas também bastante próspero no início do século 20: o mercado de livros, manuais e compêndios didáticos.

A principal obra didática de Rocha Pombo — de extrema importância para o entendimento de sua produção e fundamental para a análise aqui empreendida — tem um caminho bastante diverso do *Compendio de Historia da America* e de *Historia do Brazil (Illustrada)*. Trata-se de *Nossa Patria: narração dos fatos da História do Brasil através de sua evolução com muitas gravuras ilustrativas*[565].

Nossa Patria constitui-se em um pequeno livro de 162 páginas, com muitas gravuras e mapas. Dividido em cinquenta lições com duas páginas cada uma, com sinopse dos quatro séculos de história do Brasil, que traz os assuntos divididos por século[566] e índice das lições. A história que propõe é contada em uma linguagem simples e despojada e inicia com os símbolos da pátria para depois seguir uma ordem cronológica. As quatro primeiras lições são dedicadas à glorificação do sentimento de pátria, sendo a primeira denominada "Nossa Patria", que exalta a pátria como local não apenas em que se vive, mas ao qual estamos ligados pelo

---
[565] POMBO, José Francisco da Rocha. *Nossa Pátria*: narração dos fatos da História do Brasil através da sua evolução com muitas gravuras ilustrativas. São Paulo: Weiszflog, 1917.
[566] POMBO, José Francisco da Rocha. *Nossa Pátria*: narração dos fatos da História do Brasil através da sua evolução com muitas gravuras ilustrativas. 16. ed. São Paulo: Cia Melhoramentos, 1922. p. 153-159.

amor; a segunda versa sobre a bandeira e o hino nacional como grandes símbolos aos quais os homens devem se colocar em atitude de culto; a terceira traz como marco de criação da pátria a independência do Brasil; e a quarta lição é dedicada ao homem que, segundo o autor, mais se destacara no processo de independência, a saber, José Bonifácio de Andrada e Silva[567]. Somente após essa apresentação da pátria e de seus elementos cultuados é que, a partir da lição cinco, o livro adentra o período colonial e segue até o período republicano. Rocha Pombo encerra seu livro com um capítulo que trata do Brasil na década de 1910[568].

A obra fazia parte de um conjunto de três compêndios didáticos encomendados a Rocha Pombo pela Weiszflog Irmãos, que mais tarde incorporaria a Editora Melhoramentos[569]. Segundo Hernani Donato, entre os anos 1914 e 1918, apesar dos problemas gerados pela guerra, agravados pela procedência alemã de seus proprietários, a Weiszflog Irmãos investiu com maior força num nicho de mercado que se tornava cada vez mais

---

[567] Lição I - Nossa Patria; Lição II – A bandeira da nossa Patria; Lição III- A nossa independencia; Lição IV – José Bonifácio. *Ibidem*, p. 5-14.

[568] *Ibidem*, p. 149-152.

[569] A Companhia Melhoramentos de São Paulo foi criada na cidade de Caieiras, em 1887, por Antonio Proost Rodovalho com a implantação de mecanismos para a confecção de fibras de papel. Em 1890, no Salão Nobre do Banco do Brasil, no Rio de Janeiro, ocorre a efetiva instalação da Companhia Melhoramentos de São Paulo com a venda de suas ações. No ano de 1894, chegou a São Paulo Otto Weiszflog vindo de Hamburgo, adentrando o ramo do papel ao trabalhar na papelaria do também alemão Bühnaeds, cuja empresa além de relações comerciais com a família Weiszflog na Alemanha, possuía sociedade com Rodovalho estendendo o negócio a oficinas de encadernação e confecção de cadernos. Posteriormente, nos anos 1896 e 1900, imigraram para o Brasil os outros dois Weiszflog já com tradição em artes gráficas graças ao financiamento do pai. Em 1899, a família associou-se a Bühnaeds e logo em seguida iniciou seus negócios com a Companhia Melhoramentos de São Paulo para o fornecimento de papel. A Weiszflog Irmãos acabaria por assumir a direção da empresa devido ao afastamento por problemas de saúde de Bühnaeds (1904) e nos anos seguintes intensificaria seus negócios com a Cia. Melhoramentos que, em 1903, havia transferido sua sede para São Paulo. Os primeiros anos do século XX seriam promissores para as duas empresas, que se destacariam nas inovações de maquinário para a produção de papel e de técnicas de impressão, figurando entre as empresas paulistas mais convidadas a participarem de exposições nacionais e internacionais. Em 1912, por encomenda de Francisco Alves a Weiszflog Irmãos ingressou no universo da produção de livros escolares, trazendo para seu quadro de colaboradores Arnaldo de Oliveira Barreto, diretor da Escola Normal de São Paulo e incentivador da renovação educacional. Assim a empresa ganhou experiência e se tornaria uma referência na produção de manuais e compêndios didáticos. Toda trajetória de aproximação da Companhia Melhoramentos e dos Irmãos Weiszflog teve fim com a incorporação da editora Melhoramentos pela Weiszflog em 04 de dezembro de 1920. A justificativa para tal procedimento se deve a problemas financeiros da Companhia Melhoramentos e da carência de abastecimento de papel vivida pela Weiszflog Irmãos e por outras editoras no período. Entre os anos 1938 e 1943, a Melhoramentos representava uma das seis maiores editoras brasileiras e a com maior índice de publicações direcionadas às crianças e às obras de cunho didático. Sobre a Weiszflog Irmãos e Companhia Melhoramentos de São Paulo, ver: SOARES, Gabriella Pellegrino. Os irmãos Weiszflog em busca dos mercados escolares: identidades das Edições Melhoramentos dos primórdios à década de 1960. *In*: BRAGANÇA, Aníbal; ABREU, Márcia (org.). *Impresso no Brasil* – Dois séculos de livros Brasileiros. São Paulo: Editora Unesp, 2010; DONATO, Hernani. *100 anos da Melhoramentos - 1890-1990*. São Paulo: Melhoramentos, 1990; TAVARES, 2011.

promissor devido ao destaque que vinha assumindo entre o público, o professorado e a imprensa: os títulos didáticos. Dentro dessa visão de mercado e por meio da insistência de J. Alves Dias — que entrara para o quadro de funcionários da empresa quando da compra da tipografia H. Bresser, em 1912 —, para uma maior inserção de livros de história do Brasil no catálogo da Weiszflog Irmãos e por seu contato com "os principais autores do gênero: Rocha Pombo, Oliveira Lima, Affonso d'E Taunay"[570], a produção didática de livros de história passaria a ser um dos projetos da Weiszflog Irmãos. A Rocha Pombo foi encomendada a escrita de três obras: *Nossa Pátria narração dos factos da historia do Brazil atraves da sua evolução com muitas gravuras explicativas* (1917)[571], para o ensino primário; *História do Brasil com muitos mapas historicos e gravuras explicativas* (1918)[572], para o ensino para o ensino secundário ou elementar; *História do Brasil (Curso superior)* (1924), para o ensino superior[573]. Com o passar dos anos, Rocha Pombo produziu outras obras a serem publicadas pela Melhoramentos: *Historia de São Paulo resumo didático, Historia do Paraná resumo didático, Historia Universal, Cultura e Historia do Brasil*, além de ter diversas de suas obras didáticas reeditadas.

A parceria entre Rocha Pombo e a Weiszflog Irmãos/Melhoramentos produziu grandes sucessos de venda e público computando mais de um milhão de exemplares, se somadas todas as edições e reedições das obras didáticas de Rocha Pombo. Segundo Hernani Donato, em 1918, a *História do Brasil* de Frei Vicente de Salvador e a *História do Brasil com muitos mapas historicos e gravuras explicativas* de Rocha Pombo somaram 116.000 de exemplares impressos[574].

Entretanto, nenhuma das obras de Rocha Pombo seria tão difundida quanto *Nossa Patria*. A obra teve 88 edições ao longo de 53 anos (1917-1970), computando mais de 452 mil exemplares[575] o que estabelece o livro como um fenômeno de vendas. Desde sua primeira edição o livro se tornou um sucesso de mercado. Uma prova disso é que em 1922, *Nossa Patria* estava em sua 16ª edição, trazendo a informação de que era livro

---

[570] DONATO, 1990, p. 52.
[571] POMBO, 1917.
[572] POMBO, José Francisco da Rocha. *História do Brasil com muitos mappas historicos e gravuras explicativas.* São Paulo: Weiszflog Irmãos, 1918.
[573] POMBO, José Francisco da Rocha. *Historia do Brasil (Curso superior).* São Paulo: Companhia Melhoramentos de São Paulo, 1924.
[574] DONATO, 1990, p. 52.
[575] LUCCHESI, 2004.

"aprovado oficialmente nos estados de São Paulo, Santa Catarina, Sergipe, Maranhão e adotado no Ensino desses Estados e nos de Paraná, Bahia e Rio Grande do Norte"[576]. Além disso, foram encontrados já em 1917/1918, notas em jornais que indicam o livro na lista de materiais didáticos a serem adotados em diversos estados da federação[577].

Essa difusão de *Nossa Patria* em vários estados e o montante de seus exemplares publicados, em mais de cinco décadas do século 20, estabelece-o como uma obra de destaque na concepção de conceitos difundidos e solidificados por meio do ensino básico a que tiveram acesso gerações de brasileiros. Eles não apenas iniciaram seus estudos pela obra de Rocha Pombo, mas também podiam estender esse contato nos anos seguintes de sua formação, uma vez que outras obras do autor também se tornaram muito difundidas: *História do Brasil para ensino secundário*[578], *História do Brasil, Ensino Superior*[579] e a edição de *História do Brasil nova edição ilustrada*[580] (a já mencionada obra em cinco volumes vendida de porta a porta).

A obra manteve seu formato e conteúdo praticamente inalterados de 1917 a 1965, ganhando apenas leves inserções como as encontradas em sua 79ª edição: a grafia está atualizada, imagem do autor na página de rosto como homenagem dos editores, uma lista das gravuras (organizadas por: personagens, quadros, vistas etc., monumentos e edifícios, mapas e diversos) e a indicação de ser a obra adotada em todos os estados do Brasil[581]. Entretanto, em 1965, *Nossa Patria* ganha uma edição revista e atualizada (84ª edição)[582]. A nova edição passa a se chamar *Pequena Historia do Brasil – Nossa Pátria narração dos fatos da história do Brasil através da sua evolução*; deixa de ter capa dura, a nova capa deixa de trazer duas crianças em atitude de reverência à bandeira nacional e passa a ter a figura de Antonio Raposo Tavares em Guarujá (retirada de um quadro de Teodoro Braga). Ganha orelha, em

---

[576] POMBO, 1922.
[577] Dentre as quais, destacam-se: O DIA. Florianópolis, 9 de novembro de 1917, capa; A RAZÃO. Rio de Janeiro, 20 de outubro de 1918, p. 6. Disponível em: http://hemerotecadigital.bn.br/. Acesso em: 13 jan. 2025.
[578] POMBO, José Francisco da Rocha. *História do Brasil, para o ensino secundário*. São Paulo: Weiszflog, 1923.
[579] POMBO, 1926.
[580] POMBO, 1935.
[581] POMBO, José Francisco da Rocha. *Nossa Pátria*: narração dos fatos da História do Brasil através da sua evolução com muitas gravuras ilustrativas. 79. ed. São Paulo: Melhoramentos, [19--?].
[582] POMBO, José Francisco da Rocha. *Pequena Historia do Brasil – Nossa Pátria narração dos fatos da história do Brasil através da sua evolução*. 84. ed. rev. e atual. pelo prof. Lourenço Filho. São Paulo: Edições Melhoramentos, 1965.

que a relação de Rocha Pombo com o ensino do amor pátrio é ressaltada; tem suas gravuras substituídas por ilustrações de Fernando Dias da Silva e Heros Lima; deixa de ter a breve apresentação feita por Rocha Pombo, em 1917, e ganha uma nova assinada pela Edições Melhoramentos; traz uma breve biografia do autor. Ainda a imagem de Rocha Pombo encontrada na 79ª edição não mais aparece, assim como o quadro de imagens; o índice geral é deslocado para o início do livro, mantendo ao final apenas a sinopse dos cinco séculos da nossa história. É importante destacar que essas alterações no formato da obra não promovem alterações significativas em seu conteúdo. A revisão, com pequenas alterações na escrita, e atualização do texto é feita pelo renomado professor e autor de material didático Lourenço Filho[583], que complementa a obra no que se refere ao período de 1922 a 1964, aumentando em duas páginas e meia a lição L (Governo da República). É interessante destacar nessa atualização que, embora Lourenço Filho tenha ampliado a lição sobre o período republicando, inserindo informações sobre os governos e acontecimentos como a Segunda Guerra Mundial, a

---

[583] Manoel Bergström Lourenço Filho (1897-1970): "Durante os anos de 1922 e 1923, foi responsável pela reforma no ensino público do Ceará. Em 1930, já no Rio de Janeiro, foi chefe de gabinete do Ministro da Educação Francisco Campos. Na gestão de Anísio Teixeira na Secretaria da Educação do Distrito Federal, dirigiu o Instituto de Educação do Rio de Janeiro. Em 1935, é nomeado diretor e professor de Psicologia Educacional da Escola de Educação do Distrito Federal. Foi também diretor Geral do Ensino Público de São Paulo, Membro do Conselho Nacional de Educação em 1937 e diretor do Departamento Nacional de Educação. Em 1938, a pedido do Ministro Capanema, organizou o Instituto Nacional de Estudos Pedagógicos que, quem 1944, lançou a *Revista Brasileira de Estudos Pedagógicos*. A relação de Lourenço Filho com a Cia. Melhoramentos começou em 1921, com a publicação da *Revista Nacional* que contava com a participação de autores como Afonso d'E Taunay e Oliveira Lima, além do próprio Lourenço Filho. A partir de 1925, ele ficará no comando da *Biblioteca Infantil* da editora. O autor também organizou para a Cia., em 1927, a *biblioteca da Educação*, com 35 títulos, que buscava divulgar as correntes pedagógicas estrangeiras no país. Entre as traduções que fez está o livro de Durkheim, *Educação e sociologia*, publicado pela melhoramentos em 1929. Lourenço Filho ainda escreveu livros infantis e didáticos para Cia.. Entre essa produção, destaca-se a *Cartilha do Povo*, editada pela primeira vez em 1928". LUCCHESI, 2004, p. 91. Sobre Lourenço Filho e sua obra ver: BERTOLETTI, Estela Natalina Mantovani. *Lourenço Filho e a Alfabetização* – um estudo da Cartilha do Povo e da Cartilha Upa, Cavalinho!. São Paulo: Editora Unesp, 2006; SGANDERLA, Ana Paola; CARVALHO, Diana Carvalho de. Lourenço Filho: um pioneiro da relação entre psicologia e educação no Brasil. *Psicol. educ.*, São Paulo, n. 26, p. 173-190, 2008. Disponível em: http://pepsic.bvsalud.org/pdf/psie/n26/v26a10.pdf. Acesso em: 13 jan. 2025; FIGUEIRA, Patrícia Ferreira Fernandes. *Lourenço Filho e a Escola nova no Brasil*: estudo sobre os Guias do Mestre da série graduada de leitura Pedrinho. Dissertação (Mestrado em Educação) – Unesp, Araraquara, 2010. Disponível em: http://repositorio.unesp.br/bitstream/handle/11449/90241/figueira_pff_me_arafcl.pdf?sequence=1. Acesso em: 13 jan. 2025; RAFAEL, Mara Cecília; LARA, Ângela Mara de Barros. A proposta de Lourenço Filho para a Educação de Crianças de 0 a 6 anos. *Revista HISTEDBR*, Campinas, n. 44, p. 229-247, dez. 2011. Disponível em: http://www.histedbr.fe.unicamp.br/revista/edicoes/44/art15_44.pdf. Acesso em: 13 jan. 2025; CUNHA, Maria Teresa Santos. Das mãos do autor aos olhos do leitor. Um estudo sobre livros escolares: A Série de Leitura Graduada Pedrinho de Lourenço Filho (1950/1970). *História*, São Paulo, v. 30, p. 81-99, ago./dez. 2011. Disponível em: http://www.scielo.br/scielo.php?script=sci_arttext&pid=S0101-90742011000200005. Acesso em: 13 jan. 2025.

fundação de Brasília e a deposição de João Goulart e estabelecimento do governo militar, a última lição proposta por Rocha Pombo em 1917, lição LI – O que é hoje o Brasil, mantém-se inalterada, bem como o teor geral e patriótico que ali encontramos:

> Para termos uma idéa do que é hoje o Brasil, seria preciso volver um olhar para trás e apanhar num relance o que fizemos aqui em pouco mais de tres seculos e meio de trabalho.
>
> Veriamos, então, como nunca desfalecemos no esforço constante, de crear aqui uma civilização que faça honra ao continente americano.
>
> E isso estamos alcançando.
>
> Podemos bem ufanar-nos de estar fazendo dignamente o nosso papel na America.
>
> Basta indicar o oriente que temos seguido em toda a nossa historia.
>
> O que adoptamos como regra da nossa existencia entre as oitras nações foi sempre a justiça.
>
> [...]
>
> E assim como a justiça é a nossa regra em relação aos outros povos, a concordia e a fraternidade são os principios que regem a nossa vida no trabalho. Sem vaidade, podemos dizer que vamos para o futuro com toda coragem, levando à nossa frente um estandarte em que se lêm estas palavras por divisa: *Lá fôra, acima de tudo – a humanidade, que vai para Deus: aqui dentro, na grande Patria nossa tão amada – o culto que lhe devemos.*
>
> Estamos, então, chegados ao momento em que é preciso dizer a nós proprios: nestes dias em que se procura tornar mais vivo ainda o sentimento da Patria, o que é muito grato aos nossos corações é sentir como é bela a nossa historia; como tem lances que nos comovem, e que mostram quanto é nobre a funcção que, com o concurso de outras tantas, a nossa raça vai ter na America.
>
> Ao concluir, pois, estas licções, é muito natural que todo o nosso enthusiasmo se volte para o pendão estrelado, e que o saudemos com orgulho, porque elle representa para nós o que tem sido, o que somoes e o que havemos de ser no mundo.[584]

---

[584] POMBO, 1922, p. 149-152.

A EDUCAÇÃO COMO IDEAL

Esse trecho desponta como de extrema importância para a análise aqui empreendida, pois sua manutenção mesmo após a atualização do livro, no que se refere aos fatos posteriores à proclamação da república e que chegariam até a década de 1960 — período imediato ao Golpe de Estado que levaria o país a uma ditadura de mais 20 anos —, pode ajudar a compreender o porquê de *Nossa Patria* ter permanecido durante tanto tempo como uma obra amplamente consumida no âmbito escolar. É exatamente pela forma como a nação de Rocha Pombo se constitui e como ela é apresentada ao jovem público leitor: simples, mas marcante, apaixonada, positiva, isenta de partidarismo ou de alinhamento político, que lhe permite ser apropriada e utilizada no decorrer de tantos anos, sob as mais diversas orientações de governo. *Nossa Patria* dá ao seu leitor todos os recursos necessários para construir uma primeira imagem de Brasil, de brasilidade, de pertencimento.

Essa construção não é isenta, como não é a produção de qualquer obra, seja literária, didática ou acadêmica. Ela foi feita de escolhas e grandemente influenciada pelas demandas do período de sua criação. Não se pode esquecer que, na década de 1910, o nacionalismo, a construção de um sentido de nação e o desenvolvimento de um sentimento patriótico estavam no cerne das grandes discussões, assim como estava a necessidade de se criar um ensino forte, que cumprisse a função de formar um cidadão ciente de seu papel como membro do corpo nacional, fazendo-se parte da nação. Os manuais e compêndios didáticos constituíam-se em um grande campo para a ação dos formadores do espírito pátrio.

1. A Pátria desde a infância: nacionalismo e educação

Segundo Jorge Nagle, a segunda década do século 20 representa um fértil período para o desenvolvimento e estruturação dos ideais nacionalistas no Brasil, sendo suas primeiras manifestações sistemáticas encontradas no campo da educação escolar, com ampla divulgação de livros didáticos com conteúdo moral, cívico e patriótico. Esses materiais constituíam-se em obras que pretendiam fornecer à criança uma imagem do país adquirida por via sentimental. Tratava-se de uma doutrinação iniciada no campo escolar e que repercutiu mais que qualquer outra e teve como consequência o "desencadeamento do processo de nacionalização da escola primária"[585]. Jorge Nagle estabelece a eclosão da Primeira Guerra Mundial como propulsora de elementos importantíssimos para o estabelecimento de ideais nacionalistas gerando não apenas um rudimentar corpo de doutrina, mas também as primeiras estratégias de ação.

Nesse contexto, a campanha empreendida por Olavo Bilac e seus companheiros da Liga de Defesa Nacionalista[586] seria fundamental para a propagação e difusão de manuais e compêndios didáticos que exaltassem a pátria e desenvolvessem o sentimento de pertencimento nacional. A Liga de Defesa Nacionalista por meio de conferências, as mais populares proferidas pelo próprio Bilac, empreendeu uma ação proselitista, em que o sentido disciplinador se fazia central[587]. Segundo Jorge Nagle, o ideal de disciplina pregado nessas conferências ganhava força pela justificativa de que havia um perigo externo — o risco à soberania nacional, constituído pelo amor à conquista de terras que ficara latente pela eclosão da Guerra — e perigos internos — decorrentes da possibilidade de quebra da unidade territorial, da falta de instrução, de erros administrativos, da cobiça individual e da indiferença[588].

Como medida contentora a essas ameaças, o movimento apontava para projetos a serem tratados de forma mais efetiva a fim de garantir a segurança da nação: o serviço militar — como caminho para eliminar os riscos do perigo externo — e a instrução — para conter o perigo interno. Essas duas coordenadas teriam como elemento fundamental a pregação do nacionalismo, centrada na formação da consciência nacional. Nessa campanha eram pontos centrais a negação da existência de países irremediavelmente mais fracos, da degeneração como consequência da miscigenação e a demonstração de que a disciplina era imprescindível para a existência da pátria[589]. Mesmo recebendo fortes críticas por seu elitismo, militarismo e oficialismo o ideário da Liga de Defesa Nacional se alastrou amplamente pelo país e a ela vieram se juntar outras Ligas

---

[585] NAGLE, Jorge. *Educação e sociedade na Primeira República*. São Paulo: EPU, 1976. p. 44.
[586] A Liga de Defesa Nacionalista foi fundada, em 1916, por Olavo Bilac, Pedro Lessa e Miguel Calmon. Teve por principal característica a intensa atuação na busca por difundir os ideais de unidade nacional, por meio da criação de Diretórios Regionais em todos os estados da federação, agregando sob sua bandeira as principais personalidades regionais. A gerência dos diretórios ficava a cargo dos presidentes de estado, assim como ao presidente da república cabia a direção do Diretório Central estabelecido na cidade do Rio de Janeiro (*Idem*).
[587] *Ibidem*, p. 45-46.
[588] *Ibidem*, p. 46.
[589] *Ibidem*.

Nacionalistas Estaduais que ampliaram e aprofundaram a pregação nacionalista. Dentre elas destaca-se a Liga Nacionalista de São Paulo, nascida num clima de entusiasmo patriótico e de inquietação pela Primeira Guerra Mundial. Diferença fundamental entre as duas ligas era o afastamento das preocupações de natureza militar e um maior comprometimento com as questões políticas pela segunda. A Liga Nacionalista de São Paulo agregaria novos objetivos aos já propostos por sua inspiradora, como: o combate à abstenção e à fraude eleitoral e o combate ao analfabetismo[590]. A essas duas vertentes nacionalistas – a militarista e a política – veio se juntar uma terceira, que adotava ideias e princípios de ambas as Ligas, aos quais agregava a manutenção da religião católica, a libertação dos valores portugueses, a nacionalização do comércio e da imprensa lusitana e a valorização do mestiço. Além disso, tecia crítica à hegemonia paulista e lutava pela defesa da civilização agrária[591]. Os principais expoentes dessa vertente gruparam-se em torno da revista *Brazílea*[592], fundada em 1917, que assumiu uma postura de declarado antilusitanismo, de defesa do mestiço como verdadeiro representante do elemento nacional e de pregadora do nacionalismo. A revista ainda buscava divulgar obras de intelectuais esquecidos, que formavam uma galeria de indivíduos dignos de serem lembrados por sua contribuição na divulgação das virtudes e potencialidades da nação[593]. Nessa galeria, Rocha Pombo desponta como o grande historiador esquecido e desvalorizado apesar de sua genialidade. O autor apareceu como colaborador da revista — embora publicasse ali apenas dois poemas — e nas outras duas publicações do grupo: *Terra de Sol*[594]

---

[590] *Ibidem*, p. 47-49.

[591] *Ibidem*, p. 48-49.

[592] A revista *Brazílea* foi publicada de 1917 a 1918, tendo com fundadores Álvaro Bomilcar e Arnaldo Damasceno, com colaboração de Jackson de Figueiredo (*Ibidem*, p. 49).

[593] LUCCHESI, 2004, p. 48.

[594] Em *Terra de Sol*, Rocha Pombo publicou vários artigos, dentre os quais: POMBO, José Francisco da Rocha. Terra Gloriosa. *Terra de Sol*: Revista de Arte e Pensamento, Rio de Janeiro, n. 1, p. 9-11, 1924; Os actores do nosso drama. *Terra de Sol*: Revista de Arte e Pensamento, Rio de Janeiro, n. 2, p 129-131, 1924. Seria ainda nesta revista que Nestor Vitor publicaria o artigo mais conhecido sobre o período em que Rocha Pombo viveu no Paraná: VITOR, 1979.

e *América Latina*⁵⁹⁵. Assim, Rocha Pombo não apenas estava concatenado com as discussões e os projetos nacionalistas, mas também estava aliado a uma vertente que buscava ativamente propagar seus ideais de pátria e o nacionalismo.

Eric Hobsbawm, em sua análise sobre a nação e o nacionalismo, demonstra como a prática de utilizar as ideias de necessidade de proteção da pátria foi acionada no contexto da 1ª Guerra, por meio de uma propaganda fundamentalmente dirigida a civis e cidadãos — a guerra apresentada como defesa contra a vinda do estrangeiro que se constituía como ameaça aos ganhos cívicos próprios de seu lado ou países, "todos aprenderam a apresentar seus objetivos de guerra (embora de alguma forma inconsistentemente) não apenas como a eliminação de tais ameaças, tais como, de alguma forma, a transformação social do país, no interesse dos cidadãos mais pobres ('lares de heróis')"⁵⁹⁶.

A discussão na primeira república estava posta nos caminhos para criar cidadãos, filhos da pátria, em criar o patriotismo nacional de tornar o país "meu"⁵⁹⁷, ou de "terra natal"⁵⁹⁸. Em um país onde a cidadania era limitada, em que a democracia se fazia em bases oligárquicas, com a prá-

---

⁵⁹⁵ Em *America Latina*, Rocha Pombo publicou um artigo como resposta ao conto Urupês de Monteiro Lobato (1918), em que criticava duramente a figura de Jeca Tatu, segundo Rocha Pombo: "Jeca Tatú não é nosso habitante do interior. Será quando muito, o homem que se confinou entre a cidade e o sertão, e que, rebotalho dos elementos subalternos que entram na formação da raça historica, está morrendo desvirilísado, no illatismo a que o condemnaram a civilisação e o terror da plenitude da floresta [...] procure o sr. Monteiro Lobato o nosso legitimo sertanejo, o nosso verdadeiro *caboclo*; e há de se encontrar, de norte a sul, em todo o paiz, o homem simples e leal, vigoroso e altivo, o heróe que fez a conquista e ainda faz a guerra [...] *Jéca Tatu* não é o sertanejo brasileiro. Será quando muito, o sertanejo paulista. Simplificamos assimdesde logo a questão, fazendo essa primeira restricção que se refere ao critério quantitativo. *Jéca Tatú* é o caipira paulista, o *Piraquara* do Parayba. *Jéca Tatú* felizmente não symblisa o sertanejo brasileiro, porque Monteiro Lobato não conhece o jagunço, e não conhece o gaúcho. Não vui o jagunço na batalha, como o vui Euclydes da Cunha; não viu o gaúcho nas cargas de cavalaria e nos trabalhos campeiros. *Jéca Tatú* não pode symbolizar aquelles extraordinarios patrícios do nordeste que, em dez anos, desbravaram e povoaram a Amazonia; que a mando de um gaúcho destemido, Placido de Castro, facilitaram a tarefa diplomática do imortal Rio Branco, que poude incorporar o Acre ao dominio do Brazil. *Jéca Tatú* não póde symbolisar os gaúchos que, naquela fronteira do Rio Grande 'ha cem anos batida a pata de cavalo', como disse Euclydes, têm defendido a liberdade e a honra do Brazil. Não há como dizer melhor tudo isso, que está na consciencia de todos, mas poucos dizem. Em summa, o que ninguem mais póde pôr em duvida é que o primeiro enthusiasmo amaina, e que todos nós havemos de matar o *Jéca Tatú* ao nascer, e por um movimento unanime de justiça, sagra o *Jéca Leão*. Este é que ha de ser o nome symbolico do nosso sertanejo – o desbravador da terra, o braço que tem feito até hoje a riqueza economica do Brazil, a força que sempre defendeu o território, e que é ainda a unica força com que a patria poderá contar si se vir em algum perigo" (POMBO, José Francisco da Rocha. Jéca-Leão. *America Latina*: Revista de Arte e Pensamento, Rio de Janeiro, tomo I, anno I, n. 3, p. 469-471, out./nov. 1919).

⁵⁹⁶ HOBSBAWM, 2013, p. 125.

⁵⁹⁷ *Ibidem*, p. 124.

⁵⁹⁸ *Ibidem*, p. 125.

tica do coronelismo herdados das relações patriarcais e hierárquicas do século 19 e em que a fraude e a abstenção eleitoral se faziam constantes, a constituição da nação ou pátria como um conceito que descrevesse o lugar a que pertencia o cidadão se fazia inviável, nesse sentido o caminho para a construção da ideia de pertencimento à comunidade imaginada era o da cultura, nesse sentido as origens raciais da sociedade brasileira seriam largamente utilizadas pelos propagandistas do nacionalismo, nação e raça estavam intimamente ligados e eram inseparáveis.

Se na primeira república o Estado não tomava para si o processo de nacionalização, os homens de letras, de direito e de ciências criavam projetos de nação, com encaminhamentos diversos para a constituição racial do país e esses nacionalismos se tornaram um instrumento poderoso para o Estado. Para esses homens era essencial "educar nossos mestres" "fazer cidadãos", transformar "camponeses em brasileiros" e fazer com que todos se ligassem a bandeira e a nação[599]. Ainda segundo Hobsbawm, no período entre 1880 e 1914, passa-se a dar ênfase nas diferenças entre o "eles" e o "nós" e não há modo mais eficaz de unir as partes díspares de povos inquietos do que os unir contra forasteiros[600]. Assim, os Estados utilizam a maquinaria de comunicação, sobretudo as escolas primárias, para difundir a imagem e a herança da "nação" e inculcar a adesão a ela, bem como ligar os indivíduos ao país, frequentemente 'inventando tradições', ou mesmo nações com esse objetivo[601], nesse campo o ensino de história ganha papel de destaque.

Jorge Nagle, demonstra que, na segunda década do século 20, desenvolveram-se no Brasil correntes de ideais e movimentos políticos sociais que atribuíram importância cada vez maior para o tema da instrução nos mais diversos níveis e tipos[602], o que impulsionou, na década de 1920, o que o autor chama de "entusiasmo pela educação e otimismo pedagógico"[603], culminando na efetiva profissionalização do ensino. Segundo esse autor, a necessidade de instrução e de sistematização do ensino entrou na pauta de diversos movimentos nos anos iniciais do século 20, as demandas promovidas por esses movimentos acabariam conferindo à escola pública primária o *status* de instituição mais importante do sis-

---

[599] *Ibidem*, p. 127.
[600] *Ibidem*, p. 127-128.
[601] *Ibidem*, p. 128.
[602] NAGLE, 1976, p. 101.
[603] *Ibidem*, p. 95-198.

tema escolar brasileiro, na medida em que a formação básica do povo se tornava o principal ponto de preocupação de políticos e educadores[604].

Assim, nacionalismo e educação se fundem na ideia da escolarização como formadora do espírito e do caráter nacional e colocam-se a serviço da reconstrução e regeneração nacional[605]. Nesse aspecto a escola primária tornava-se sinônimo de educação popular com o objetivo de sanar o problema do analfabetismo e de transformar a massa em nação por meio do fornecimento de uma identidade compartilhada. Segundo Fernanda Lucchesi, a disseminação do ensino seria a única maneira de modernizar o país, mas era também o caminho mais seguro para transformá-lo em nação. Nesse sentido, o ensino cívico ganha prestígio e o ensino de História passa a ter papel estratégico para a manutenção da integralidade territorial brasileira, na medida em que o Brasil por ser tão extenso e despovoado não poderia ter na unidade da língua a garantia da conservação de suas fronteiras[606]. Essa preocupação e o papel do ensino da história do Brasil como elemento de formação do sentimento pátrio são explicitados por Affonso Taunay:

> Neste nosso paiz imenso e ainda despovoadissimo, onde os principaes núcleos tão pouco se interpenetraram ainda, na grande maioria dos casos a idéa da maior Patria, da grande Patria, se esbate ante a do patriunculo, consequenciaaliás de um fenômeno natural quanto possivel.
>
> Patria de muita terra, patria de muita gente...
>
> Não basta a unidade de lingua e de religião para reforçar esse brasileirismo tenue.
>
> Ella não impediu a desagregação do antigo Perú nem a o velho Vice-Reino de Nova Granada.
>
> É preciso que, diariamente e cada vez mais, às creanças se incuta e, desde as primeiras letas, um nacionalismo integrador e fortissimo. É indispensavel inculcar-lhes um sentimento intenso de respeito a essa vastidão territorial que é a nossa, tão penosa e tenazmente adquirida e sedimentada, pelas navegações e as bandeiras, a politica da corôa lusitana, a continuidade do esforço do Imperio e o remate das questões lindeiras, com a Republica.

---

[604] *Ibidem*, p. 114.
[605] LUCCHESI, 2004, p. 79.
[606] *Ibidem*, p. 81.

> Como contribuição de valor para a homogeneização brasileira nada ha mais precioso do que ensinar às creanças os grandes lances da vida comum brasileira das gerações que as precederam; os feitos notaveis da vida nacional, os que repercutindo em todo o paiz produziram em todos os seus recantos os mesmos efeitos, despertando em seus mais longinquos paramos os mesmos sentimentos.[607]

Esse não é um discurso novo ou simplesmente característico da década de 1920, quando Taunay prefacia o livro de Mario Sette: ele era herdeiro das discussões do século XIX. A necessidade de se criar uma escola a serviço do nacional já estava posta, por exemplo, no ensaio de José Veríssimo, *A educação nacional (1900)*[608], em que o autor tece uma profunda crítica à situação da instrução no Brasil. Trata-se de um ensaio escrito ainda no calor da proclamação da república[609], apresentando-se como um clamor por mudanças efetivas no ensino e um balanço das poucas alcançadas pela jovem administração republicana. Para o autor, o grande exemplo de sistematização da instrução a serviço da pátria seriam os Estados Unidos da América do Norte, que embora não se constituíssem em um país com a unidade nacional conformada, dada a sua pluralidade de raças e a segregação delas, possuía um declarado sentimento nacional e patriótico, grandemente propagado pela forma como a sua educação básica nacional fora organizada. Para o autor, fortemente influenciado por Ernest Renan[610], primeiro passo para a apropriação do sentimento pátrio era se reconhecer como parte de uma mesma alma, na medida em que a unidade nacional dependia do sentimento do passado. Para isso a sistematização da educação nacional era essencial, era preciso que o jovem governo republicano tomasse para si, retirando da igreja e das instituições privadas, a responsabilidade sobre a instrução básica e também a formação dos professores. Para Veríssimo a educação nacional não se poderia fazer senão pelo estudo da pátria e para isso a história da nação tinha o papel principal[611]. Essa preocupação com a formação dos jovens cresceria nas décadas seguintes e se converteria em projetos de institu-

---

[607] TAUNAY, Affonso de E. Duas Palavras. *In*: SETTE, Mario. *Brasil, minha terra!*: Lições Cívicas. São Paulo: Companhia Melhoramentos, 1928. p. 5-6.
[608] VERÍSSIMO, José. *A educação nacional*. Rio de Janeiro: Topbooks; Belo Horizonte: PUC-Minas, 2013 [1900].
[609] *A Educação Nacional* foi escrita em 1890 e teve sua primeira edição apenas em 1900.
[610] RENAN, Ernest. *O que é uma nação?* Conferência realizada na Sorbonne, em 11 de março de 1882. Disponível em: http://www.unicamp.br/~aulas/VOLUME01/ernest.pdf. Acesso em: 13 jan. 2025.
[611] VERÍSSIMO, 2013, p. 135.

cionalização do ensino e, principalmente, em incentivo para a produção de livros, compêndios e manuais didáticos que despertassem desde cedo o amor à pátria. E é dentro desse conjunto de obras que a obra de Rocha Pombo desponta como um grande sucesso.

É importante sempre ter em mente que o livro didático não pode ser analisado desassociado ao contexto, político, econômico, social e ideológico em que está inserido. Eles "incorporam as concepções de história e os sistemas de valores dos autores e de seu tempo"[612]. São importantes partes das engrenagens de manutenção de visões do mundo, na medida em que se apresentam como mediadores entre "concepções e práticas políticas e culturais"[613].

A análise de *Nossa Patria* permite verificar claramente as premissas do nacionalismo, pretendido pelas Ligas e seus desdobramentos, e como as mesmas eram articuladas como elementos de formação infantil, na medida em que na obra de Rocha Pombo destacam-se o culto à pátria, o desenvolvimento de um sentimento de louvor e amor incondicional à terra, a aclamação da justiça e da igualdade do Brasil perante os outros povos e, principalmente, a coesão, a harmonia e a importância do congraçamento das três raças para a formação nacional. Esses são os grandes elementos da obra que criam uma imagem de pátria louvável. É importante destacar que esses elementos já estavam postos nas obras anteriores de Rocha Pombo e que a busca constituir uma ideia de nação e por estabelecer uma igualdade de importância do Brasil no seio da América e da sociedade ocidental como um todo, já estavam no centro das preocupações do autor e não podem ser tomadas simplesmente como respostas às demandas geradas pela produção do material didático encomendado pela Weiszflog Irmãos. O nacionalismo sistematizado e propagado pela obra já estava em discussão desde os finais do século 19, a ideia de se constituírem elementos que conferissem a unidade nacional e que produzissem o sentimento pertencimento já faziam parte das preocupações dos intelectuais desde a primeira década da república e eram compartilhados por Rocha Pombo. Isso fica claro na análise de suas obras anteriores a 1917, em que o autor se debruçara sobre esses elementos e tão extensamente escrevera. O que é específico em *Nossa Patria* é a forma como o autor articula suas ideias e sua produção histórica para servir à formação da consciência nacional direcionada ao público infantil.

---

[612] CAPELATO, Maria Helena Rolim. Ensino primário franquista: livros escolares como instrumento de doutrinação infantil. *Revista Brasileira de História*, São Paulo: USP, v. 29, n. 57, 2009. p. 118.

[613] *Ibidem*.

2. Um livrinho: para a inteligência das crianças e dos homens simples do povo

No que se refere à escrita, à teoria e aos elementos constitutivos de *Nossa Patria* carrega os mesmos parâmetros daquelas analisadas anteriormente neste livro. Aqui Rocha Pombo mantém sua proposta de escrita da história calcada nas teorias de Henry Buckle, introduz os mesmos elementos propostos por von Martius e, principalmente, organiza o texto, a linguagem e a forma de transmitir as informações à mesma maneira feita em seu *Compendio de Historia da America*, edição para as escolas primárias. Na verdade, sua nova obra didática em muito se parece com a versão de 1904 do livro sobre a história da América, assim como são replicados em essência os conceitos de raça e nação impressos em *Historia do Brazil (Illustrada)*.

Quanto ao conteúdo, pode-se afirmar com convicção que *Nossa Patria* é uma contração de *Historia do Brazil (Illustrada)* e assim sendo as construções que o autor faz para os conceitos de raça e de nação estão reproduzidos na obra, mas de forma a se fazer compreender ao público infantil, numa adaptação bastante comum ao período. Segundo Lucchesi, naquilo que se refere ao ensino infantojuvenil, a preocupação no momento de adequar as obras para o gosto do público-alvo não estava posta apenas nos conteúdos. Para além da preocupação sobre os conteúdos a serem reproduzidos nos livros para fins didáticos, havia uma intensa preocupação com a forma como eles seriam organizados. Esses conteúdos deveriam ser voltados para a "inteligência das crianças" e ser capazes de desenvolver o gosto pela história do Brasil, para que com isso o sentimento de pertencimento, o espírito nacional e o patriotismo se fizessem presentes. Nesse aspecto, as novas obras deveriam se afastar daquelas do século 19, dentre as quais o principal exemplo era *Lições de História do Brasil*[614] de Joaquim Macedo. A essa obra estabelecer-se-ia o principal contraponto para a nova produção didática voltada ao ensino primário, uma vez que a mesma apresentava uma extensa quantidade de informações, datas e nomes distribuídos em 545 páginas, sem ilustrações. A esse formato se contraporia não apenas a vontade de se adequar os compêndios, manuais e livros didáticos ao gosto infantil, mas também a vontade de mudanças

---

[614] MACEDO, Joaquim Manoel de. *Lições de História do Brasil para uso dos alunos do Imperial Colégio de Pedro II*. Rio de Janeiro: B.L. Garnier, 1860. v. 1; MACEDO, Joaquim Manoel de. *Lições de História do Brasil para uso dos alunos do Imperial Colégio de Pedro II*. Rio de Janeiro: B.L. Garnier, 1863. v. 2.

na prática escolar[615]. Ainda segundo Lucchesi, autores de material didático voltado ao ensino primário, e especialmente Rocha Pombo na produção de *Nossa Patria*, procuraram eliminar de seus textos o amontoado de datas e fatos na busca por uma história viva, dinâmica, aventureira, na tentativa de cativar a atenção e a preferência das crianças. É com esse objetivo que, nas primeiras décadas do século 20, proliferam livros que traziam a história do Brasil por meio de poemas, contos, narrativas ficcionais e ilustrações. Dentre os autores desse tipo, destacar-se-iam: Olavo Bilac, Coelho Netto, Manoel Bomfim, Viriato Correa, Mario Sette, João Ribeiro e Afranio Peixoto, entre outros[616].

Despontando como mais um dentre muitos autores que tomaram para si a tarefa de criar um texto que fizesse brotar nos leitores o sentimento pátrio, Rocha Pombo — que desde seus escritos mais antigos, ainda no Paraná, demonstrava estar em uma verdadeira cruzada pela elevação do espírito nacional, pela civilização e consolidação do Brasil no seio da sociedade americana e ocidental — executou tal tarefa com maestria. A leitura de *Nossa Patria* confirma a análise de Lucchesi, que argumenta que a diminuição da massa de dados realizada por Rocha Pombo não tinha como objetivo apenas tornar o livro menos enfadonho, mas também de realçar os eventos mais significativos, garantindo um sentido grandioso à história eliminando o que pudesse colocar em risco esse sentido[617]. Rocha Pombo ao executar a diminuição de massa de dados encontrados em *Historia do Brazil (Illustrada)* e compactar os volumes e cinco séculos de história nacional em breves 161 páginas, num texto que se fizesse agradável e palatável ao espírito infantil, não apenas fizera cortes nas informações ou uma simples seleção de dados, mas antes de tudo, escolhera de forma bastante cuidadosa aquilo que devia se constituir como a história do Brasil de forma a criar na imaginação infantil uma imagem de pátria passível de ser sentida, amada e cultuada. Nesse sentido o autor,

---

[615] LUCCHESI, 2004, p. 85.
[616] BILAC, Olavo; NETTO, Coelho. *Contos Patrios (para creanças)*. 30. ed. Rio de Janeiro: Francisco Alves, 1936 [1904]; BILAC, Olavo; NETTO, Coelho. Pátria Brasileira (para alunos das escolas primarias). 27. ed. Rio de Janeiro: Francisco Alves, 1940 [1909]; BILAC, Olavo; BOMFIM, Manoel. *Através do Brasil*. São Paulo: Companhia das Letras, 2000 [1910]; PEIXOTO, Afranio. *Minha Terra e Minha Gente*. Rio de Janeiro: Francisco Alves, 1916; SETTE, 1928; CORRÊA, Viriato. *Histórias da Nossa História*. São Paulo: Companhia Editora Nacional, 1930; CORRÊA, Viriato. *As mais belas histórias da história do Brasil*. Rio de Janeiro: Editora Expressão e Cultura, 2001 [1948]; RIBEIRO, João. *História do Brasil* – curso médio. 17. ed. rev. por Joaquim Ribeiro. Rio de Janeiro: Livraria Francisco Alves, 1935; RIBEIRO, João. *Rudimentos da História do Brasil*. 14. ed. Rio de Janeiro: Liv. Francisco Alves, 1936.
[617] LUCCHESI, 2004, p. 89.

constrói uma obra que busca em todo o seu decorrer cumprir aquilo que ele propõe em sua apresentação:

> ESTE LIVRINHO
>
> Este Livrinho é feito para a intelligencia das creanças e dos homens simples do povo.
>
> Nestes dias, que alvorecem tão novos, em que se procura crear o culto da patria, penso que o primeiro trabalho para isso é fazer a patria conhecida daqueles que a devem amar.
>
> Não se ama uma terra sinão quando alguma coisa sagrada a ella nos prende – algum sacrifício, ou alguma tradição gloriosa.
>
> São essas coisas que firmam a nossa existencia moral.
>
> Sentir o que fizeram de grande os nossos antepassados equivale a tomar o compromisso de os continuar na historia.
>
> Os nossos annaes, comquanto sejamos novos no mundo, registram lances de que nos podemos orgulhar.
>
> Fixa-los, em suas linhas geraes, na alma das gerações, é, pois, o processo mais pratico e seguro de nella crear e nutrir o sentimento da patria.
>
> É o que procuro fazer aqui com todo carinho.
>
> Outros poderão fazer coisa melhor, com mais talento; mas eu escrevi este livrinho com todo o meu coração.
>
> Rio – 1917
>
> Rocha Pombo.[618]

Assim, Rocha Pombo demonstra ter a clareza não apenas do contexto em que sua obra se insere, mas principalmente de sua importância para a construção e solidificação de um sentimento que se fazia muito caro e desejado no período: o patriotismo. Para isso, faz uso do argumento de ter escrito "com o coração", o que acrescenta a ideia de que a narrativa da pátria não é distante ou racional, mas movida por sentimentos (nobres). Um sentimento que seria estimulado e potencializado nas décadas vindouras por diversos governos e que seria sempre seria acionado como forma de congraçar uma identidade nacional que estava intimamente

---

[618] *Ibidem*, p. 3.

ligada às relações estabelecidas pelas três raças extensamente tratadas por Rocha Pombo em suas obras anteriores e posteriores.

O que talvez mais cause espanto quando se observa a obra de Rocha Pombo é o fato de *Nossa Patria* ter sobrevivido e permanecido incólume por tanto tempo, enquanto outros autores de manuais didáticos contemporâneos foram, aos poucos, deixados de lado, não sendo reeditados na mesma intensidade e volume. Rocha Pombo, para além de sua pretensa obscuridade intelectual e historiográfica escreveu seu nome ou pelo menos sua história na memória de gerações de brasileiros. Se isso não lhe rendeu fama, dinheiro ou um lugar dentre os principais expoentes da intelectualidade brasileira, garantiu que suas ideias e seus conceitos se fizessem presentes na sociedade brasileira de forma muito mais forte e presente que autores considerados de primeira grandeza na esfera intelectual e historiográfica.

É exatamente essa atemporalidade de seu discurso, esse foco não na instrução, mas na educação do espírito, no desenvolvimento do sentimento por meio da leitura, do conhecimento, do reconhecimento e da exaltação do próprio passado que fazem de *Nossa Patria* um livro aceito e recomentado pelos mais diversos governos do país, principalmente aqueles de caráter mais repressivo, populista e nacionalista. Nesse sentido, é compreensível que "O que é hoje o Brasil", de 1917, seja o mesmo de 1965, e que Lourenço Filho não sentisse necessidade de alterar aquilo que Rocha Pombo estabelecia como a situação em que o país se encontrava. Isso por que propagar as ideias de que a justiça seria a principal característica nacional, de que em nada devíamos às nações à nossa volta, firmando-nos como uma nação corajosa que poderia olhar para seu passado com orgulho, mantinham-se como parte dos objetivos do ensino de história, constituindo a disciplina como meio para criar noções de que o país caminhava cada vez mais firme em seu o desenvolvimento rumo ao progresso e a modernidade.

Em *Nossa Patria* é mantida a proposta de nação e do papel desempenhado pelas três raças na construção e na manutenção da pátria. A nação também aparece como o resultado, não somente de um processo evolutivo da civilização brasileira, mas principalmente de uma fusão de forças que permitiram a constituição de determinado povo. Povo esse que só se conformara e dera forma à nação com a participação das três raças, que contribuíram para isso em níveis diferentes. Conforme foi demonstrado no capítulo 2, essa é uma construção que Rocha Pombo realiza ao escrever a sua História do Brasil. A diferença do que foi proposto nessa obra anterior está na forma de apresentar e na contração do conteúdo. É exatamente como Rocha Pombo articula esses dois elementos que permite ao seu leitor criar e recriar a partir daquilo que lê e vê sobre a pátria. Para melhor compreender essa dinâmica, nas páginas que seguem a obra será analisada a partir de dois elementos: seu texto escrito e as suas ilustrações.

2.1 A "Narração dos factos": os indígenas, os africanos e os europeus

Além da diminuição da massa de dados, da seleção de fatos históricos que criavam uma história epopeica, havia, como demonstra Alexandra Lima da Silva, uma intensa preocupação com a narrativa dos acontecimentos da história. Segundo a autora, a narrativa histórica nos manuais e compêndios didáticos era "entendida como, uma 'narrativa' comprometida com a 'verdade', com os 'fatos', os 'episódios' da história e as 'biografias' de personagens célebres da história"[619]. Se havia essa concordância entre os autores no que se referia à narrativa o mesmo não acontecia no que dizia respeito à relação a proximidade/distanciamento do tempo narrado e aquele em que viviam. Assim, dentre muitos livros produzidos nas primeiras décadas do século 20, alguns tinham como prerrogativa manter o afastamento entre passado e presente. Esse era o caso, por exemplo, das obras de João Ribeiro para quem o livro didático estava destinado "ao esquecimento das paixões do presente e à glorificação da nossa história"[620]. Outros seguiam no sentido totalmente contrário, como Afranio Peixoto para quem o ensino de história tinha um papel cívico e deveria partir exatamente das demandas do presente, buscando no passado suas origens

> A educação civica ha de ser feita com o conhecimento da causa, as razões do patriotismo, buscadas nas origens e nas tradições, continuadas na historia da formação nacional, alcançando o período em que vivemos, no qual, depois da emancipação política procuramos uma emancipação economica, bem mais difícil de conseguir.

---

[619] SILVA, 2008.

[620] RIBEIRO, João. *Historia do Brasil*: Para uso das escolas e dos Lyceus. Rio de Janeiro: Editor Jacinto Cruz Coutinho, 1900 *apud* SILVA, 2008, p. 93.

> Para educar, isto é, conduzir, socialmente os futuros brasileiros, parece não deveria haver outro caminho, além deste, da verdade honestamente procurada e dita com franqueza. Só ella dá forças para a acção e emprega bem a confiança, indispensáveis à victoria na vida.[621]

Outros relacionavam feitos, fatos e ações do passado à vida cotidiana em sua contemporaneidade, muitas vezes comparando passado e presente como forma de melhor fazer compreender ou mesmo de criar aproximações e afastamentos entre seu leitor e seu objeto de análise. Esse é o caso de Rocha Pombo como podemos verificar na lição XV – Como se vivia nas villas:

> As villas e cidades, naqueles tempos, não eram como hoje.
>
> Além de mal construidas as casas, eram muito tortas as ruas, não eram calçadas, nem tinham illuminação.
>
> Por isso, de noite quase nunca sahiam os moradores; e quando sahiam, levavam sempre adeante um rapaz com uma lanterna, ou mesmo com um facho acceso.
>
> Sem isso correriam o risco de andar, no escuro, encontrando bois e cavalos, a não serem os parentes muito chegados, no seio da familia não se recebia ninguem. E até, quase sempre, os proprios parentes só se viam na igreja, aos domingos, à hora da missa.
>
> As mulheres viviam quase fechadas no interior das casas, cuidando dos serviços domesticos.
>
> Esses serviços eram, então, mais penosos do que hoje. As mulheres tinham que fazer toda a roupa da familia.
>
> É verdade que as roupas não eram muitas. Os homens usavam apenas calção, (ou ceroulas), camisa e, quando muito, jaqueta.
>
> Os que podiam, em dias de festa, usavam por cima da jaqueta, ou mesmo da camisa, uma capa. Só as grandes pessoas é que tinham roupa melhor.
>
> As mulheres usavam saias curtas e camisas ou corpetes. As saias eram quase sempre duas, uma de baeta e outra de algodão.

---

[621] PEIXOTO, 1916, p. 6.

Quando tinham de sahir, por cima do corpete punham o chale.

As creanças, até os cinco ou seis annos, andavam núas; os meninos, até quase moços só usavam camisola.

Mas, si as roupas eram poucas, deviam, ainda assim, custar muito a fazer, porque eram feitas a mão. Não havia, como hoje, machinas de costura. E era preciso ainda fazer o proprio panno, tecendo a lã e o algodão em pequenos teares, pois o pouco panno que vinha da Europa era muito caro.

Além de tudo isso que as mulheres tinham de fazer para toda a familia, os trabalhos da cozinha eram mais difficeis.

Não havia na casa agua encanada. Era preciso ir buscal-la à fonte.

Não havia fogões. Fazia-se fogo de lenha debaixo de uma trempe de ferro; e sobre essa trempe punha-se a pannella de barro.

Não havia phosphoros; e era preciso conservar o fogo sempre acesso. Chamava-se mesmos – *guardar o fogo*.

Quando este se apagava, era preciso pedir fogo ao vizinho.

Dahi se vê como era custosa a vida para as familias.

Mas também e certo que as donas de casa contavam com o auxilio das escravas; e quase sempre não tinham mais que o trabalho de as governar.

Os homens, durante o dia, andam fóra de casa.

Quando permaneciam em casa, ou estavam comendo, ou dormindo nas redes. Almoçavam muito cedo; jantavam ao meio dia, e ceavam à noite.

Fóra de casa, os homens tratavam de seus negócios, ou das coisas da villa.

Eram raros homens que sabiam ler e escrever. Não havia escolas.

Quando muito, haviam o que se chamava – *mestres pagos* – isto é, pessoas que ensinavam a ler cobrando alguns vintens por mez de cada alumno. Não era pouco, sempre naqueles tempo um vintem valia muito.

> Por isso usava-se, então, *assignar de cruz*, isto é, a pessoa fazia no papel uma cruz, e um outro, que soubesse, escrevia-lhe o nome adeante da cruz.[622]

Alexandra Lima da Silva analisa dois excertos do trecho anteriores[623] para demonstrar como Rocha Pombo constrói um quadro em que a vida cotidiana passada é vista em contraponto com aquela do período em que escreve[624], o que fica bastante claro no decorrer de toda a obra. Contudo, esse é apenas um aspecto da forma como Rocha Pombo faz a aproximação entre o passado e o seu presente, análise da lição XV, como um todo, permite verificar muito mais. O autor usa elementos da vida cotidiana, tratando de coisas que são próximas ao seu público, como a vestimenta, o cozinhar, o papel da mulher e do homem dentro e fora de casa, a escola e o analfabetismo para construir a imagem de evolução pela qual o Brasil passou. No quadro que apresenta, a sociedade do passado é muito diferente da atual, ela não tem a modernidade — encanamento, fósforos, máquinas, escolas etc. —, a vida fazia-se muito mais dificultosa. A presença dos usos e costumes cotidianos desmonta a ideia corrente de que os compêndios do início do século 20, herdeiros da dita tradição positivista, descrevem apenas grandes fatos associados a grandes nomes. A história se interessa também pelo miúdo, pelo corriqueiro, pelo cotidiano. Para compor o contraste entre o moderno, a tecnologia que facilita a vida, e aquilo que se fazia cotidiano, Rocha Pombo traz para seu texto personagens, que mesmo despersonificadas nas figuras dos homens, mulheres e crianças anônimos, permitem a criação de laços de identidade, de solidariedade e também de afastamento entre aqueles que leem o livro e aqueles ali se encontram descritos. Nesse sentido, a mulher do período colonial pode ser comparada com qualquer mulher do presente, e a conclusão dessa comparação será sempre a de que a vida nos dias atuais é muito melhor

---

[622] POMBO, 1922, p. 45-49.

[623] A autora utiliza em sua análise os trechos: "As mulheres viviam quase fechadas no interior das casas, cuidando dos serviços domesticos. Esses serviços eram, então, mais penosos do que hoje. As mulheres tinham que fazer toda a roupa da familia. É verdade que as roupas não eram muitas. Os homens usavam apenas calção, (ou ceroulas), camisa e, quando muito, jaqueta" e "As creanças, até os cinco ou seis annos, andavam núas; os meninos, até quase moços só usavam camisola. Mas, si as roupas eram poucas, deviam, ainda assim, custar muito a fazer, porque eram feitas a mão. Não havia, como hoje, machinas de costura. E era preciso ainda fazer o proprio panno, tecendo a lã e o algodão em pequenos teares, pois o pouco panno que vinha da Europa era muito caro". SILVA, 2008, p. 94.

[624] *Ibidem*.

para as mulheres que os tempos coloniais, e essa nova condição de vida é dada pelo fato de a pátria ter evoluído para uma nova realidade.

Fica claro também ao se analisar a lição o conceito evolucionista de história, com que Rocha Pombo lida desde seus, primeiros livros históricos. Aqui é possível verificar uma ideia de aperfeiçoamento da humanidade, em que o presente é necessariamente superior ao passado, que dialoga diretamente com as referências teóricas de Rocha Pombo, aqui já apresentadas. Outra coisa passível de ser observada a partir da lição XV é a tendência à generalização. Ainda observando a vida cotidiana da mulher, o que o texto de Rocha Pombo apresenta é uma mulher trabalhava muito mais porque a vida era mais difícil, mas que ao mesmo tempo esse trabalho não se fazia uma realidade, já que as mulheres possuíam escravas que eram quem efetivamente trabalhavam. Aqui há dois aspectos importantes a serem observados: o primeiro a generalização do ter escravizados, como se todas as mulheres brancas tivessem escravizadas no serviço doméstico o que de certa forma apaga a existência de homens e mulheres livres pobres, sem escravizados; o outro é a demarcação de espaços específicos para os dois grupos étnicos, as mulheres, senhoras brancas, responsáveis pela casa e pelos serviços domésticos e as escravizadas, negras quem efetivamente realizavam o serviço doméstico.

Esse trecho leva a pensar o que dessa descrição da vida cotidiana colonial repercutia nas crenças infantis, que impressões e certezas provocavam. De forma mais direta poderiam produzir impressões como: a vida melhorou muito, hoje temos muitos mais benefícios dados pela modernidade e industrialização, a escravidão tinha um bom aspecto uma vez que a existência de escravizados tirava a carga de trabalho das donas de casa. Por outro lado, também leva à indagação do quanto os papéis apresentados para os indivíduos ali descritos podiam ter se modificado ou se mantido na vida cotidiana dos leitores de *Nossa Patria* em seus 53 anos de permanência no ensino básico brasileiro: a senhora continuava dentro de casa? O homem ainda era o provedor e saia ao trabalho? A negra ainda estaria na cozinha agora como empregada doméstica?

É possível ainda imaginar que para uma grande parte da população as respostas a essas questões seriam positivas, sim para as mulheres brancas, de classe média e alta era esperado que se mantivessem dentro de casa, cuidando dos filhos enquanto os maridos saiam para trabalhar, manter e prover a casa e a família. Nessa tarefa ainda árdua, mas muito facilitada pela modernidade a mulher sempre seria auxiliada pela empregada doméstica, facilmente identificada na negra, depois na nordestina.

Essa relação passado/presente poderia aproximar leitor e leitura, mas também construir ou perpetuar a ideia de que existem papéis sociais fixos, assim como reforçar a desigualdade e a ideia de que existem diferença e inferioridade naturais e imutáveis entre as pessoas. Tais ideias são bastante claras na obra de Rocha Pombo, como já foi verificado em suas obras mais extensas e que serão reforçadas, como o papel de cada uma das raças, em *Nossa Patria*.

Rocha Pombo dedica uma lição para cada uma das três raças que constituíram a nação brasileira. Assim, indígenas, africanos e europeus são apresentados chamando a atenção para alguns aspectos de sua cultura material, de seu cotidiano, origens e principalmente para o papel que desempenharam na formação da nação. O primeiro grupo a ser apresentado é o dos indígenas. Em lição anterior Rocha Pombo estabelecera o início do povoamento da colônia por Martim Afonso de Souza, dizendo que aqui já se encontravam populações de outra raça, os indígenas, mas que eles "ainda estavam muito atrasados quanto à civilização"[625]. Destaca ainda a forma como viviam, chamando seus agrupamentos de *tribus*, descritas como grupos de famílias em que todos eram aparentados do chefe, que viviam todos juntos como irmãos, em *tabas*, alimentando-se do produto de sua coleta, caça, pesca e do cultivo da mandioca. A relação entre passado e futuro é estabelecida em vários momentos como ao descrever os instrumentos fabricados pelos indígenas que continuariam a ser utilizados pelos pescadores e habitantes de sítios[626].

A inferioridade dos indígenas está posta em *Nossa Patria* no reforço de sua falta de civilidade e em sua condição de selvagens. São descritos como supersticiosos por temerem aos elementos da natureza e como muito belicosos, algo bastante comum entre os selvagens:

> Quando viajavam no sertão, os homens iam sempre adeante, para defender, de algum inimigo ou de alguma féra, as mulheres e creanças que iam atrás.
>
> Mas entre uma nação e outra, quase sempre havia questões e brigas. Por isso ficaram os indios, afinal muito dados à guerra.
>
> Entre selvagens isso era natural.

---

[625] POMBO, 1922, p. 26-29.
[626] *Ibidem*.

> Só o homem civilizado é que confia mais na razão que na força, e resolve tudo pelo direito e não pelas armas.[627]

É exatamente o contraponto entre o que era "natural" aos selvagens e o que somente o que o homem civilizado poderia ter como característica que estabelecia a diferença entre o indígena e o europeu que apareceria duas lições depois e que colocaria o último em estado de superioridade. Um ponto importante a ser destacado sobre o indígena de Rocha Pombo é que o indígena é único, não há distinção de etnias, línguas, costumes — ele é uma categoria única, imutável como a natureza.

O segundo elemento a ser apresentado é o africano. Rocha Pombo inicia sua lição dizendo que o rei de Portugal, ao desejar uma rápida colonização do Brasil, concedeu terras a todos aqueles que desejassem aqui se estabelecer, mas que os colonos ao receberem extensas propriedades não tinham como nelas produzirem e precisavam de mão de obra para a lavoura. Esse problema teria levado os colonos a chamarem os indígenas ao serviço, mas estes, acostumados a viverem aqui, sempre livres e sem trabalhar, não se adaptaram, gerando guerras entre os dois grupos

> Cuidaram, então, os colonos de trazer para aqui gente da Africa.
>
> Esta gente era também selvagem como os indios, e viviam lá quase como os indios viviam aqui.
>
> Apenas os africanos não eram livres como os indios; tinham os seus reis, chamados *sobas*, que com eles eram muito cruéis.
>
> Aquelles reis vendiam gente como si fosse gado.
>
> Sabendo disso, os nossos colonos mandavam lá comprar quantos queriam para os ajudarem nas plantações.[628]

Dessa forma, a introdução da escravidão no Brasil novamente se apresenta como uma simples solução para o problema de mão de obra, como uma consequência da prática pré-existente na África, fruto das

---

[627] *Ibidem*.
[628] *Ibidem*, p. 30-33.

relações bárbaras estabelecidas entre os *sobas*[629] e aqueles a quem dominavam. De forma simples e direta, as considerações a que chegara Rocha Pombo sobre as sociedades africanas são apresentadas ao seu público leitor como fatos cotidianos generalizados para toda a África, assim como são replicadas algumas qualidades dos africanos para cá expatriados:

> O africano é preto por causa do clima da Africa, que é muito quente; mas é uma raça muito boa, principalmente de muito bom coração.
>
> Trabalhadores, obedientes e muito espertos, os africanos fizeram muito pelo progresso do nosso paiz.
>
> Sofferam bastante sahindo lá do meio dos seus; e às vezes o sacrificio para eles era tão grande que chegavam a morrer de saudade.
>
> Afinal a raça foi recompensada, pois os descendentes daqueles pobres escravos hoje são iguaes aos antigos senhores, e sem duvida muito mais felizes do que os parentes que ficaram lá na Africa.
>
> Em todos os paizes da America, e até na Europa, se fez isto.
>
> Mas, felizmente, a escravidão passou, e para sempre.
>
> Hoje, somos todos como irmãos.[630]

A forma como a escravidão é apresentada, acaba por apagar sua violência, uma vez que a o sofrimento aqui apontado não está na perda da liberdade ou nas várias formas que a prática assumia desde o apresamento do indivíduo até o fim do cativeiro, mas sim no deixar os seus, na saudade

---

[629] *Sobas* eram indivíduos que faziam governavam certos territórios em Angola, operavam como governadores e faziam parte da corte do principal rei da região: "O reino do Ndongo tinha como principal sobrano o ngola, que por sua vez dividia seus territórios em sobados, governados por homens que faziam parte de sua corte, chamados sobas. Os sobas possuíam séquitos, nos quais cada personagem desempenhava papel bem determinado na política do sobado [...] Em 1671, com a derrota da batalha de Pungo Andongo, o Ndongo perdeu sua autonomia para os portugueses, passando a ser chamado de Angola. Apesar da interferência portuguesa, o território do Ndongo continuou a ser governado pelo ngola que transferia grande parte do poder político aos sobas que, por sua vez, administravam com grande autonomia suas possessões territoriais. Esses chefes foram personagens fundamentais para a condução dos projetos políticos portugueses, já que exerciam as funções de intermediários e de grandes fornecedores de escravos destinados ao comércio atlântico. Cabia aos sobas a função de permitir ou proibir a presença de estrangeiros em determinados territórios e principalmente a passagem das caravanas, viabilizando, ou não, o desenho de rotas comerciais e de comunicação entre as regiões de captação do interior, até o litoral". *Cf.*: CARVALHO, Flávia Maria de. *Os homens do rei em Angola*: sobas, governadores e capitães mores, séculos XVII e XVIII. Tese (Doutorado em História) – Universidade Federal Fluminense, Niterói, 2013. p. 17-19.
[630] POMBO, 1922, p. 30-33.

que levava o africano à morte. A leitura da escravidão como algo positivo também é mantinda, na forma da recompensa que os descendentes dos escravizados recebem ao se tornarem iguais aos antigos senhores e por poderem viver entre os brancos como se fossem irmãos.

Finalmente, o terceiro elemento é o europeu, apresentado por Rocha Pombo nos seguintes termos:

> **Os europeus**
>
> Os portugueses, e também outros europeus, começaram a vir para o Brasil desde cedo.
>
> Quando Martim Affonso chegou à ilha de S. Vicente, já encontrou ali alguns portugueses, entre os quais um, chamado João Ramalho, que se dera muito bem com os indios, e que vivia respeitado entre eles desde muitos annos. Casára com uma india de nome Bartira, filha de um chefe; e deixou grande descendência.
>
> Tambem na Bahia, os primeiros portugueses, que ali se foram se estabelecer, encontraram um patricio, Diogo Alvares, que os indios apelidaram *Caramuru*.
>
> Este, segundo se conta, tinha naufragado perto da costa, e pudera, salvar-se com alguns companheiros.
>
> Os companheiros foram quasi todos mortos pelos indios, mas Diogo livrou-se da morte devido a huma esperteza de que usou.
>
> Conseguira salvar do naufrágio, e trazer comsigo, para a terra, uma espingarda com um pouco de polvora e chumbo; e, deante dos indios, matou com um tiro um pássaro que voava a certa distancia.
>
> Os indios ficaram muito assustados ouvindo o tiro, e deram a Diogo o nome de *Caramuru*, que quer dizer – *senhor do raio*.
>
> E por isso ficaram com muito medo daquele homem e, em seguida, querendo-lhe muito bem, porque elle os ajudou nas guerras e lhes ensinou muitas coisas.
>
> Casou elle depois com uma rapariga muito bonita, chamada Paraguassú, filha do chefe Itaparica; e ajudou muito os portugueses quando estes foram colonizar a Bahia.

> Mas, a vinda de europeus para o Brasil aumentou muito, depois que Martim Affonso fundou a primeira villa.
>
> Não demorou que muitos outros pontos da costa fossem povoados.[631]

A lição sobre os europeus difere das duas anteriores, por não apresentar um texto que busque fazer conhecer esse elemento, mas descrever algumas histórias bastante difundidas sobre os primeiros contatos entre portugueses e indígenas. Mais uma vez o europeu não precisa ser descrito ou explicado para o público leitor. Ele se faz conhecido e reconhecido, não apenas no resto da obra, mas na vida cotidiana da nação. Além disso, são espertos e engenhosos e ensinam aos outros povos mais atrasados uma série de coisas, são eles que personificam a civilização e conduzem, por meio da racionalidade, os dois elementos inferiores rumo ao progresso[632]. É interessante destacar que nessa lição em vez da descrição do europeu o que encontramos é uma personalização em formas de personagens conhecidos e a serem reconhecidos pelos leitores, alguns deles já apresentados em outras lições de *Nossa Patria*. Assim, os portugueses são nomeados, têm histórias particulares a serem contadas, e não fazem parte de uma massa amorfa, que necessita se fazer conhecer como acontece com indígenas e africanos, que são apresentados de forma generalizada e despersonalizada. Essa personalização e despersonalização dos elementos que constituíram a pátria acabam por estabelecer uma separação clara entre aqueles que devem ser lembrados como responsáveis pela evolução, pelo progresso, pela civilidade e pela modernidade que o país já adquirira e por aquela ainda deveria alcançar e aqueles que foram beneficiados pelo contato com o elemento superior. Rocha Pombo encerra sua apresentação das três raças da seguinte forma:

> Vê-se, portanto, que a população do Brasil se formou dessas tres raças que temos indicado: os indios, que já estavam aqui os africanos, que vieram como escravos; e os europeus, que tomaram conta do paiz.
>
> Por isso, o brasileiro tem as qualidades mais notaveis dessas tres raças: - é altivo, amoroso e inteligente.[633]

---

[631] *Ibidem*, p. 33-35.
[632] MARTIUS, 1845, p. 383.
[633] POMBO, 1922, p. 33-35.

Dessa maneira, as três raças em seu contato construíram o brasileiro e a nação, conferindo ao povo qualidades notáveis: a altivez do indígena; o amor do negro; a inteligência do branco[634]. E assim, está constituída a nação brasileira, alicerçada em grupos distintos, mas que contribuíram com o seu quinhão no passado para a construção da sociedade brasileira e para a sua evolução. Grupos que presenciaram o seu momento mais glorioso, a República, vivendo como se fossem irmãos, devendo cada qual se orgulhar do país que construíram. Uma Nação em que as três raças viviam harmonicamente, mesmo sendo desiguais.

2.2 "Muitas gravuras explicativas": construindo uma imagem de nação

Tendo como premissa que as imagens devem ser observadas de forma abrangente e tomadas como dimensões da vida e dos processos sociais[635], nas páginas que seguem a proposta é a de tecer uma análise das ilustrações de *Nossa Patria*, considerando a sua condição social e histórica de produção, circulação e consumo e a interação entre o observável e o observado[636]. Nesse sentido o que se pretende é verificar não apenas o papel ideológico que as ilustrações assumem na obra de Rocha Pombo, mas buscar compreender a apropriação que a produção didática do período faz de diversas imagens e como elas são acionadas ao se buscar desenvolver o aprendizado histórico nos anos iniciais de ensino por meio de um livro marcadamente nacionalista e patriótico. Também se intentará estabelecer algumas relações sobre o que se poderia esperar pela escolha e seleção dessas imagens e o impacto que as mesmas poderiam ter sobre o público-alvo.

A utilização de imagens, para instruir e educar é algo que se faz presente na tradição ocidental desde muito tempo. Segundo Ana Maria Mauad, as imagens integram, num primeiro sentido, o conjunto das representações sociais que, "pela educação do olhar, definem maneiras

---

[634] Ibidem.

[635] MENESES, Ulpiano T. Bezerra de. Fontes visuais, cultura visual. Balanço provisório, propostas cautelares. *Revista Brasileira de História*, São Paulo, v. 23, n. 45, p. 11, 2003. Disponível em: http://www.scielo.br/pdf/rbh/v23n45/16519.pdf. Acesso em: 13 jan. 2025.

[636] Ibidem, p. 16-17.

de ser e agir, projetando ideias, gostos, valores estéticos e morais"[637]. Elas ainda auxiliam ao ensino direcionado, definem o saber-fazer em diferentes modalidades de aprendizado, assumindo diversas formas e funções de instrução[638]. Essa dupla função da imagem visual é replicada nos livros didáticos de história, na medida em que as gravuras não se limitam a ilustrar o conteúdo verbal, mas atuam para amplificar o sentido apresentado verbalmente[639], carregando o importante papel de fazer "ver para compreender"[640].

Dentro da proposta de construção de uma obra didática as ilustrações podem ser compostas por variados tipos de imagens como mapas, pinturas de época ou históricas, fotografias de personagens, locais ou símbolos, mapas etc. O conjunto dessas imagens pode ser considerado um conjunto iconográfico ou iconografia, que se define historicamente em relação ao sistema de codificação visual composto pelas agências que concorrem para a produção social da imagem, como os "diferentes tipos de mídia, a publicidade e as artes visuais de uma maneira geral"[641]. Nas primeiras décadas do século 20, pode-se afirmar que a construção dessa iconografia também se definia por questões mercadológicas e técnicas de fabricação da obra didática[642].

No século 19, havia certo atrito entre autores e editores no que se referia ao uso de gravuras nos livros didáticos, uma vez que a sua existência acabava por encarecer o produto. Nas primeiras décadas do século 20, com o impulso dado à educação e ao mercado editorial de material didático, os livros para os primeiros anos da vida escolar foram os privilegiados com um grande incentivo à inserção cada vez maior de gravuras que estimulassem o interesse das crianças. Para os compêndios e manuais didáticos destinados ao público infantil a existência de gravuras configurava entre as características que identificavam um bom livro[643]. Essa demanda por maior número de imagens, e a necessidade de se alcançar

---

[637] MAUAD, Ana Maria. Usos e funções da Fotografia Pública no conhecimento histórico escolar. *Hist. Educ.*, v. 19, n. 47, 2015. p. 83. Disponível em: http://www.scielo.br/pdf/heduc/v19n47/2236-3459-heduc-19-47-00081.pdf. Acesso em: 13 jan. 2025.
[638] *Ibidem.*
[639] *Ibidem.*
[640] BITTENCOURT, 1997, p. 69-90; FONSECA, 2001, p. 91-121.
[641] MAUAD, 2015, p. 84.
[642] BITTENCOURT, 1997, p. 76.
[643] SILVA, 2008, p. 102.

maiores públicos levou muitos editores a modificarem obras anteriormente publicadas, que em suas reedições apareciam com inclusão de gravuras, mapas, retratos de homens notáveis, paisagens, imagens de viajantes e pinturas históricas, que eram requisitos para que esses livros figurassem entre os mais procurados para a formação dos jovens leitores[644].

Em *Nossa Patria*, as gravuras têm um papel fundamental para a construção da imagem que se pretende criar da nação brasileira. Elas não servem de mera ilustração e, embora não sejam analisadas ou comentadas pelo autor, as gravuras estão sempre diretamente relacionadas com os temas das lições em que aparecem. Muitas vezes suas legendas reproduzem ou explicam algo que foi comentado no texto escrito, cumprindo o papel, bastante comum no período, de reforçar a ideia contida no texto[645].

Há claramente em *Nossa Patria* um grande destaque para as gravuras, que já é apresentado em seu subtítulo, *Narração dos fatos da história do Brasil, através da sua evolução com muitas gravuras explicativas*. Elas somam no livro 137 ilustrações e são dos mais diversos suportes: fotografias (de pessoas, símbolos pátrios, monumentos históricos, locais), pinturas históricas, desenhos e mapas. Essas 137 gravuras estão distribuídas em 147 páginas — tomando como referência apenas as páginas em que as lições são desenvolvidas. Conforme já dito, na 79ª edição há ao final um índice dessas imagens em que aparecem listadas 164 gravuras. Essa diferença ocorre, pois em alguns casos retratos de personagens são organizados em uma única montagem, ainda que apareçam listados independentemente na "Lista de gravuras"[646]. Como a que temos no exemplo:

---

[644] *Ibidem*.
[645] BITTENCOURT, 1997, p. 75.
[646] POMBO, [19--?], p. 167-169.

Figura 5 – Personagens, Nossa Patria

Fonte: Pombo[647]

As gravuras estão distribuídas por todo o livro e não trazem, em sua maioria, indicação de autoria. Os símbolos nacionais e os monumentos trazem legenda indicado aquilo de que tratam ou em que se constituem como podemos ver a seguir:

[647] POMBO, 1922, p. 71. (Coleção Particular).

Figura 6 – Símbolos Pátrios, Nossa Patria

> 10   NOSSA PATRIA
>
> que não desejasse ver a patria livre do mando extranho.
>
> Era bello de ver naquelle tempo, em todas as nossas cidades e villas, como o povo cantava nas ruas canções patrioticas, em grande alegria, dando vivas ao Brasil.
>
> Nas praças publicas, nos theatros, nas igrejas, nos proprios lares, até as creanças traziam ao peito, no braço ou no chapéu, o tópe nacional — um pedaço de fita verde-amarello.
>
> *Laço nacional*
>
> E aquelles que não tinham á mão um pedaço de fita, valiam-se da folha de um arbusto da nossa flora, na qual se viam as duas côres da patria. Por isso mesmo ficou aquella folha sendo chamada — *Independencia*.
>
> Muita razão tinham aquelles irmãos para alegrar-se, pois foi naquelles tempos, a 7 de Setembro de 1822, que o nosso caro Brasil se apresentou entre as nações do mundo.
>
> *Folha da Independencia*

Fonte: Pombo[648]

As personagens históricas contabilizam o maior número de gravuras de *Nossa Patria*, sendo espalhadas ao longo de todo o livro. Ao todo são 63 ilustrações de personagens distribuídas como podemos ver na tabela a seguir, produzia a partir da "Lista de Gravuras":

---

[648] POMBO, 1922, p. 10. (Coleção Particular).

Tabela 2 – Lista de Gravuras, Personagens, Nossa Patria

Ordem	Nome	Página
1	Maestro Francisco Manoel da Silva	8
2	José Bonifácio de Andrada e Silva	11
3	D. Henrique - o Navegador	17
4	Colombo	19
5	Vasco da Gama	19
6	Luiz de Camões	20
7	Martim Afonso	25
8	Diogo Alvares, o *Caramuru* e sua mulher Paraguassú	35
9	Tomé de Sousa	36
10	Padre Antonio Vieira	41
11	Maurício de Nassau	71
12	João Fernandes Vieira	71
13	André Vidal	71
14	Henrique dias	71
15	Filipe Camarão	71
16	Tiradentes	91
17	D.ª Carlota Joaquina	98
18	D. João VI	98
19	O Príncipe Pedro	102
20	D. Pedro II aos 6 anos	109
21	Padre Diogo Antonio Feijó	110
22	Araujo Lima	112
23	D. Pedro II aos 14 anos	112
24	D.ª Teresa Cristina	115

Ordem	Nome	Página
25	D. Pedro II	115
26	Francisco Solano Lopez	118
27	Almirante Barroso	121
28	General Osório	123
29	Visconde de Mauá	127
30	Gregório de Matos	130
31	Gonzaga	130
32	Basílio da Gama	130
33	Magalhães	131
34	Porto Alegre	131
35	Gonçalves Dias	131
36	Álvares de Azevedo	131
37	Casimiro de Abreu	131
38	Fagundes Varela	131
39	Castro Alves	131
40	Macedo	131
41	José de Alencar	131
42	Taunay	131
43	Varnhagen	131
44	João Francisco Lisboa	131
45	Euzébio de Queiroz	131
46	Visconde do Rio Branco	136
47	Patrocínio	136
48	Luiz Gama	136
49	Joaquim Nabuco	136

Ordem	Nome	Página
50	D.ª Isabel	137
51	D. Pedro II	139
52	D.ª Teresa Cristina	139
53	Visconde de Ouro Preto	141
54	Quintino Bocaiuva	142
55	Benjamin Constant	142
56	Campos Sales	142
57	Marechal Deodoro	142
58	Marechal Floriano Peixoto	144
59	Prudente de Morais	147
60	Campos Sales	149
61	Rodrigues Alves	149
62	Afonso Pena	149
63	Barão do Rio Branco	152

Fonte: Pombo[649]

Todas as personagens trazem seu nome na legenda. Em alguns casos além do nome da personagem encontramos a indicação de seu "papel" na história da nação, como Padre Anchieta e Domingos Jorge Velho entre outros. Em outros casos, a personagem aparece citada no texto com sua importância destacada nele e traz apenas seu nome na ilustração. É o caso, por exemplo, dos governadores gerais e presidentes do Brasil.

É interessante notar que existe uma hierarquia na proporção das gravuras das personagens, que em sua maioria se constituem em pequenos retratos (em média possuem a medida de 3x4cm), espalhados pelas páginas em que o autor trata dos fatos que envolveram as personagens. Há pequenas variações no tamanho dos retratos como é o caso do Padre Anchieta, encontrado na página 40, que tem a medida de 5x5cm. É bas-

---

[649] POMBO, [19--?], p. 167-168. (Coleção Particular).

tante factível que a manutenção dessas gravuras no menor formato possível, mas em grande quantidade, estivesse condicionada às questões de diagramação e da própria demanda que a Weiszflog Irmãos tinha como proposta para a produção de livros a baixo custo[650]. Apesar disso, identifica-se a existência de personagens que tem seu papel destacado, não apenas pelo texto escrito, mas pelo tamanho de seus retratos na obra. Há duas personagens que recebem grande destaque no livro, aos quais Rocha Pombo dedica especial atenção, a saber, José Bonifácio de Andrada e Silva e o Barão do Rio Branco (José Maria da Silva Paranhos Junior). É possível imaginar que, para além das questões financeiras na produção da obra e da intervenção dos editores, o maior destaque dado a esses dois retratos tenha sido uma escolha do próprio autor, devido à importância que os dois estadistas recebem na narrativa histórica a que se propõe Rocha Pombo. São essas duas personagens que simbolizam a nação em seus aspectos formadores e de caráter, são eles os exemplos a serem seguidos e conformados para o povo brasileiro.

---

[50] DONATO, 1990.

Figura 7 – José Bonifácio de Andrada e Silva, Nossa Patria

Fonte: Pombo[651]

---
[651] POMBO, 1922, p. 11. (Coleção Particular).

Ao primeiro coube a tarefa de fazer a nação. A ele as honras e lembranças deveriam ser as mais vivas e intensas. Nas palavras de Rocha Pombo:

> E o glorioso velho, que era uma sabio conhecido do mundo, passou a fazer-se na America um creador de povo.
>
> A sua obra ahi está — o Brasil feito nação.
>
> No culto dos nossos antepassados, é elle — o *Patriarcha* — que deve estar mais vivo em nossos corações.
>
> Os seus restos mortaes lá estão no seio de uma igreja em Santos.
>
> São para todos nós uma relíquia sagrada, que nos merece um respeito religioso.
>
> Uma visita àquele túmulo desperta na alma do visitante um sentimento de veneração e, ao mesmo tempo, de nobre orgulho: Patria que conta filhos como este pode confiar no seu destino![652]

Conforme já dito, a José Bonifácio foi reservada uma lição inteira logo do início da obra, antes das lições em ordem cronológica. Isso por si só já coloca a personagem em destaque quando comparadas às outras. O jovem leitor que abrisse o livro deparar-se-ia com a figura imponente do patrono da independência e na mesma lição encontraria outras gravuras a ele relacionadas: o porto de Santos, a estátua de José Bonifácio e seu túmulo. Um conjunto de imagens que poderia despertar a curiosidade para a lição em si, mas que também aponta para a importância da figura retratada, do local indicado e dos monumentos apresentados. A história que o conjunto de imagens parece contar é a de algo a se observar mais de perto, talvez a relação entre Bonifácio e o porto de Santos não fique tão clara sem a leitura do texto escrito, mas a estátua e o túmulo aparecem para compor um quadro de reconhecimento e de reverência.

O interesse possivelmente despertado pelas imagens poderia ser satisfeito pela leitura do texto. O caráter convidativo das imagens, a curiosidade que despertam, as legendas e a ligação entre elas acabam por levar o leitor ao texto. É nele que estão postas as principais características do "pai da pátria" a se imprimir na alma do brasileiro: a inteligência, o amor pelos estudos e pelo conhecimento, a vontade firme, a sabedoria, a

---

[652] *Ibidem*, p. 14.

astúcia e o discernimento para agir no momento certo em nome da pátria. É nessa personagem que a jovem nação se espelharia e se constituiria até que outra personagem viesse conferir-lhe novas qualidades a serem cultuadas e tomadas como inerentes à pátria. Essa segunda personagem só aparecerá na última lição de *Nossa Patria*, no momento em que Rocha Pombo apresenta o Brasil conforme ele acreditava ser em 1917.

Figura 8 – José Maria da Silva Paranhos Júnior, Barão do Rio Branco, Nossa Patria

Fonte: Pombo[653]

---
[653] POMBO, 1922, p. 150. (Coleção Particular).

A Paranhos coube a tarefa de nos colocar no mundo pelo caminho da diplomacia, estabelecendo a justiça como grande característica da nação, nas palavras de Rocha Pombo:

> O que adoptamos como regra da nossa existencia entre as oitras nações foi sempre a justiça.
>
> As questões que ainda tínhamos com alguns vizinhos foram resolvidas em plena paz, por meio de tratados ou sentenças.
>
> Para isso, tivemos a fortuna de encontrar no Barão do Rio Branco a intelligencia e a grande alma, que falaram por nós perante o mundo, dizendo-lhe que o nosso espirito e o nosso coração é que nos vêm abrindo estes largos caminhos que seguimos, e por onde havemos de chegar aos nossos destinos.
>
> Dir-se-ia que foi elle quem nos apresentou direito às outras nações, no meio das quaes hoje nos erguemos, e levantamos tambem a nossa voz pelo direito e pela razão.[654]

Assim, ao chegar ao fim do livrinho o leitor se depara com outra grande personagem, que embora não recebesse uma lição específica dentro da obra é apresentada também em uma gravura de página inteira, acompanhada na lição por outras duas: uma reprodução do quadro Paz e Concórdia de Pedro Américo (1895) e a bandeira nacional, que fecha assim como abre a obra. O Barão de Rio Branco personifica aquilo que de melhor desenvolvera a pátria independente, a justiça. Se de Bonifácio herdamos a inteligência e a astúcia para a ação, de Paranhos recebemos aquilo que caracterizava a verdadeira civilização: a capacidade de resolver racional e diplomaticamente as contendas com nossos vizinhos, demonstrando ao mundo que o Brasil podia se colocar de igual para igual perante todas as nações. A paz e a concórdia representadas no quadro de Pedro Américo eram as nossas principais armas para viver e estar no seio da sociedade ocidental. A escolha dessa obra apresenta-se em consonância com o momento de escrita de *Nossa Patria*, a Primeira Grande Guerra Mundial; assim, tanto a escolha de Paranhos quanto do quadro podem ter o objetivo de reforçar o país como pacífico, diplomático, movido sempre pela justiça e a racionalidade, ao contrário do que se via na Europa.

---

[654] *Ibidem*, p. 149-150.

Outra diferenciação encontrada na obra é a existência de um pequeno número de gravuras coloridas. A grande massa de ilustrações da obra está impressa em preto e cinza e apenas alguns símbolos pátrios e os mapas são coloridos. Os primeiros encontram-se arrolados na "Lista de Gravuras" no campo dos diversos, ao lado de instrumentos, armas e embarcações, e distribuídos na obra conforme a tabela a seguir:

Tabela 3 – Lista de Gravuras, Diversos, *Nossa Patria*

Ordem	Nome	Página
1	A Bandeira da Nossa Pátria	5/6
2	Armas da República	6
3	Bandeira do Império Brasileiro	8
4	Laço Nacional	10
5	Folha da Independência	10
6	Caravela	16
7	Bússola	16
8	Instrumentos de pesca; arcos e flechas	28
9	Pena de ganso	60
10	Sentimento de pátria	73
11	Bandeira Brasileira	154

Fonte: Pombo[655]

É possível estabelecer que esses símbolos são coloridos para chamar a atenção, para saltar aos olhos em meio a tantas outras imagens. Trata-se de símbolos que deveriam ser cultuados, que trazem as cores da nação. É ainda possível imaginar que a escolha por esse grupo de ilustrações para se apresentarem de forma diferenciada, mesmo que trazendo maiores custos na produção da obra, tivesse por objetivo gravar na memória e na imaginação infantil a representação da pátria neles contidas. Essa representação se dá principalmente pela recorrência em todos eles das cores

---

[655] POMBO, [19--?], p. 169. (Coleção Particular).

verde e amarela. A identificação do verde e do amarelo como simbolizadores da pátria é uma construção que teve origem a partir da aprovação da bandeira nacional em 1889, que como emblema nacional constituía-se em símbolo de fraternidade e ligação do passado ao presente e ao futuro. A ligação com o passado se dava pela manutenção das cores e elementos da bandeira imperial (obra de José Bonifácio e desenhada por Debret), conservava-se as cores e as representações da natureza e riquezas nacionais[656]. Em uma obra como *Nossa Patria*, ressaltar essas cores se torna essencial para o objetivo de despertar o amor à pátria e de desenvolver a identificação cívica.

Agregando esses dois elementos diferenciadores dentro da obra, a hierarquia no tamanho das gravuras e a cor, os três mapas presentes em *Nossa Patria* apresentam-se como importantes para a compreensão da pátria que se pretende construir dentro da obra, por meio da leitura visual, principalmente se tivermos em mente que os mapas históricos não apenas possuem a função de representação espacial, mas também "servem à construção do argumento de que a representação do espaço geográfico também é histórica, resultado de um processo de reconhecimento e identificação material do mundo"[657]. Os três mapas são coloridos e ocupam uma página cada, estão destacados do texto e da paginação do livro. Estão distribuídos assim:

Tabela 4 – Lista de Gravuras, Mapas, Nossa Patria

Ordem	Nome	Página
1	Perfil da América	14/15
2	Península Ibérica	16/17
3	Província Cisplatina	114/115

Fonte: Pombo[658]

O primeiro é "O Perfil da America", que não traz legendas ou indicação de fontes e autor, localiza-se entre a lição que trata de José Boni-

---

[656] CARVALHO, José Murilo de. Bandeira e Hino: o peso da tradição. In: CARVALHO, José Murilo de. *A formação das Almas* – o imaginário da República no Brasil. São Paulo: Companhia das Letras, 1990. p. 109-128.
[657] MAUAD, 2015, p. 85.
[658] POMBO, 19--?, p. 168. (Coleção Particular).

fácio e a lição que inicia a história cronológica do Brasil e trata da terra e da América.

Figura 9 – Perfil da America, Nossa Patria

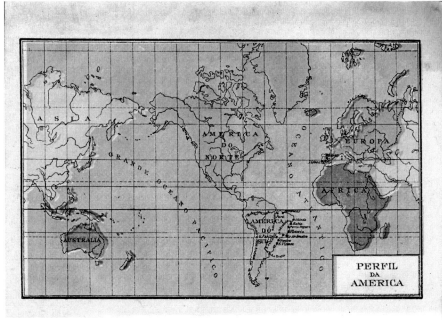

Fonte: Pombo[659]

Conforme é possível verificar por meio da observação do mapa, trata-se de uma reprodução do planisfério em que os continentes estão dispostos de forma a centralizar a América. Como demonstra Alexandra Lima da Silva, a escolha de um mapa que traga o continente americano em destaque, centralizado, em uma proporção maior que aquela dos outros continentes — especialmente a Ásia, que se acha dividida no mapa — acaba por evidenciar o lugar que para o autor a América deveria ocupar no mundo[660]. Para o jovem leitor, o que chama a atenção é exatamente essa centralização, em destaque em relação ao resto do mundo, que a América se situa e nela a sua pátria. E esse é um elemento importante, pois esse mapa lida somente com o Continente — o Brasil não é destacado nele, pois antes de se visualizar a pátria é preciso perceber que ela está inserida

---

[659] POMBO, 1922, p. 14-15. (Coleção Particular).
[660] SILVA, 2008, p. 103.

em um espaço mais amplo, com o que nos relacionamos diretamente por nossa herança histórica.

O segundo mapa também não traz legendas ou indicação de autoria e apresenta a Península Ibérica:

Figura 10 – Peninsula Iberica, Nossa Patria

Fonte: Pombo[661]

Como se pode perceber nesse segundo mapa encontramos uma centralização de Espanha e Portugal. Mais que isso há um destacamento, um descolamento, um apartamento de ambos em relação à Europa. A Península Ibérica é apresentada sem indicação de seu posicionamento em relação à América ou dentro do próprio continente europeu. Muitas podem ter sido as intenções ao se escolher tal forma de apresentar "nossos avós" ao público leitor, mas podemos imaginar que tal escolha acabaria por reforçar na memória infantil exatamente a que povos europeus a Europa deve a sua grande descoberta: a América. O destaque é dado apenas às pátrias-mães, estabelecendo-as no centro e na vanguarda das descobertas,

---

[661] POMBO, 1922, p. 15-16. (Coleção Particular).

por oposição ao apagamento no mapa da participação de outros países no processo das grandes navegações.

Finalmente, o terceiro mapa apresenta a "Provincia Cisplatina":

Figura 11 – Provincia Cisplatina, Nossa Patria

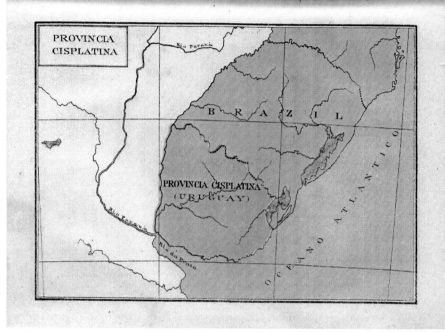

Fonte: Pombo[662]

A Província Cisplatina é apresentada com destaque e é possível imaginar que o mapa devesse provocar a curiosidade ao aparecer exatamente no meio da lição que trata o Governo de D. Pedro II, quando textualmente se relata sobre o equilíbrio e sensatez do Imperador. Talvez a intenção fosse levar o aluno/leitor a se interessar pela leitura das lições seguintes, que tratam respectivamente das questões internacionais por meio das guerras da Cisplatina e do Paraguai. Esses dois conflitos exteriores, em que o Brasil se envolveu, são apresentados na obra como momentos em que o Brasil se levantara contra a tirania dos governos vizinhos, demarcando seu papel na luta pela justiça na América.

---

[662] POMBO, 1922, p. 114-115. (Coleção Particular).

Além das ilustrações e mapas encontramos em *Nossa Patria* grande número de reproduções de quadros, fotografias, litografias, pinturas etc. Em sua maioria, são apresentadas com legendas, algumas trazem a técnica e o ano de produção, como é o caso das fotografias de D. Pedro II e Da. Tereza Cristina e suas filhas:

Figura 12 – A Familia Imperial com as princezas Isabel e Leopoldina, Nossa Patria

A Familia Imperial com as princezas Isabel e Leopoldina
(Photographia tirada no anno 1856)

Fonte: Pombo[663]

A presença de descrição da técnica, do ano ou da autoria no caso das fotografias não parece apresentar padronização, é possível que esses elementos apareçam somente quando essas informações estivessem diretamente disponíveis ao autor ou editor, sendo ignorados em outros casos. Entre as fotografias, encontramos listados 16 que tratam de monumentos ou prédios, distribuídos da seguinte forma na obra:

---

[663] POMBO, 1922, p. 113. (Coleção Particular).

Tabela 5 – Lista de Gravuras, Monumentos e Edifícios, Nossa Patria

Ordem	Nome	Página
1	Monumento de José Bonifácio (Rio de Janeiro)	13
2	Túmulo de José Bonifácio em Santos	14
3	Monumento a P. a. Cabral (Rio de Janeiro)	20
4	Monumento a Braz Cubas (Santos)	25
5	Caramurú, da estátua de Fl. Peixoto (Rio de Janeiro)	34
6	Padre José de Anchieta, da est. De F. Peixoto (Rio de Janeiro)	39
7	Monumento a Tiradentes (Ouro Preto)	92
8	Monumento do Ipiranga	105
9	Estátua de D. Pedro I (Rio de Janeiro)	108
10	Monumento a Feijó (São Paulo)	110
11	Estátua do Duque de Caxias (Rio de Janeiro)	111
12	Estátua de Barroso (Rio de Janeiro)	121
13	Estátua do General Osório (Rio de Janeiro)	125
14	Monumento de Teixeira de Freitas (Rio de Janeiro)	132
15	Monumento de Carlos Gomes (Campinas)	132
16	Monumento de Floriano Peixoto (Rio de Janeiro)	147

Fonte: Pombo[664]

Essas fotografias trazem o nome dos monumentos e prédios e a localização dos mesmos, como os monumentos em homenagem ao jurisconsulto Teixeira de Freitas e ao maestro Carlos Gomes:

---

[664] POMBO, [19--?], p. 168. (Coleção Particular).

A EDUCAÇÃO COMO IDEAL

Figura 13 – Monumentos de Teixeira de Freitas e de Carlos Gomes, Nossa Patria

Monumento de Teixeira de Freitas
Rio de Janeiro

Monumento de Carlos Gomes
Campinas

Fonte: Pombo[665]

Essas fotografias estão respectivamente colocadas nas lições que tratam do governo de D. Pedro II e de nossas letras, artes e ciências. No primeiro caso, ajudam a visualizar a figura do imperador e de sua família em uma breve lição que trata não de seu governo como diz o título[666], mas de sua pessoa com uma descrição bastante positiva. No segundo caso, é parte de uma lição que apresenta uma grande lista de nomes e retratos de homens de letras, artes e ciências que se inicia com o poeta Bento Teixeira (século 16) e termina com Pedro Américo e Carlos Gomes.

Outras fotografias encontram-se listadas juntamente com obras artísticas reproduzidas em *Nossa Patria* e estão assim distribuídas:

---

[665] POMBO, 1922, p. 132. (Coleção Particular).
[666] Lição XXXVII – O governo de D. Pedro II, p. 112-113.

Tabela 6 – Lista de Gravuras, Quadros, Vistas etc., Nossa Patria

Ordem	Nome	Página
1	Pôrto de Santos em 1882 (Quadro de B. Calixto)	12
2	O castelo de D. Henrique e a escola para navegantes no promotório de Sagres	18
3	A primeira missa (Quadro de Vitor Meireles)	21
4	Pão de Açucar - Rio de Janeiro	23
5	Desembarque de Martim Afonso em São Vicente - 1531 (Quadro de B. Calixto)	24
6	Indígenas Brasileiros	26
7	Taba	26
8	Indígenas pescando	27
9	Guaicurús em guerra	29
10	Bororós guerreando	29
11	Escravidão dos indígenas	30
12	Aldeia africana	31
13	Fabricação de farinha de mandioca	32
14	João Ramalho (Parte de um quadro de Parreiras)	33
15	Família abastada indo à missa aos dominfos - Rio de Janeiro (1820)	37
16	Mem de Sá (Parte de um quadro de Parreiras)	38
17	Padre Ancieta (Quadro de B. Calixto)	40
18	O Poema de Anchieta em Iperoig (Quadro de B. Calixto)	41
19	Fundação de São Palo (Quadro de Oscar P. da Silva)	43
20	Uma povoação dos tempos coloniais. Um pé de jaqueira	43
21	Pelourinho	45
22	Do sítio à vila	46
23	Festa em família	47

Ordem	Nome	Página
24	Lundú	50
25	Um fazendeiro indo para a vila	51
26	Cadeirinha	52
27	Na vila	52
28	Mutirão ou pixeirao	53
29	Fazenda dos tempos coloniais	54
30	Engenho de açucar, no século XVII	55
31	Caiapó - Dansa dos negros	55
32	Negros fugidos, com colar de ferro	56
33	Domingos Jorge Velho e seu ajudante de Campo Antonio Fernandes de Abreu (Quadro de B. Calixto no Museu Paulista)	57
34	Rio de Janeiro - Enseada de Botafogo nos primeiros tepos da colônia	58
35	Cidade do Rio de Janeiro (actual)	61
36	Lagôa Rodrigo de Freitas, há cem anos	62
37	Lavagem de diamantes	63
38	A Baia há um século	65
39	Ilha Serigipe (Villegagnon) om forte Coligny	67
40	O Morro do Castelo (Quadro de Martino)	68
41	Primeira Batalha dos Guararapes (Quadro de Vitor Meireles)	72
42	Rio de Janeiro - Guanabara	75
43	Uma bandeira a caminho do sertão	76
44	Partida da monção (Quadro de Almeida Junior)	77
45	Transporte de diamantes	78
46	Lavagem de ouro em Vila Rica, hoje cidade de Ouro Preto	79
47	Rio de Janeiro - 1700-1750	81

Ordem	Nome	Página
48	Ouro Preto (Vila Rica)	83
49	Rio de Janeiro em 1820 (Aquarela de Chamberlain)	99
50	O grito do Ipiranga (Quadro de Pedro Américo)	103
51	A Família Imperial com as princesas Isabel e Leopoldina (Photografia tirada no anos de 1856)	113
52	Batalha do Riachuelo (Quadro de Vitor Meireles)	122
53	Batalha do Avaí (Quadro de Pedro Américo)	124
54	Estação da Luz - São Paulo	127
55	Proclamação da República (Quadro de Henrique Bernardeli)	143
56	Pax-Concordia (Quadro de Pedro Américo)	153

Fonte: Pombo[667]

A maior parte das reproduções utilizadas na obra vem acompanhada apenas por uma legenda que não indica exatamente o seu título. O autor às vezes aparece, mas a data de produção é totalmente ignorada. É importante destacar que no primeiro quartel do século 20, no que se referia à reprodução de obras iconográficas a preferência de autores e editores recaia sobre ilustrações que conferissem certo grau de veracidade a aquilo que se narrava nos livros, que estivesse em sintonia com as principais obras da historiografia, mas também que harmonizassem com o estilo narrativo e épico[668].

Segundo Thaís Nívea de Lima Fonseca se sobressaem como representações predominantes nos manuais didáticos da primeira república imagens produzidas por dois tipos de artistas: viajantes, do século 16 ao 19, como Jean de Léry, Debret, Rugendas, Spix e Martius – seguindo a concepção de história predominante no período esses artistas eram considerados como testemunhas oculares e suas obras como registros verossímeis e fidedignos do passado; pintores acadêmicos brasileiros como Pedro Américo, Victor Meirelles, Benedicto Calixto, Antonio Parreiras e Oscar Pereira da Silva. Suas pinturas, produzidas geralmente como parte de um projeto que visava legitimar o poder monárquico, constituem-se

---
[667] POMBO, [19--?], p. 166-168. (Coleção Particular).
[668] FONSECA, 2001, p. 94.

em grandes representações de episódios históricos marcantes e acabaram por tornar-se a história oficial da nação, perpetuando imagens desses acontecimentos que permanecem como as preferidas ao se tratar grandes temas como o descobrimento do Brasil ou o processo de independência[669].

As reproduções de quadros e gravuras encontradas em *Nossa Patria* confirmam essa preferência. No entanto, é interessante observar que apenas os artistas do segundo grupo têm a autoria de suas obras indicadas no livro, enquanto os do primeiro, utilizados extensamente como Debret e Rugendas, não recebem qualquer crédito por suas obras. Um exemplo da utilização desses artistas é a gravura batizada de Bororós Guerreando:

Figura 14 – Bororós guerreando, Nossa Patria

Fonte: Pombo[670]

Como as outras obras de viajantes artistas que passaram pelo Brasil, essa imagem de Debret, ao ser utilizada no livro de Rocha Pombo, perde não apenas a indicação de sua autoria, mas também seu título e qualquer descrição feita pelo autor em sua publicação original. A imagem que em *Nossa Patria* é denominada "Bororós guerrando" chama-se, na obra de Debert, "Chefe

---
[669] Ibidem.
[670] POMBO, 1922, p. 29. (Coleção Particular).

bororeno partindo para uma expedição guerreira"[671] e vem acompanhada de uma descrição desse grupo étnico e do contexto. É interessante notar que nem mesmo a legenda dada à imagem é coerente com aquilo que nela está representado, uma vez que é bastante claro que os indígenas não estão guerreando, sem a explicação de Debret a ideia de guerra não fica explicita, especialmente porque aquilo que o francês representou não foi um momento de batalha, mas a movimentação dos indígenas que nomeia como bororenos.

As reproduções desse grupo de artistas são utilizadas no livro, principalmente para demonstrar aspectos da vida cotidiana, práticas usuais no passado, como as dos indígenas ou da escravidão, enquanto ao segundo grupo fica reservada, principalmente, a apresentação das "cenas históricas". Aqui se chega a um aspecto muito importante no que se refere aos usos de gravuras nos livros didáticos do período: a busca por criar um livro em que o jovem leitor tivesse a oportunidade de "ver" para compreender a história. Circe Bittencourt demonstra que a presença das ilustrações de cenas históricas em livros didáticos apresentava-se como fundamental para a proposta de ensino que se fazia corrente no início do século 20, e que se manteve até os dias atuais[672]. No período da publicação de *Nossa Patria*, a produção didática do Brasil em muito devia a sua forma à francesa, seja pela inspiração teórica dos autores seja pela larga existência de casas editoras francesas no país[673]. Ainda segundo Bittencourt, para os livros didáticos de História Geral ou Universal a influência francesa ficava bastante clara, uma vez que as reproduções de cenas históricas eram retiradas diretamente das obras francesas[674]. Na França o principal defensor da larga utilização de imagens em livros didáticos de história era Ernest Lavisse, professor e autor de livros didáticos, que acreditava ser necessário que as crianças vissem as cenas históricas, para que memorizassem os conteúdos, uma vez que as ilustrações "concretizavam a noção altamente abstrata do tempo histórico"[675].

Assim, era preciso que o leitor não apenas tivesse acesso ao texto escrito, mas também a recursos que permitissem a ele construir uma imagem da história, mas não de qualquer história, e sim uma história que ressaltasse os grandes momentos nacionais, que despertasse o orgulho

---

[671] DEBRET, Jean Batiste. Chefe bororeno partindo para uma expedição guerreira. Litografia de Charles Motte, 33,3 x 21,4 cm. Primeiro volume de Voyage pittoresque, 1834. *Cf.* BANDEIRA, Julio; LAGO, Pedro Corrêa. *Debret e o Brasil*: obra completa. Rio de Janeiro: Editora Capivara, 2013. p. 234.

[672] BITTENCOURT, 1997, p. 75.

[673] HALLEWELL, 1985.

[674] BITTENCOURT, 1997, p. 76.

[675] *Ibidem*, p. 75.

de ser parte desse mesmo processo e para isso as obras dos artistas acadêmicos eram fundamentais. Muitas são as obras desse tipo em *Nossa Patria*, mas para esta análise serão destacadas duas: Primeira Missa no Brasil (1860), de Victor Meirelles, e Independência ou Morte (1888), de Pedro Américo.

O quadro de Meirelles aparece na lição VII – Descobrimento do Brasil e não apenas é a primeira cena histórica representada no livro como também a primeira representação da nova terra em que um dia a pátria se constituiria.

Figura 15 – A primeira missa - Quadro de Victor Meirelles, Nossa Patria

A primeira missa — Quadro de Victor Meirelles

Fonte: Pombo[676]

É aqui que a história da pátria se inicia. O quadro é o "abre alas" para a história nacional, é o momento em que o sentimento dos que ali se encontravam aflora, seja na descrição da missa como uma "cerimônia que foi muito festiva e tocante"[677] seja na reação dos indígenas:

---
[676] POMBO, 1922, p. 21. (Coleção Particular).
[677] *Ibidem*.

Ergeu-se na praia uma grande cruz de madeira, e junto a ella um altar, onde se cantou a primeira missa em terra da nossa America.

Deante de tudo aquillo, os indios mostraram-se muito espantados, imitando os portuguesesem tuo o que estes faziam.

Houve até um velho, entre os indios, que no seu espantoapontava para o alto da cruz, como sentindo-se arrebatado de alegria à vista daquele extranho signal que lhe falava ao coração.[678]

Assim em harmonia, com o deslumbramento dos indígenas perante o símbolo da cristandade, a pátria tem sua história iniciada, num momento solene, mas ao mesmo tempo emocional e que demarca a superioridade daqueles que chegam. Essa pátria será aos poucos construída no período colonial e no início do século 19 ela tomará forma e se libertará do jugo da metrópole. Para representar esse momento, nenhuma obra se faria melhor que a de Pedro Américo.

Figura 16 – O grito do Ypiranga - Quadro de Pedro Americo, Nossa Patria

Fonte: Pombo[679]

---

[678] *Ibidem.*
[679] POMBO, 1922, p. 103. (Coleção Particular).

Localizada na lição XXXIV – O grito do Ypiranga, o quadro de Pedro Américo, Independência ou Morte![680], abre o texto que irá tratar da independência do Brasil. É ele que o jovem leitor deve observar antes de adentrar o texto escrito e embora o tamanho reduzido, os tons em preto e cinza e a qualidade do papel em que o livro foi impresso não permitam visualizar todos os detalhes da obra, é possível criar uma imagem de um momento glorioso, em que soldados a cavalo se reúnem em torno de uma figura central, D. Pedro de Alcântara. É interessante notar que o texto que segue à reprodução traz certo descompasso em relação à imagem que a gravura cria do evento histórico, uma vez que o quadro de Pedro Américo coloca claramente D. Pedro no protagonismo da proclamação da independência e o texto, embora traga informações que o quadro ajuda a visualizar, coloca novamente José Bonifácio como o grande articulador da emancipação política.

No que se refere às ilustrações históricas, mais uma vez as referências da reprodução são divergentes das originais, o que talvez se explique pela necessidade de tornar texto escrito e iconografia algo orgânico e complementar. Assumindo seu papel de recurso a serviço da memorização dos conteúdos era necessário que autores e editores tivessem o cuidado especial em apresentar textos que esclarecessem e fossem elucidados pelas imagens que viriam inseridas nas lições. Além disso, segundo Circe Bittencourt, as legendas deveriam ser explicativas, indicando o que os alunos deveriam observar na imagem, para que se reforçasse as ideias contidas no texto[681]. Assim, é possível imaginar que ao alterar nomes, omitir autorias, enfim, ao formular as legendas autores e editores estivessem muito mais preocupados em adequá-las ao que se pretendia dizer e tornar mais imediata a possibilidade de se estabelecer relações entre texto escrito e imagem visual.

A análise das imagens aqui empreendida visa a compreender um pouco mais sobre a obra e o seu autor. Em *Nossa Patria*, as ilustrações constroem juntamente com os textos uma pátria que de certa forma cria uma relação com o leitor, seja a partir do desenvolvimento do sentimento de pertencimento, seja pela possibilidade de construir uma imagem do que

---

[680] É importante destacar aqui que o quadro *Independência ou Morte!* foi pintado, sob encomenda de Dom Pedro II, em Florença, em 1888, e ficaria conhecido pelo nome de *O Grito do Ipiranga*, tal qual Rocha Pombo utiliza em sua obra.

[681] BITTENCOURT, 1997, p. 76.

foi, do que é e daquilo que pode ser o Brasil ou mesmo pela possibilidade de criar aproximações e distanciamentos entre o leitor e o seu passado.

2.3 "Pequena História do Brasil": novas ilustrações?

Embora a proposta principal deste capítulo seja analisar *Nossa Patria* em seu primeiro formato, uma vez que ele se manteve inalterado por 48 anos, a análise das fontes demonstrou ser bastante interessante comparar algumas imagens da edição até aqui utilizada com aquela de 1965, quando há a alteração em seu formato, em seu texto, mas principalmente em suas ilustrações. Conforme já foi dito no início desse capítulo, a primeira alteração que se nota é no próprio material físico da obra, o papel, o tamanho, as capas mudam, assim como são retiradas todas as gravuras anteriormente utilizadas e a obra passa a ter ilustrações especialmente produzidas para ela. Como também já foi dito, não há grandes alterações no texto, assim a análise se centrará apenas no conteúdo pictórico desta edição.

A primeira mudança a se destacar é na capa que da primeira à 83ª edição se manteve a mesma:

Figura 17 – Capa, Nossa Patria, 16ª ed., 1922

Fonte: Pombo[682]

    Trata-se de uma capa dura, em tamanho bastante comum para as edições didáticas das Edições Melhoramentos. A imagem nela representada e que também será a primeira a aparecer nas lições, talvez, seja a que melhor resume a intenção da obra: a de criar um sentimento de adoração e reverência à nação. A nação está representada na bandeira nacional firmemente segurada pelo garoto enquanto a menina a reverencia. Trata-se de uma imagem bastante diversa daquela de 1965:

---

[682] POMBO, 1922, capa. (Coleção Particular).

Figura 18 – Capa, Pequena História do Brasil Nossa Pátria, 84ª ed.,1965

Fonte: Pombo[683]

Em sua nova forma, *Nossa Patria*, apresenta na capa a reprodução de um detalhe de um quadro de Teodoro Braga, do qual é destacada apenas a figura do bandeirante Raposo Tavares e de outra personagem

---

[683] POMBO, 1965, capa. (Coleção Particular).

anônima⁶⁸⁴. A substituição da bandeira nacional na capa do livro pode apontar para o fato de na década de 1960, embora ainda se trabalhasse ideologicamente com o nacionalismo e a ideia de proteção do nacional contra perigos internos, a imagem de pátria já estava consolidada e seus símbolos cravados na memória de pelo menos quatro gerações de leitores de *Nossa Patria*. Assim, os novos leitores ao adquirem o livro se deparariam com essa figura emblemática, um bandeirante que reunira em sua imagem a coragem e a força para adentrar os sertões e não apenas encontrar riquezas, mas principalmente desbravar o território nacional. Com essa mudança, é o paulista que é colocado à frente da nação, como exemplo a ser seguido. Essa modificação vai de encontro com a perspectiva de nacionalismo a que Rocha Pombo estava ligado. Conforme já demonstrado, o grupo ligado à revista *Brazilea* se posicionava contra a ideia de centralidade paulista no processo de construção do Brasil. Tal alteração leva também a se pensar se essa não foi uma ação da editora para alcançar novos públicos, uma vez que é possível estabelecer que as mudanças feitas nas ilustrações "desenfantilizam a obra", pois a capa original remete a uma leitura infantil, ao desenvolvimento do sentimento pátrio desde a infância, enquanto a capa de 1965 apresenta um livro que pode ser lido por qualquer um, inclusive por adultos.

As ideias desenvolvimentistas tão caras ao período também recebem espaço no campo das ilustrações da obra e estavam muito bem representadas na imagem da nova capital federal:

---

684   Infelizmente não foi encontrada a referência exata da obra utilizada. O mais provável é que seja um recorte da obra: *Périplo Máximo de Antônio Raposo Tavares*, de Theodoro Braga (1872-1953).

Figura 19 – Brasília, nova Capital Federal, Pequena História do Brasil Nossa Pátria, 84ª ed., 1965

Brasília, nova Capital Federal.

Fonte: Pombo[685]

Esse desenho está inserido na lição L – Govêrno da República, juntamente com as atualizações realizadas por Lourenço Filho e ajuda a visualizar aquela que é apresentada, ao lado da implantação das indústrias e de estradas de rodagem, como uma das principais contribuições do governo de Juscelino Kubitschek. Outra marca da importância do

---

[685] POMBO, 1965, p. 143. (Coleção Particular).

progresso para o Brasil é encontrada na lição seguinte, "O que é hoje o Brasil", e substitui as gravuras do Barão do Rio Branco, da Pax-Concordia e da bandeira nacional:

Figura 20 – O Brasil não cessa de progredir nas atividades agrícolas e industriais, Pequena História do Brasil Nossa Pátria, 84ª ed., 1965

O Brasil não cessa de progredir nas atividades agrícolas e industriais.

Fonte: Pombo[686]

---

[686] POMBO, 1965, p. 145. (Coleção Particular).

Aqui temos uma diferença bastante expressiva na composição da obra. Se na versão que perdurou por 48 anos as ilustrações dos dois homens que representavam a pátria eram colocadas em destaque no início e ao final do livro, na nova versão José Bonifácio é deslocado para outra lição: embora a lição sobre ele se mantenha, sua personagem agora é retratada juntamente com D. Pedro I na lição sobre a independência do Brasil. Já o Barão do Rio Branco tem seu retrato totalmente eliminado da obra. Essas modificações demonstram uma diferença fundamental na relação entre texto e gravuras. Na década de 1910, a tendência era construir uma obra em que texto escrito e imagens se fizessem complementares, em que as segundas permitissem a melhor compreensão e memorização do primeiro. Já nova versão isso de certa forma se perde ou pelo menos se altera de forma considerável, na medida em que parte das ilustrações passava a estabelecer uma nova relação com o texto.

A Figura 20 é um claro exemplo disso, inserida em uma lição que descreve o Brasil como bastião da justiça e pronto para caminhar rumo ao futuro. A imagem apresenta não mais o responsável por se alcançar esse *status*, mas sim o caminho pelo qual o futuro virá: o progresso e o desenvolvimento cada vez maiores por meio da agricultura e da indústria.

No que se refere às imagens históricas, elas também não mais aparecem como na primeira versão, mas é impossível não notar como os ilustradores tomam muitas das imagens utilizadas na edição original como base para seus desenhos e reproduzem as mesmas imagens. Isso acontece com as obras dos viajantes como a que vemos a seguir:

Figura 21 – Pelourinho, Pequena História do Brasil Nossa Pátria, 84ª ed., 1965

Pelourinho.

Fonte: Pombo[687]

A ilustração é claramente uma cópia em desenho da obra de Debret, "Castigo de escravo que se pratica nas praças públicas"[688]. Assim como na obra de 1917, não traz o nome original, mas mantem-se na mesma lição em que trata da formação das vilas e das práticas cotidianas na colônia. A mesma coisa acontece com muitas das obras dos artistas da escola acadêmica, incluindo as duas reproduções de quadros aqui analisadas. As cenas históricas continuam a ter o mesmo papel de fazer ver os grandes acontecimentos históricos, sua manutenção demonstra que embora haja modificações nas escolhas dos editores e do revisor no que

---

[687] POMBO, 1965, p. 40. (Coleção Particular).

[688] DEBRET, Jean Batiste. Espèce de chatiment que s'exécute dans les diverses grandes places des villes. Aquarela sobre papel; 16, 3x22,14cm., 1826. Procedência: François Debret, Paris; Madame Morize, Paris; Roberto Heymann, Paris, Raymundo de Castro Maya, Rio de Janeiro; Museus Castro Maya, Rio de Janeiro. *Cf.* BANDEIRA; LAGO, 2013, p. 187.

diz respeito à importância de manter ou não determinadas personagens, ou de inserir novos elementos à obra, no que diz respeito à construção de uma história nacional não há alterações. A primeira missa é reproduzida pelos ilustradores da seguinte forma:

Figura 22 – Primeira missa em terra firme no Brasil, Pequena História do Brasil Nossa Pátria, 84ª ed., 1965

Primeira missa em terra firme no Brasil.

Fonte: Pombo[689]

---

[689] POMBO, 1965, p. 20. (Coleção Particular).

E *Independência ou Morte!*:

Figura 23 – O grito de Independência ou Morte! às margens do Ipiranga, Pequena História do Brasil Nossa Pátria, 84ª ed., 1965

O grito de *Independência ou Morte!* às margens do Ipiranga.

Fonte: Pombo[690]

É importante ressaltar ainda que há também uma mudança na técnica das ilustrações. Na primeira versão, o que se vê são reproduções fotográficas, em preto e branco ou colorido, de obras, objetos e monu-

---

[690] POMBO, 1965, p. 99. (Coleção Particular).

mentos já existentes, havendo poucos desenhos como o da capa e da bandeira nacional. Aqui são todos desenhos, produzidos exclusivamente pelos ilustradores, que parecem ser xilogravuras – técnica que permite a reprodução em grande escala, diferente do formato de reprodução fotográfica técnica majoritária nas outras edições de *Nossa Patria*. A própria qualidade visual muda, o que fica claro pela observação das imagens aqui apresentadas, na nova edição todas as ilustrações ocupam página inteira e, ao contrário das gravuras das outras edições, permitem uma visualização clara do desenho. Segundo João Bueno, esse aumento na qualidade visual das páginas dos livros didáticos é uma característica da década de 1960, decorrente do aprimoramento das técnicas de fotocomposição[691].

Apesar de todas as modificações, a pátria proposta por Rocha Pombo, em 1917, continua tendo seu início com a primeira missa e tem seu grito de liberdade com a independência política, passa pelas três raças e seu congraçamento, cria a imagem de um país que deve se orgulhar de seu passado e caminhar para o futuro sabendo que está em igualdade com as outras nações do mundo e pode seguir firme rumo a um progresso cada vez maior. Assim, a obra ganha novos elementos, mas não perde sua essência, essa nova versão se manteria por mais cinco anos no mercado editorial e seria reeditada quatro vezes.

Em *Nossa Patria*, texto escrito e imagens contam uma história, constroem uma nação formada por raças totalmente diferentes e desiguais, mas que na convivência se tornaram "irmãs". Isso só foi possível pela forma como o elemento mais forte, o branco, guiou seus dois irmãos inferiores para o caminho da razão e da justiça. São os grandes homens que constituem o que se espera do nacional. Rocha Pombo imaginou um Brasil, onde a desigualdade estava na própria essência da nação, mas não impedia que as três raças convivessem harmonicamente. Na nação de Rocha Pombo, não há espaço para a agência de indígenas e negros — ao primeiro fica relegada a floresta, o estado natural (é lá como parte da natureza, no distanciamento com o branco, que o indígena mantém a sua contribuição para o nacional); ao segundo é dada a possibilidade de perdoar e agradecer pelos três séculos de escravidão, violências e abusos.

---

[691] BUENO, João Batista Gonçalves. *Imagens visuais nos livros didáticos*: permanências e rupturas nas propostas de leitura (Brasil, décadas de 1970 a 2000). 2011. Tese (Doutorado em Educação) – FE, Universidade Estadual de Campinas, Campinas, 2011. p. 23-24.

CONSIDERAÇÕES FINAIS

> *Indestrutível Rocha Pombo, porque a sua obra e a sua vida, conforme se viu pelo que ficou bosquejado neste livrinho, caracterizam um procedimento moral.*
>
> (Valfrido Piloto, *Rocha Pombo*, Curitiba, 1953)

Esta obra demonstra que José Francisco da Rocha Pombo não era apenas um dos principais autores de compêndios e manuais didáticos no início do século 20, mas, também, um agente solidificador de uma ideia de nação e de conformação étnica da sociedade brasileira. Suas obras obtiveram enorme difusão e foram utilizadas em sala de aula por mais de 50 anos, o que o estabelece como um objeto de estudo imprescindível não apenas para a história intelectual, mas também para a história da educação e para o entendimento da conformação da escrita da história do Brasil na primeira metade do século 20.

Além de ser um autor muito produtivo, Rocha Pombo conseguiu construir nos 36 anos em que viveu no Rio de Janeiro uma obra histórica e didática essencial para a compreensão das ideias de raça e de nação que se constituíram no Brasil durante a primeira república. Seus livros iniciais, quando condensados, adaptados e reformulados para o ensino de História, tornam-se grandes sucessos e possuem uma trajetória surpreendente. Assim, a análise das três obras aqui realizada ajuda a vislumbrar não apenas a história pessoal do autor ou a construção de seu pensamento, mas também de encaminhamentos de temas cruciais para a formação daquilo que hoje se constitui o Brasil. Buscou-se aqui fazer o reconhecimento de uma proposta de nação concebida por determinado nacionalismo[692], assim a nação de Rocha Pombo não é a única proposta para a comunidade imaginada, mas é uma que foi ampla e longamente difundida por meio do livro didático.

A análise do *Compendio de Historia da America* e a sua comparação com as outras obras de Rocha Pombo, permitiu concluir que ele não apenas inaugura a escrita didática e histórica do autor, mas também serve de "laboratório" para a constituição de sua forma de escrever, estabelecendo

---

[692] HOBSBAWM, 2013, p. 17-18.

alguns padrões e caminhos que o autor manteria e desdobraria em suas obras posteriores. Assim, essa é uma obra que carrega em si a forma de escrever e fazer a história, uma história que visava não apenas apresentar os fatos, mas principalmente formar pedagogicamente a nação, atingindo públicos maiores e criando uma narrativa da história oficial em uma linguagem apropriada a vários públicos dentro e fora do universo escolar. A América continuaria a ser um elemento importante na obra de Rocha Pombo, servindo de ponto de partida para a sua *História do Brasil*.

Em *Historia do Brazil (Illustrada)*, Rocha Pombo toma a América Latina como foco ao analisar o encontro e a fusão das três raças inserindo o país na história do Continente. Tal inserção pode ser explicada tanto pelas demandas do período que, como já registrado aqui, colocava a América e o papel do Brasil Republicano em seu interior como um tema de destaque na busca por estabelecer uma identidade apartada daquela ligada a Portugal, quanto como um reflexo ou desdobramento de seu estudo anterior sobre a história da América, o que se comprova pela reprodução de vários trechos e ideias do *Compendio de Historia da America* ao longo dos volumes iniciais da obra. Em *Historia do Brazil (Illustrada)*, a mudança mais importante na interpretação de Rocha Pombo está posta sobre as três raças. Se no *Compendio de Historia da America* a mestiçagem se apresentava como um grande mal, como aquilo que deturpava e colocava em risco o elemento branco, as suas leituras nos anos entre a escrita das duas obras, principalmente a influência da obra de Sylvio Romero, haviam modificado profundamente o direcionamento que o autor daria para o tema. *História do Brazil (Illustrada)* é quase um clamor pela mestiçagem, ela passa a estar no centro da análise do autor e isso influenciaria a forma como ele estabeleceria o papel das três raças em seu material didático. Há uma grande tentativa de redenção das três raças anteriormente apresentadas.

Rocha Pombo deixa de ter o indígena vitimizado como principal ponto de partida para a análise e o português deixa de ser acusado de omisso no que se refere à sua obrigação de guiar à raça inferior à civilidade. É interessante verificar que, em suas notas de rodapé, Rocha Pombo continua a criticar o trabalho dos missionários nas reduções e traz novamente o caso do Paraguai para discutir os males da atuação nesses espaços para os indígenas ali encontrados, mas no texto de forma geral há uma tentativa de justificar a atuação dos colonizadores, principalmente aqueles do primeiro século da conquista. O branco de Rocha Pombo assume agora um papel que estará sempre atrelado a seu relacionamento com a terra, com o meio em que vivia antes e com aquele a que fora lançado no processo de conquista.

Assim, o europeu vilanizado do *Compendio de Historia da America* está redimido e tem o seu embrutecimento justificado. Nessa construção temos clara a proposta determinista da obra, em que a supremacia da terra, do geográfico modela o estrangeiro, conferindo a ele audácia, resistência, mas também o espírito de indisciplina, insubordinação que, para José Francisco da Rocha Pombo, são as marcas americanas. Características que o regime colonial agravara. Se o rei estava longe daqueles que instituía como autoridade na colônia, o aventureiro, aqui colono, também se sentia livre "para agir na vastidão de um paiz que *era seu*"[693], assim como o funcionário se sentia livre para seus abusos. Dessa forma, na América havia duas castas: "uma que mandava e enriquecia; outra que tinha de envilecer-se na submissão e miséria ou de resistir e protestar pelo martyrio"[694]. Portanto, a terra e o próprio sistema colonial empurravam o segundo grupo para a ação, para a dureza e para a vilania no trato com o aborígene, mas também acabava por conformar um novo americano que não se sujeitava à metrópole e que no decorrer dos séculos se mostraria autônomo e insurgente.

Esse europeu modificado pelos "novos ares"[695], endurecido, vilanizado, encontra com o selvagem, despreparado, incapaz de defesa, subjugando-o ou obrigando-o a fugir para a floresta. Aqui a fórmula utilizada para analisar o contato é a mesma utilizada no compêndio, em que o grupo subjugado, escravizado, com a força e o espírito da raça apagados é o que entra no "caldeamento" geral. O indígena mais fraco, sem as melhores características da raça pura que entrou no caldeamento, era em sua maioria mulheres e crianças, uma vez que os homens fugiam e se embrenhavam nas matas. Sendo a mulher o elemento indígena do contato, um indivíduo incapaz de protesto e que apresentava uma preferência inegável pelo branco, o resultado só poderia ser um mestiço, bastardo, enfraquecido e sem as melhores qualidades de ambas as raças. Assim, a raça americana entra na sociedade pela servidão e pelo abastardamento por gerações e gerações. O autor conclui que o que houve na América não

---

[693] ROCHA, 1905, p. 28.
[694] *Ibidem*.
[695] *Ibidem*.

foi uma conquista no sentido antigo do termo — "apossamento do solo com repulsa e exclusão dos que o ocupavam"[696] — mas sim um encontro, uma cooperação de raças, que se deu em circunstâncias especiais, proporcionadas principalmente pela enorme diferença das raças em contato. Os resultados desse contato, talvez pudessem ter sido outros, mas Rocha Pombo estabelece que da forma como se deu historicamente essa fusão o resultado era legítimo e o indígena teria sido o elemento que mais ganhara. Rocha Pombo dá os indígenas o "crédito de estarem eles caminhando", desde o momento da conquista, rumo à civilização e de que chegariam um dia à "integração historica e a uma intensidade de vida collectiva tão notaveis"[697] como aquelas vividas no Brasil do início do século 20. Mas isso levaria séculos, quiçá milênios, e somente se com eles não se amalgamassem nesse percurso, povos ainda mais bárbaros e atrasados. Assim, o contato e a fusão de indígenas e brancos foi um grande ganho para a, por ele, considerada raça inferior.

Restaria então a indagação de se a raça branca algo ganhara com isso. Pelo tom do texto de Rocha Pombo, por sua apresentação do tema e por sua argumentação é possível imaginar que não, assim como em nada sairia ganhando no contato com o terceiro elemento inserido no caldeamento que culminaria na composição da raça histórica. Na fórmula proposta pelo autor, não bastasse o contato entre o aventureiro europeu vilanizado e o selvagem americano, entra nessa mistura outra raça, muito mais bárbara e trazendo maiores prejuízos não apenas para o elemento branco, mas também para a forma como o trabalho se organizaria na sociedade brasileira: o africano escravizado[698]. Segundo Rocha Pombo, a intervenção do terceiro elemento fora mais regular, mas também muito mais dolorosa[699].

Esse negro, escravizado e sem defensores, tem como grande característica uma "natureza profundamente, imensamente affectiva"[700], o que o levava a aceitar de forma resignada a nova escravidão, que para o autor, mais uma vez, não se apresentava de forma tão terrível como aquela existente na África. É claro que o autor não nega a existência de resistência, mas sobre isso esclarece que o negro "só protestou depois

---

[696] *Ibidem.*
[697] *Ibidem*, p. 31.
[698] *Ibidem*, p. 31-32.
[699] *Ibidem*, p. 31.
[700] *Ibidem*, p. 32.

que os *ares da terra* lhe foram creando impulsos novos na alma de exilado. Ainda assim protestou mais contra os excessos do seu martyrio do que contra as miserias do captiveiro"[701]. Seria apenas o excesso, aquilo que era considerado injusto — mesma fórmula utilizada para a análise das revoltas no compêndio — que levaria a revoltas e ao aquilombamento. Dessa forma, o que valia ser ressaltada era a espantosa resignação do elemento negro, que enfrentara o cativeiro e o trabalho forçado de forma a não odiar aquele que o impunha. Uma raça que, embora padecesse muito mais que a indígena, tinha como resultado de seu traslado para a América um ganho muito maior do que aquele alcançado pelo elemento autóctone. Nas palavras de Rocha Pombo: "[...] foi a raça negra mais feliz na America do que a raça aborigena: a sua incorporação foi mais perfeita e o concurso que lhe devemos é infinitamente mais vasto"[702].

É importante ressaltar que essa modificação na análise do papel do elemento negro traz para o texto de Rocha Pombo uma série de contradições, na medida em que o negro que ele constrói em *Historia do Brazil (Illustrada)* é tão brutalizado e desumanizado quanto aquele do *Compendio de Historia da America*. A tentativa de encontrar qualidades no elemento negro acaba por reforçar a ideia de inferioridade racial.

O autor conclui seu capítulo inicial sobre as três raças:

> Eis ahi as condições em que se fez no Brazil a mistura das tres raças: a branca, superior, entrou dominadora: apossou-se da terra e da riqueza, fez a ordem politica e deu direcção ao espirito nacional; as duas raças subalternas entram degradadas — uma pela oppressão humilhate; outra pelo captiveiro.[703]

Essa fórmula, assim como as conclusões sobre o resultado desse contato, foi retomada na construção de seu material didático. Tal como o *Compendio de Historia da America* se constitui no "laboratório" de escrita didática de Rocha Pombo, o *Historia do Brazil (Illustrada)* foi seu "laboratório" e principal fonte para a escrita dos manuais didáticos. Unindo as duas "fórmulas", as duas práticas e os dois modos de fazer história José Francisco da Rocha Pombo se tornou um extraordinário sucesso de público

---

[701] Ibidem.
[702] Ibidem.
[703] Ibidem, p. 32.

e de vendas por mais de cinquenta anos, permanecendo entre os autores lidos por alunos do Brasil todo no decorrer de pelo menos cinco gerações que viram nascer e cair governos ditatoriais e democráticos.

Ao se pensar essa Nação e a fórmula proposta para as três raças formadoras, podemos inserir Rocha Pombo no meio intelectual do período, como mais um, em uma enorme constelação de pensadores que lançaram as bases para a criação de estereótipos sobre o Brasil e o seu povo. Entretanto, há dois pontos importantes sobre *Nossa Pátria* e as ideias ali contidas que demonstram a sua singularidade: 1) o seu público-alvo — os alunos do ensino primário; 2) a existência de uma espécie de equilíbrio entre as raças, desiguais, mas que constroem a Nação — uma Nação que é de todos, que evoluiu e civilizou-se sem exigir a igualdade.

Esses dois pontos aliados entre si e potencializados pela difusão e sucesso dessa e de outras obras de Rocha Pombo — nas quais as mesmas ideias estão colocadas — promovem a propagação de ideias de desigualdades naturais e aceitáveis, em uma sociedade em que cada grupo tem o seu lugar na história, mas um lugar apartado dos outros e que, embora vivam como irmãos, são superiores ou inferiores - condição que não precisa e não deve ser modificada.

Tem-se clareza de que a análise aqui empreendida é apenas a história de uma parte da trajetória dos livros de Rocha Pombo, uma vez que aqui o seu leitor é imaginado. São pelo menos cinco gerações de brasileiros que podem ter se apropriado das formas mais diversas dessas obras, podendo desde simplesmente reproduzir aquilo que está no livro e dizer o que o professor quer ouvir, até atribuir um sentido diverso a aquilo que lê[704]. Entretanto pode-se afirmar que a "harmonia" de Rocha Pombo ao ser apresentada e disseminada desde os anos mais elementares da formação escolar, com o intuito de formar o "espírito dos jovens no caminho do amor à pátria"[705], promove uma naturalização da desigualdade. Ao se levar em conta o volume de edições de *Nossa Pátria*, a sua adoção em escolas de vários estados do Brasil e a sua permanência no mercado editorial por 53 anos, em 452 mil exemplares, lidos e utilizados por várias gerações de brasileiros, pode-se estabelecer *Nossa Pátria*, não apenas como um formador de conceitos, mas também como um propagador e consolidador da ideia de que existe uma superioridade natural do homem branco, uma

---

[704] VILLALTA, 2001, p. 14.
[705] *Ibidem.*

relação harmônica entre brancos, negros e indígenas que faz do Brasil um país onde o racismo não ocorre em larga escala.

Portanto, a obra de Rocha Pombo e, especialmente, *Nossa Pátria* desponta como o criador de uma massa de indivíduos que desde a infância aprende que há desigualdade natural entre os homens, dada pela origem étnica e pela cor da pele, desigualdade essa que se funde e confunde em uma relação harmônica. Tal construção conceitual permite, por exemplo, que ideias como a existência de uma "democracia racial" fossem e continuem a ser — levando em conta que o papel atribuído a negros, brancos e indígenas nos materiais didáticos continua a reproduzir ideias muito próximas às de Rocha Pombo — difundidas e, de certa forma, naturalizadas por uma grande parte da população brasileira.

REFERÊNCIAS

Fontes

A FEDERAÇÃO. Curitiba, 1893. Disponível em: http://hemerotecadigital.bn.br/. Acesso em: 13 jan. 2025.

A RAZÃO. Rio de Janeiro, 1918. Disponível em: http://hemerotecadigital.bn.br/. Acesso em: 13 jan. 2025.

A REPÚBLICA. Curitiba, 1888-1895. Disponível em: http://hemerotecadigital.bn.br/. Acesso em: 13 jan. 2025.

ABREU, João Capistrano de. *Correspondência de Capistrano de Abreu, vol. 2*. Organizada e prefaciada por José Honório Rodrigues. Rio de Janeiro: Civilização Brasileira; Brasília: INL, 1954.

ALMANACK DA PROVÍNCIA DO PARANÁ. Curitiba, 1880, ed. 2. Disponível em: http://hemerotecadigital.bn.br/. Acesso em: 13 jan. 2025.

AMERICA LATINA: REVISTA DE ARTE E PENSAMENTO. Rio de Janeiro, 1919-1920. Disponível em: http://bndigital.bn.br/hemeroteca-digital/. Acesso em: 13 jan. 2025.

ANAIS DO CONGRESSO LEGISLATIVO DO PARANÁ. Curitiba, 23 maio 1894.

ATA das sessões de Congregação do Concurso para professor da cadeira de História, especialmente do Brasil do Externato do Ginásio Nacional, Colégio Pedro II, Núcleo de Documentação e Memória Histórica do Colégio Pedro II - Unidade Centro, Rio de Janeiro, 1906.

BIBLIOTECA do povo e das escolas. *História Antiga, terceiro ano – oitava série*. Lisboa: Secção Editorial da Companhia Nacional Editora, 1900. Disponível em: http://www.gutenberg.org/files/29529/29529-h/29529-h.htm#SECTION0024. Acesso em: 10 out. 2014

BILAC, Olavo; NETTO, Coelho [1904]. *Contos Patrios (para creanças)*. 30. ed. Rio de Janeiro: Francisco Alves, 1936.

BILAC, Olavo; NETTO, Coelho [1909]. Pátria Brasileira (para alunos das escolas primarias). 27. ed. Rio de Janeiro: Francisco Alves, 1940.

BILAC, Olavo; BOMFIM, Manoel [1910]. *Através do Brasil*. São Paulo: Companhia das Letras, 2000.

BOMFIM, Manoel [1905]. *A América Latina*: males de origem. Rio de Janeiro: Centro Edelstein de Pesquisas Sociais, 2008. Disponível em: www.bvce.org. Acesso em: 13 jan. 2025.

BRASIL. Intendencia Municipal, Prefeitura do Districto Federal, Atos do Poder executivo, Decreto de 9 de abril de 1987, capítulo IV – Do conselho Superior de Instrucção, Art. 52, §§ 9º e 10º. *Diário Oficial da União (DOU)*, Brasília, DF, 10 abr. 1897. Disponível em: http://www.jusbrasil.com.br/diarios/1619447/pg-1-secao--1-diario-oficial-da-uniao-dou-de-10-04-1897. Acesso em: 13 jan. 2025.

BUCKLE, Henry Thomas. *História da Civilização na Inglaterra*. Tradução de Adolpho J. A. Melchert. São Paulo: Tipografia da Casa Eclética, 1899-1900. 2 v.

CARTA de Benjamin de Aguila ao Conselheiro Senador Ruy Barbosa, 18/07/1914, CR 16(2). Rio de Janeiro: Casa de Rui Barbosa, 1914.

CARTA de Benjamin de Aguila ao Conselheiro Senador Ruy Barbosa, 11/08/1916, CR 16(32). Rio de Janeiro: Casa de Rui Barbosa, 1976.

CORRÊA, Viriato. *Histórias da Nossa História*. São Paulo: Companhia Editora Nacional, 1930.

CORRÊA, Viriato [1948]. *As mais belas histórias da história do Brasil*. Rio de Janeiro: Editora Expressão e Cultura, 2001.

CORREIO da Manhã, Rio de Janeiro, 26 jan. 1919. Disponível em: http://hemerotecadigital.bn.br/. Acesso em: 13 jan. 2025.

DARWIN, Charles Robert [1859] *A origem das espécies* – por meio da seleção natural ou a preservação das raças favorecidas pela luta pela via. Tomo I. Tradução de André Campos Mesquita. São Paulo: Escala, 2008.

DEZENOVE de Dezembro, Curitiba, 1870-1880. Disponível em: http://hemerotecadigital.bn.br/. Acesso em: 13 jan. 2025.

DIÁRIO de Notícias, Rio de Janeiro, 1949. Disponível em: http://hemerotecadigital.bn.br/. Acesso em: 13 jan. 2025.

DIARIO do Commercio, Curitiba, n. 43, p. 1, 23 fev. 1891. Óbitos. Disponível em: http://hemerotecadigital.bn.br/. Acesso em: 13 jan. 2025.

GAZETA de Noticias, Rio de Janeiro, 29 jan. 1916. Disponível em: http://hemerotecadigital.bn.br/. Acesso em: 13 jan. 2025.

GAZETA Paranaense, Curitiba, 1882. Disponível em: http://hemerotecadigital.bn.br/. Acesso em: 13 jan. 2025.

LANTERNA, Rio de Janeiro, 29 mar. 1917. Disponível em: http://hemerotecadigital.bn.br/. Acesso em: 13 jan. 2025.:

LIVINGSTONE, David. *Explorations in Africa, By Dr. David Livingstone, and others, giving a full account of the Stanley-Livingstone expedition of search, under the patronage of the New York "Herald", as furnished by Dr. Livingstone and Mr. Stanley.* Chicago: Union Publishing Company, 1872. Disponível em: https://www.wdl.org/pt/item/2564/. Acesso em: 13 jan. 2025.

MACEDO, Joaquim Manoel de. *Lições de História do Brasil para o uso das escolas de instrucção primaria.* Rio de Janeiro: H. Garnier, 1907.

MAGALHÃES, Domingos Jos Gonçalves de [1860]. Os indigenas do Brasil perante a Historia. *Revista do Instituto Histórico e Geográfico Brasileiro*, Rio de Janeiro, p. 3-66, 1973. Disponível em: http://www.ihgb.org.br/publicacoes/revista-ihgb/itemlist/filter.html?category=9&moduleId=147&start=20. Acesso em: 13 jan. 2025.

MARTIUS, Karl Friedrich Philipp von. Como se deve escrever a História do Brasil. *Revista do IHGB*, Rio de Janeiro, v. 6, n. 24, p. 381-403, jan. 1845. Disponível em: http://www.ihgb.org.br/rihgb.php. Acesso em: 13 jan. 2025.

MENDONÇA, Salvador de. *Trabalhadores Asiáticos.* New York: Typographia do Novo Mundo, 1879. Disponível em: https://digital.bbm.usp.br/handle/bbm/3852. Acesso em: 13 jan. 2025.

O Cenaculo, Curitiba, tomo I, anno I, 1895. Disponível em: http://hemerotecadigital.bn.br/. Acesso em: 13 jan. 2025.

O CRUZEIRO, Rio de Janeiro, 1878. Disponível em: http://hemerotecadigital.bn.br/. Acesso em: 13 jan. 2025.

O DIA, Florianópolis, 9 nov. 1917. Disponível em: http://hemerotecadigital.bn.br/. Acesso em: 13 jan. 2025.

O DIA, Curitiba, 28 jun. 1933. Disponível em: http://hemerotecadigital.bn.br/. Acesso em: 13 jan. 2025.

O PAIZ, Rio de Janeiro, 1910-1917. Disponível em: http://hemerotecadigital.bn.br/. Acesso em: 13 jan. 2025.

O PARANAENSE, Curitiba, 12 out. 1881. Disponível em: http://hemerotecadigital.bn.br/. Acesso em: 13 jan. 2025.

O POVO – órgão a serviço da causa popular, Morretes, n. 6, 19 fev. 1880. Disponível em: http://hemerotecadigital.bn.br/. Acesso em: 13 jan. 2025.

PEIXOTO, Afranio. *Minha Terra e Minha Gente*. Rio de Janeiro: Francisco Alves, 1916.

PITTA, Sebastião da Rocha. *Historia da America Portuguesa, desde o anno de mil e quinhentos do seu descobrimento, até o de mil setecentos e vinte quatro*. Lisboa: Oficiana de Joseph Antonio da Silva, Impressor da Academia Real, 1730. Disponível em: http://www.brasiliana.usp.br/bbd/handle/1918/01495300. Acesso em: 13 jan. 2025.

POMBO, Ruth da Rocha. (apontamentos) Grupo Escolar "Júlia Wandreley". *Contribuições às festas comemorativas ao centenário de nascimento do historiador ROCHA POMBO*. Curitiba, dez. 1957.

REVISTA do IHGB, Rio de Janeiro, t. 68, Parte II, 1907. Disponível em: https://ihgb.org.br/publicacoes/revista-ihgb/itemlist/filter.html?category=9&moduleId=147. Acesso em: 13 jan. 2025.

REVISTA Paranaense, Curitiba, 15 jan. 1881. Disponível em: http://hemerotecadigital.bn.br/. Acesso em: 13 jan. 2025.

SISTEMA de Informações Territoriais do Governo Federal. Disponível em: http://www.territoriosdacidadania.gov.br/dotlrn/clubs/territriosrurais/valedoribeirapr/one-community?page_num=0. Acesso em: 13 jan. 2025.

RENAN, Ernest. *O que é uma nação?* Sorbonne, 11 mar. 1882. Disponível em: http://www.unicamp.br/~aulas/VOLUME01/ernest.pdf. Acesso em: 13 jan. 2025.

RIBEIRO, João. *Obras de João Ribeiro*. Rio de Janeiro: Publicações da ABL, 1961.

RIBEIRO, João. *História do Brasil* – curso médio. 17. ed. rev. por Joaquim Ribeiro. Rio de Janeiro: Livraria Francisco Alves, 1935.

RIBEIRO, João. *Rudimentos da História do Brasil*. 14. edição. Rio de Janeiro: Liv. Francisco Alves, 1936.

REIS, Antonio Alexandre Borges dos. *História do Brasil (cursos dos Gymnásios e Lyceus)*. Bahia: Typografia Reis & Cia, 1905.

ROCHA, Manoel Ribeiro da. *Etíope Resgatado, Empenhado, Sustentado, Corrigido, Instruído e Libertado*. Cadernos do Instituto de Filosofa e Ciências Humanas, Campinas, IFCH-Unicamp, n. 21, 1991.

ROUSSEAU, Jean-Jacques. *Emílio ou Da Educação*. Rio de Janeiro: Bertrand Brasil, 1995.

SETTE, Mario. *Brasil, minha terra!*: Lições Cívicas. São Paulo: Companhia Melhoramentos, 1928.

SOUZA, Gabriel Soares de. *Tratado descriptivo do Brasil em 1587*. Rio de janeiro: Typografia de João Ignácio da Silva, 1879. Disponível em: http://www.brasiliana.usp.br/node/495. Acesso em: 13 jan. 2025.

TAINE, Hippolyte. *Noveaux Essais de Critique et d`Histoire*. Paris: Hachette, 1866. Disponível em: gallica.bnf.fr. Acesso em: 13 jan. 2025.

TERRA de Sol: Revista de Arte e Pensamento, Rio de Janeiro, 1924.

VERÍSSIMO, José [1900]. *A educação nacional*. Rio de Janeiro: Topbooks; Belo Horizonte: PUC-Minas, 2013.

VERÍSSIMO, José. *História da literatura brasileira*. 5. ed. Rio de Janeiro: José Olympio, 1969.

VITOR, Nestor. *Obra crítica de Nestor Vitor*. Rio de Janeiro: Fundação Casa de Ruy Barbosa; Curitiba: Secretaria de Estado da Cultura e do Esporte, 1979. v. 3.

Obras de Rocha Pombo

POMBO, José Francisco da Rocha. *A honra do Barão*. Curitiba: Tipografia de Verdade, 1881.

POMBO, José Francisco da Rocha. *A Supremacia do Ideal (Estudo sobre a Educação)*. Castro: Typografia Echo dos Campos, 1883.

POMBO, José Francisco da Rocha. Excerto (do poema In Excelsis). *O Cenáculo n° 01*. Curitiba: Typ. da Companhia Impressora Paranaense, 1895.

ROCHA POMBO, José Francisco da [1886]. *A Guayra*: poema em 12 cantos. São Paulo: Typografia da Companhia Industrial de S. Paulo, 1891.

POMBO, José Francisco da Rocha. *Visões*. Curitiba: Typ. da Companhia Impressora Paranaense, 1891.

POMBO, José Francisco da Rocha [1891]. *Petrucello*. Curitiba: Typ. da Companhia Impressora Paranaense, 1892.

POMBO, José Francisco da Rocha. *Compendio de Historia da America*. 1. ed. Rio de Janeiro: Laemmert & C. – Editores, 1900.

POMBO, José Francisco da Rocha [1900]. *O Paraná no centenário*. 2. ed. Rio de Janeiro: José Olympio Editora; Curitiba: Secretaria da Cultura e do Esporte do Estado do Paraná, 1980.

POMBO, José Francisco da Rocha. *Historia da America, para escolas primarias*. Rio de Janeiro: Garnier, 1904.

POMBO, José Francisco da Rocha. Introdução. *In*: FILHO, Melo Moraes. *História e Costumes*. Rio de Janeiro: Garnier, 1904.

POMBO, José Francisco da Rocha. *História do Brazil (Illustrada)*. v. I a III. Rio de Janeiro: J. F. Saraiva editor, [1905-19--?].

POMBO, José Francisco da Rocha. *Contos e pontos*. Porto: Magalhães & Moniz, 1911.

POMBO, José Francisco da Rocha. *Historia do Brazil (Illustrada)*. Rio de Janeiro: Benjamin de Aguila, [190--/1917?]. v. IV a X.

POMBO, José Francisco da Rocha. *Nossa Patria*: narração dos fatos da História do Brasil atraves da sua evolução com muitas gravuras ilustrativas. São Paulo: Weiszflog Irmãos, 1917.

POMBO, José Francisco da Rocha. *Historia do Brasil com muitos mappas históricos e gravuras explicativas*. São Paulo: Weiszflog Irmãos, 1918.

POMBO, José Francisco da Rocha. *Notas de viajem*: norte do Brasil. Rio de Janeiro: Benjamin de Aguila editor, 1918.

POMBO, José Francisco da Rocha. Jéca-Leão. *America Latina*: Revista de Arte e Pensamento, Rio de Janeiro, tomo I, anno I, n. 3, p. 469-471, out./nov. 1919.

POMBO, José Francisco da Rocha. Prefácio. *In*: CORREIA, Viriato. *Histórias da Nossa História*. Rio de Janeiro: Ed. Getúlio Costa, 1920.

POMBO, José Francisco da Rocha. *História do Brasil*. Edição do Centenário. Rio de Janeiro: Annuário do Brasil, 1922. v. 4.

POMBO, José Francisco da Rocha. *História do Estado do Rio Grande do Norte*. Rio de Janeiro: Anuário do Brasil; Porto: Renascença Portuguesa, 1922.

POMBO, José Francisco da Rocha. *Nossa Patria*: narração dos fatos da História do Brasil através da sua evolução com muitas gravuras ilustrativas. 16. ed. São Paulo: Melhoramentos, 1922.

POMBO, José Francisco da Rocha. Terra Gloriosa. *Terra de Sol*: Revista de Arte e Pensamento, Rio de Janeiro, n. 1, p. 9-11, 1924.

POMBO, José Francisco da Rocha. Os actores do nosso drama. *Terra de Sol*: Revista de Arte e Pensamento, Rio de Janeiro, n. 2, p. 129-131, 1924.

POMBO, José Francisco da Rocha. *Historia do Brasil (Curso superior)*. São Paulo: Companhia Melhoramentos de São Paulo, 1924.

POMBO, José Francisco da Rocha. *Compêndio de História da América*. 2. ed. Rio de Janeiro: Benjamin de Águila, 1925.

POMBO, José Francisco da Rocha. *Instituto Varnhagen*: discurso inaugural proferido na sessão de instalação em 17 de Fevereiro de 1923 pelo presidente perpétuo J. F. da Rocha Pombo. Rio de Janeiro: Typ. do Annuario do Brasil, 1923.

POMBO, José Francisco da Rocha [1927 (Prefácio data de 1923)]. Prefácio. *In*: ACCIOLY, Hildebrando. *Reconhecimento da independência do Brasil*. Rio de Janeiro: Imprensa Nacional, 1942. p. 5-9.

POMBO, José Francisco da Rocha. *História do Brasil, nova edição ilustrada*. 1. ed. Rio de Janeiro: W. M. Jackson, 1935. v. 5.

POMBO, José Francisco da Rocha. *História do Brasil*. São Paulo: Edições Melhoramentos, 1941.

POMBO, José Francisco da Rocha. *Nossa Patria*: narração dos fatos da História do Brasil através da sua evolução com muitas gravuras ilustrativas. 79. ed. São Paulo: Melhoramentos, [19--?].

POMBO, José Francisco da Rocha. *Pequena Historia do Brasil*: Nossa Pátria narração dos fatos da história do Brasil através da sua evolução. 84. ed. rev. e atual. pelo prof. Lourenço Filho. São Paulo: Edições Melhoramentos, 1965.

POMBO, José Francisco da Rocha. *Para a história*: notas sobre a invasão federalista no Estado do Paraná. Curitiba: Fundação Cultural de Curitiba, 1980.

POMBO, José Francisco da Rocha. Esboço de uma sinopse da história regional do Paraná. *In*: MACHADO, Brasil Pinheiro. *Poemas*: seguidos de dois ensaios. Curitiba: Paraná: Imprensa Oficial no Paraná, 2001.

BIBLIOGRAFIA

Obras de referência

FUNDAÇÃO ALEXANDRA DE GUSMÃO. *Biografias*. Brasília: FUNAG, 2009. Disponível em: http://funag.gov.br/loja/download/565-Biografias.pdf. Acesso em: 13 jan. 2025.

SENADO FEDERAL [1814]. Visconde de Sinimbú. *Senado Federal*, Secretaria-Geral da Mesa, Coordenação de Arquivo e Coordenação de Biblioteca, [20--?]. Disponível em: http://www25.senado.leg.br/web/senadores/senador/-/perfil/1814. Acesso em: 13 jan. 2025.

Dicionários

AULETE, Caldas. *Diccionario contemporaneo da lingua portugueza*. Lisboa: Parceria Antonio Maria Pereira, 1925. Disponível em: http://www.auletedigital.com.br/. Acesso em: 13 jan. 2025.

DICIONÁRIO Biobibliográfico de autores brasileiros de obras de Filosofia, Pensamento Político, Sociologia e Antropologia. 2. ed. Online. Brasília: Centro de Documentação do Pensamento Brasileiro, 1999. Disponível em: http://www2.senado.leg.br/bdsf/handle/id/1030. Acesso em: 13 jan. 2025.

Artigos e livros

ABUD, Kátia. O livro didático e a popularização do saber. *In*: SILVA, M. *Repensando a história*. São Paulo: Marco Zero/ANPUH, 1984. p. 81-87.

ABREU, Márcia (org.). *Leitura, História e História da leitura*. São Paulo: Fapesp, 1999.

ABREU, Márcia. *Os caminhos dos livros*. Campinas: Mercado das Letras, 2012.

ABREU, Yolanda Vieira de; COELHO, Sanay Bertelle. *Evolução histórica da moeda estudo de caso*: Brasil (1889 – 1989). Málaga: Universidade de Málaga, 2009. p. 71. Disponível em: http://www.eumed.net/libros/2009a/477/index.htm. Acesso em: 13 jan. 2025.

AGUIAR, Ronaldo Conde. *O Rebelde Esquecido*: Tempo, Vida e Obra de Manoel Bomfim. Rio de Janeiro: Topbooks, 1999.

ALTAMIRANO, Carlos. Idéias para um programa de História intelectua. Tradução de Norberto Guarinello. *Tempo Social*: Revista de Sociologia da USP, v. 19, n. 1, p. 9-17, 2007. Disponível em: http://www.scielo.br/pdf/ts/v19n1/a01v19n1. Acesso em: 13 jan. 2025.

ANDERSON, Benedict. *Comunidades Imaginadas*: reflexões sobre a origem e a difusão do nacionalismo. São Paulo: Companhia da Letras, 2008.

AZEVEDO, Celia Maria Marinho de. *Onda negra, medo branco*: o negro no imaginário das elites (século XIX). Rio de Janeiro: Paz & Terra, 1987.

BAGGIO, Kátia Gerab. *A "outra" América*: a América Latina na visão dos intelectuais brasileiros das primeiras décadas republicanas. 1999. Tese (Doutorado em História) – Departamento de História, USP, São Paulo, 1999.

BALABAN, Marcelo. *Poeta do lápis*: a trajetória de Ângelo Agostini no Brasil imperial - São Paulo e Rio de Janeiro - 1864-1888. 2008. Tese (Doutorado em História Social) – IFCH/Unicamp, Campinas, 2008.

BANDEIRA, Julio; LAGO, Pedro Corrêa. *Debret e o Brasil*: obra completa. Rio de Janeiro: Editora Capivara, 2013.

BEGA, Maria Tarcisa Silva. *Sonho e invenção do Paraná*: Geração simbolista e a construção da identidade regional. 2001. Tese (Doutorado em Sociologia) – FFLCH/USP, São Paulo, 2001.

BELL, Stephen. *Campanha gaúcha*: a Brazilian ranching system, 1850-1920. Stanford: Stanford University Press, 1998.

BELO, André. *História & Livro e Leitura*. Belo Horizonte: Autêntica Bibliografia Geral – Livros e Leitura, 2008.

BERTOLETTI, Estela Natalina Mantovani. *Lourenço Filho e a Alfabetização*: um estudo da Cartilha do Povo e da Cartilha Upa, Cavalinho!. São Paulo: Editora Unesp, 2006.

BIONDI, Luigi. A greve geral de 1917 em São Paulo e a imigração: novas perspectivas. *Cadernos AEL*, Campinas: IFCH, v. 15, n. 27, p. 259-310, 1999.

BITTENCOURT, Circe Maria Fernandes. Autores e editores de compêndios e livros de leitura (1810-1910). *Educação e Pesquisa*, São Paulo, v. 30, n. 3, p. 475-491, 2004.

BITTENCOURT, Circe Maria Fernandes. *Livro didático e conhecimento histórico*: uma história do saber escolar. 1993. Tese (Doutorado em História) – FFLCH, USP, São Paulo, 1993.

BITTENCOURT, Circe Maria Fernandes (org.). *O saber histórico na sala de aula.* São Paulo: Contexto, 1997.

BITTENCOURT, Circe Maria Fernandes. Ensino de história da América: reflexões sobre problemas de identidades. *Revista Eletrônica da Anphlac*, [s. l.], n. 4, p. 5-15, 2013. Disponível em: http://revistas.fflch.usp.br/anphlac/article/viewFile/1365/1236. Acesso em: 13 jan. 2025.

BONAFÉ, Luigi. *Diplomacia das Canhoneiras.* São Paulo: CPDOC/FGV, [20--?]. Disponível em: http://cpdoc.fgv.br/sites/default/files/verbetes/primeira-republica/DIPLOMACIA%20DAS%20CANHONEIRAS.pdf. Acesso em: 13 jan. 2025.

BOTO, Carlota. *A escola do Homem Novo*: entre o Iluminismo e a Revolução Francesa. São Paulo: Editora Unesp, 1996.

BOURDÉ, Guy; MARTIN, Hervê. *As Escolas Históricas.* Lisboa: Europa-América, 1983.

BRAGANÇA, Aníbal; ABREU, Márcia (org.). *Impresso no Brasil*: Dois séculos de livros brasileiros. São Paulo: Editora Unesp, 2010.

BUENO, João Batista Gonçalves. *Imagens visuais nos livros didáticos*: permanências e rupturas nas propostas de leitura (Brasil, décadas de 1970 a 2000). 2011. Tese (Doutorado em Educação) – FE, Universidade Estadual de Campinas, Campinas, 2011.

CAMBI, Franco. *História da Pedagogia.* São Paulo: Fundação Editora da Unesp (FEU), 1999.

CANO, Jefferson. *Escravidão, alforrias e projetos políticos na imprensa de Campinas.* 1993. Dissertação (Mestrado em História) – Universidade Estadual de Campinas, Campinas, 1993.

CAPELATO, Maria Helena Rolim. Ensino primário franquista: livros escolares como instrumento de doutrinação infantil. *Revista Brasileira de História*, São Paulo: USP, v. 29, n. 57, 2009.

CARDIM, Elmano. *Rocha Pombo:* o Escritor e o Historiador. Rio de Janeiro: Editora do Jornal do Comércio, 1958.

CARNEIRO, David. *O Paraná e a revolução federalista.* São Paulo: Atena editora, 1944.

CARVALHO, Flávia Maria de. *Os homens do rei em Angola*: sobas, governadores e capitães mores, séculos XVII e XVIII. 2013. Tese (Doutorado em História) – Universidade Federal Fluminense, Niterói, 2013.

CARVALHO, José Murilo de. *A formação das almas*: o imaginário da república no Brasil. São Paulo: Companhia das Letras: 1990.

CARVALHO, José Murilo de. História intelectual no Brasil: a retórica como chave de leitura. *Topoi*, Rio de Janeiro, n. 1, p. 123-152, set. 2000.

CAVANHA, Jussara Nena. *Colônia Alessandra*. Curitiba: Progressiva, 2012.

CHALHOUB, Sidney. *Visões da liberdade*: uma história das últimas décadas da escravidão na corte. São Paulo: Cia. das Letras, 1990.

CHOPPIN, Alain. O Historiador e o livro escolar. *História da Educação*, Pelotas, v. 6, n. 11, p. 5-24, 2002.

CHOPPIN, Alain. História dos livros e das edições didáticas: sobre o estado da arte. *Educação e Pesquisa*, São Paulo, v. 30, n. 3, p. 549-566, set./dez. 2004.

CHOPPIN, Alain. O Manual Escolar: uma falsa evidencia histórica. *História da Educação*, Pelotas, v. 13, n. 27, p. 9-75, jan./abr. 2009.

CONTIJO, Rebeca. *Manoel Bomfim*. Recife: Fundação Joaquim Nabuco: Editora Massangana, 2010.

COSTA, Craveiro. *O Visconde de Sinimbu*: sua vida e sua atuação na política nacional (1840-1889). São Paulo: Companhia Editora Nacional, 1987. Disponível em: http://www.brasiliana.com.br/obras/o-visconde-de-sinimbu-sua-vida-e-sua-atuacao-na-politica-nacional/pagina/7/texto. Acesso em: 13 jan. 2025.

COSTA, Emília Viotti da. *Da Senzala à Colônia*. São Paulo: Difusão Europeia do livro, 1866.

COSTA, Emília Viotti da. *Da Monarquia a República*: momentos decisivos. São Paulo: Editorial Grijalbo, 1977.

CUNHA, Maria Teresa Santos. Das mãos do autor aos olhos do leitor. Um estudo sobre livros escolares: A Série de Leitura Graduada Pedrinho de Lourenço Filho (1950-1970). *História*, São Paulo, v. 30, p. 81-99, ago./dez. 2011. Disponível em: http://www.scielo.br/scielo.php?script=sci_arttext&pid=S0101-90742011000200005. Acesso em: 13 jan. 2025.

DARNTON, Robert. *O beijo de Lamourette*: mídia, cultura e revolução. São Paulo: Companhia das Letras, 1990.

DONATO, Hernani. *100 anos da Melhoramentos*: 1890-1990. São Paulo: Melhoramentos, 1990.

DULCI, Tereza Maria Spyer. O pan-americanismo em Joaquim Nabuco e Oliveira Lima. *In*: ENCONTRO INTERNACIOAL DA ANPHLAC, 7., 2006, Campinas. *Anais* [...]. Campinas: ANPHLAC, 2006. p. 2. Disponível em: anphlac.fflch.usp.br/sites/anphlac.fflch.usp.br/files/tereza_dulci.pdf. Acesso em: 13 jan. 2025.

ECHEVERRIA, Marcelo Silva. Rocha Pombo, relato e testemunho da revolução federalista no Paraná em 1894. Monografia (Graduação em História) – Universidade Federal do Paraná, Curitiba, 2009.

EISENBERG, Peter L. O homem esquecido: o trabalhador livre nacional no século XIX sugestões para uma pesquisa. *In*: EISENBERG, Peter L. *Homens Esquecidos*: escravos e trabalhadores livres no Brasil séculos XVIII e XIX. Campinas: Ed. da Unicamp, 1989. p. 223-244.

ELIAS, Maria José. Os debates sobre o trabalho dos chins e o problema da mão-de-obra no Brasil durante o século XIX. *In*: PAULA, Eurípedes Simões de (org.). Trabalho livre e trabalho escravo. *Anais do VI simpósio nacional dos professores universitários de História*, São Paulo, v. 3, 1973. p. 698-715. Disponível em: http://anais.anpuh.org/wp-content/uploads/mp/pdf/ANPUH.S06.26.pdf. Acesso em: 13 jan. 2025.

ELIAS, Norbert. *O processo civilizador*: uma história dos costumes. Rio de Janeiro: Jorge Zahar Ed., 1994. v. 1.

FARIA, Frederico Felipe de Almeida. *Georges Cuvier e a instauração da paleontologia como ciência*. 2010. Tese (Doutorado em Ciências Humanas) – Universidade Federal de Santa Catarina, Florianópolis, 2010.

FELICI, Isabelle. A verdadeira História da Colônia Cecília de Giovini Rossi. *Cadernos do AEL*, Campinas, v. 5, n. 8/9, 1998. p 10-11. Disponível em: http://segall.ifch.unicamp.br/publicacoes_ael/index.php/cadernos_ael/article/viewFile/104/110. Acesso em: 13 jan. 2025.

FENERICK, José Adriano. A literatura anarquista dos anos 1900/20: um estudo da recepção em dois quadros críticos. *Mneme*: Revista Virtual de Humanidades, n. 10, v. 5, p. 11-32, abr./jun. 2004. Dossiê História Cultural. Disponível em: http://www.periodicos.ufrn.br/mneme/article/view/194/181. Acesso em: 13 jan. 2025.

FERREIRA, Marieta de Moraes. Apresentação. *In*: LOPES, Marcos Antônio (org.). *Os grandes nomes da História Intelectual*. São Paulo: Contexto, 2003. p. 6.

FIGUEIRA, Patrícia Ferreira Fernandes. *Lourenço Filho e a Escola nova no Brasil*: estudo sobre os Guias do Mestre da série graduada de leitura Pedrinho. 2010. Dissertação (Mestrado em Educação) – Unesp, Araraquara, 2010. Disponível em: http://repositorio.unesp.br/bitstream/handle/11449/90241/figueira_pff_me_arafcl.pdf?sequence=1 Acesso em: 13 jan. 2025.

FIORIN, José Luiz. A construção da identidade nacional brasileira. *Bakhtiniana*: Revista de Estudos do Discurso, São Paulo, v. 1, n. 1, p. 115-126, 2009. Disponível em: https://revistas.pucsp.br/index.php/bakhtiniana/article/view/3002/1933. Acesso em: 13 jan. 2025.

FONSECA, Thais Nivia de Lima. 'Ver para compreender': arte livro didático e história da nação. *In*: SIMAN, Lana Mara de Castro; FONSECA, Thais Nivia de Lima e (org.). *Inaugurando a História e construindo a nação*: discursos e imagens no ensino de História. Belo Horizonte: Autêntica, 2001. p. 91-121

FREITAS NETO, José Alves de. *Bartolomé de Las Casas*: a narrativa trágica, o amor cristão e a memória americana. São Paulo: Annablume, 2003.

FUNES, Patricia. *Historia mínima de las ideas políticas em America Latina*. Madri: Turner Publicaciones; México, DF: El Colegio de México A. C., 2014.

GASPARELLO, Arlete Medeiros. *Construtores de identidade*: a pedagogia da nação nos livros didáticos da escola secundária brasileira. São Paulo: Iglu, 2004.

GODOY, Marcelo Franco de. *O discurso legal no império e o sistema educacional no Brasil*. 2009. Dissertação (Mestrado em Educação) – Universidade Metodista de Piracicaba, Piracicaba, 2009. Disponível em: https://www.unimep.br/phpg/bibdig/pdfs/2006/LWVEGCAWWHWP.pdf. Acesso em: 13 jan. 2025.

GRINBERG, Keila; SALLES, Ricardo (org.). *O Brasil Imperial, vol. I*. Rio de Janeiro: Civilização Brasileira, 2011.

GUIMARÃES, Manoel Luís Salgado. Nação e Civilização nos Trópicos: O Instituto Histórico e Geográfico Brasileiro e o Projeto de uma História Nacional. *Estudos Históricos*, Rio de Janeiro, n. 1, p. 5-27, 1988.

HALLEWELL, Laurence. *O livro no Brasil*: sua história. São Paulo: Edusp, 1985.

HOBSBAWM, Eric J. *Nações e nacionalismo desde 1780*: programa, mito e realidade. São Paulo: Paz e Terra, 2013.

HORTA, Paula (org.). *História da cidade de São Paulo*: a cidade na primeira metade do século XX. São Paulo: Paz e Terra, 2004.

JANCSÓ, Isteván; PIMENTA, João Paulo G. Peças de um Mosaico ou apontamentos para o estudo da emergência da identidade nacional brasileira. *Revista de História Idéias*, Coimbra, v. 21, p. 389-440, 2000. Disponível em: http://rhi.fl.uc.pt/vol/21. Acesso em: 13 jan. 2025.

KARAN, Paulo Roberto. *José Francisco da Rocha Pombo, biografia e antologia*: compiladas. Curitiba: versão datilografada Biblioteca Pública de Curitiba, 1991.

LAMOUNIER, Maria Lúcia. O trabalho sob contrato: a Lei de 1879. *Revista Brasileira de Historia*, São Paulo, v. 6, n. 12, p. 101-124, mar./ago. 1986. Disponível em: https://www.google.com.br/webhp?sourceid=chrome=-instant&ion1=&espv2=&ie=UTF8-#q-sinimbu+chins. Acesso em: 13 jan. 2025.

LEÃO, Andréa B. Brasil em imaginação: Livros, Impressos e Leituras Infantis (1890-1915). *In*: CONGRESSO BRASILEIRO DE CIÊNCIAS DA COMUNICAÇÃO, 26., 2003, Belo Horizonte. Anais [...]. Belo Horizonte: INTERCOM, 2003.

LEMOS, Clarice Caldini. *Ao Bastiões da Nacionalidade*: nação e nacionalidade nas obras de Elysio de Carvalho. 2010. Dissertação (Mestrado em História) – Universidade Federal de Santa Catarina, Florianópolis, 2010. Disponível em: https://repositorio.ufs. Acesso em: 13 jan. 2025.

LIMA, Rafael Peter de. Nacionalidades em disputa: Brasil e Uruguai e a questão das escravizações na fronteira (Séc. XIX). *In*: ENCONTRO ESCRAVIDÃO E LIBERDADE NO BRASIL MERIDIONAL, 4., 2009, Curitiba. Anais [...]. Curitiba: [s. n.], 2009.

LOPES, Marcos Antônio. Apresentação. *In:* LOPES, Marcos Antônio (org.). *Os grandes nomes da História Intelectual*. São Paulo: Contexto, 2003.

LUCCHESI, Fernanda. *A história como ideal:* reflexões sobre a obra de José Francisco da Rocha Pombo. 2004. Dissertação (Mestrado em Antropologia) – Universidade de São Paulo, São Paulo, 2004.

MACHADO, Brasil Pinheiro. Rocha Pombo: dados biobibliográficos. *In*: POMBO, Rocha. *O Paraná no Centenário*. 2. ed. Rio de Janeiro: Curitiba: José Olympio; Secretaria de Cultura e Esporte, 1980.

MAESTRI, Mário (org.). *O negro e o gaúcho*: estâncias e fazendas no Rio Grande do Sul, Uruguai e Brasil. Passo Fundo: Ed. Universidade de Passo Fundo, 2008.

MARTINS, Wilson. *História da inteligência brasileira*. São Paulo: Cultrix, 1978. v. 6.

MAUAD, Ana Maria. Usos e funções da Fotografia Pública no conhecimento histórico escolar. *Hist. Educ.*, v. 19, n. 47, 2015. Disponível em: http://www.scielo.br/pdf/heduc/v19n47/2236-3459-heduc-19-47-00081.pdf. Acesso em: 13 jan. 2025.

MELLO, Ciro Flávio de Castro B. *Senhores da História*: a construção do Brasil em dois manuais didáticos de história na segunda metade do século XIX. 1997. Tese (Doutorado em Educação) – FFLCH, USP, São Paulo, 1997.

MENDONÇA, Joseli M. N. *Entre as mãos e os anéis*: a lei dos sexagenários e os caminhos da abolição no Brasil. Campinas: Unicamp, 1999.

MENESES, Ulpiano T. Bezerra de. Fontes visuais, cultura visual. Balanço provisório, propostas cautelares. *Revista Brasileira de História*, São Paulo, v. 23, n. 45, p. 11, 2003. Disponível em: http://www.scielo.br/pdf/rbh/v23n45/16519.pdf. Acesso em: 13 jan. 2025.

MONSMA, Karl; FERNANDES, Valéria Dorneles. Illegal Enslavement and Resistance in the Borderlands: Free Uruguayans Sold as Slaves in Southern Brazil, 1846-1860. *In*: INTERNATIONAL CONGRESS OF THE LATIN AMERICAN STUDIES ASSOCIATION, 29., 2010, Toronto. *Anais* [...]. Toronto: LASA, 2010. Disponível em: http://lasa.international.pitt.edu/members/congress-papers/lasa2010/files/2583.pdf. Acesso em: 13 jan. 2025.

MONTEIRO, John Manuel. *Tupis, tapuias e historiadores*: Estudos de história indígena e do indigenismo. 2001. Tese (Livre Docência em Etnologia) – Unicamp, Campinas, 2001. Disponível em: http://cutter.unicamp.br/document/?-code=000343676. Acesso em: 13 jan. 2025.

MOTA, Carlos Guilherme. *Ideologia da cultura brasileira, 1933-1974*: pontos de partida para uma revisão histórica. 9. ed. São Paulo: Ática, 1994.

MUNAKATA, K. *Produzindo livros didáticos e paradidáticos*. 1997. Tese (Doutorado em Educação) – PUC/SP, São Paulo, 1997.

MUNAKATA, K. Dois manuais de história para professores: histórias de sua produção. *Educ. Pesqui.*, São Paulo, v. 30, n. 3, p. 513-529, set./dez. 2004.

MUNAKATA, Kasumi. O Livro didático como mercadoria. *Pro-Posições*, Campinas, v. 23, n. 3, p. 51-66, set./dez. 2012.

NAGLE, Jorge. *Educação e sociedade na Primeira República*. São Paulo: EPU, 1976.

NOJOSA, Urbano N. *Mercado editorial*: um estudo sobre o segmento porta a porta no Brasil. 2001. Dissertação (Mestrado em Ciências da Comunicação) – Universidade de São Paulo, São Paulo, 2001.

ODÁLIA, Nilo. *As formas do mesmo*: ensaios sobre o pensamento historiográfico de Varnhagen e Oliveira Vianna. São Paulo: Editora Unesp, 1997.

OITICICA, José. Como se deve escrever história do Brasil. *Revista Americana*, Rio de Janeiro, 1910.

OLIVEIRA, Lúcia Lippi. *A questão nacional na Primeira República*. São Paulo: Brasiliense, 1990.

OLIVEIRA, Rui de. *Pelos Jardins Boboli*: reflexões sobre a arte de ilustrar livros para crianças e jovens. Rio de Janeiro: Nova Fronteira, 2008.

ORIÁ, Ricardo. *O Brasil contado às crianças*: Viriato Corrêa e a literatura escolar brasileira (1934-1961). São Paulo: Annablume, 2011.

OSÓRIO, Helen. *O império português no sul da América*: estancieiros, lavradores e comerciantes. Porto Alegre: Editora da UFRGS, 2007.

PAREDES, Rogelio C. Relatos imperiais: a literatura de viagem entre a política e a ciência na Espanha, França e Inglaterra (1680-1780). *Almanack*, Guarulhos: Unifesp, n. 6, p. 95-109, 2013. Disponível em: http://www.almanack.unifesp.br/index.php/almanack/article/download/1048/pdf. Acesso em: 13 jan. 2025.

PARK, Margareth Brandini. *Histórias e leituras de almanaques no Brasil*. Campinas: Mercado das Letras, 2010.

PEDRO, Alessandra. *Liberdade sob condição*: alforrias e política de domínio senhorial em Campinas, 1855-1871. 2009. Dissertação (Mestrado em História) – Universidade Estadual de Campinas, Campinas, 2009.

PERES, Tirsa Regazzini. Educação Brasileira no Império. *In*: PALMA FILHO, J. C. *Pedagogia Cidadã* – Cadernos de Formação – História da Educação – 3. ed. São Paulo: PROGRAD/Unesp/Santa Clara Editora, 2005. p. 29-47. Disponível em: http://www.acervodigital.unesp.br/bitstream/123456789/105/3/01d06t03.pdf. Acesso em: 13 jan. 2025.

PETIZ, Silmei de Sant'Ana. *Buscando a liberdade*: as fugas de escravos da província de São Pedro para o além-fronteira (1815-1851). Passo Fundo: Ed. Universidade de Passo Fundo, 2006.

PILOTO, Valfrido. *Rocha Pombo*. Curitiba: Gráfica Mundial, 1953.

PILOTO, Valfrido. *Os Horrores da Revolução Federalista através de um inédito de Rocha Pombo*. Curitiba: Diário do Paraná, 21 jul. 1971.

PILOTO, Valfrido. *Universidade Federal do Paraná*: primórdios – modernização – vitórias. Curitiba: Lítero *Técnico*, 1976.

PINA, Maria Cristina Dantas. *A escravidão no livro didático de História*: três autores exemplares. 2009. Tese (Doutorado em Educação) – FE-Unicamp, Campinas, 2009.

PINTO JUNIOR, Arnaldo. *Professor Joaquim Silva, um autor da história ensinada do Brasil*: livros didáticos e educação moderna dos sentidos (1940 –1951). 2010. Tese (Doutorado em Educação) – Universidade Estadual de Campinas, Campinas, 2010.

QUELUZ, Gilson Leandro. *Rocha Pombo*: romantismo e utopias, 1880-1905. Curitiba: Aos Quatro Ventos, 1998.

RABELLO, Sylvio. *Itinerário de Sílvio Romero*. Rio de Janeiro: Civilização Brasileira, 1967.

RAFAEL, Mara Cecília; LARA, Ângela Mara de Barros. A proposta de Lourenço Filho para a Educação de Crianças de 0 a 6 anos. *Revista HISTEDBR*, Campinas, n. 44, p. 229-247, dez. 2011. Disponível em: http://www.histedbr.fe.unicamp.br/revista/edicoes/44/art15_44.pdf. Acesso em: 13 jan. 2025.

RAMOS, Vanessa Gomes. *Os Escravos da Religião* – Alforriandos do Clero católico no Rio de Janeiro imperial (1840-1871). 2007. Dissertação (Mestrado em História) – Universidade Federal do Rio de Janeiro, Rio de Janeiro, 2007.

RÉMOND, Réne (dir.). *Por uma História Política*. Tradução de Dora Rocha. 2. ed. Rio de Janeiro: Editora FGV, 2003.

REZNIK, Luis. *Tecendo o amanhã:* a História do Brasil no ensino secundário: programas e livros didáticos, 1931 a 1945. 1992. Dissertação (Mestrado em História) – IFCS, UFF, Niterói, 1992.

RIBEIRO, Renilson Rosa. *Colônia(s) de Identidades:* discursos sobre a raça nos manuais escolares de História do Brasil. 2004. Dissertação (Mestrado em História) – IFCH/Unicamp, Campinas, 2004

RODRIGUES, Jaime. *Infame Comércio*: propostas e experiências no final do tráfico de africanos para o Brasil (1800-1850). Campinas: Editora da Unicamp, 2000.

SANT'ANNA, Susan Brodhage; MIZUTA, Celina Midori Murasse. Instrução Pública Primária no Brasil Imperial: 1850 a 1889. *O Mosaico*, [s. l.], v. 2, n. 2, 2014. Disponível em: http://periodicos.unespar.edu.br/index.php/mosaico/article/viewFile/117/pdf. Acesso em: 13 jan. 2025.

SGANDERLA, Ana Paola; CARVALHO, Diana Carvalho de. Lourenço Filho: um pioneiro da relação entre psicologia e educação no Brasil. *Psicol. educ.*, São Paulo, n. 26, p. 173-190, 2008. Disponível em: http://pepsic.bvsalud.org/pdf/psie/n26/v26a10.pdf. Acesso em: 13 jan. 2025.

SALLES, Ricardo. *E o vale era escravo*: Vassouras, século XIX – senhores e escravos no coração do Império. Rio de Janeiro: Civilização Brasileira, 2008.

SANTOS, Ivan Norberto dos. *A historiografia amadora de Rocha Pombo*: embates e tensões na produção historiográfica brasileira da Primeira república. 2009. Dissertação (Mestrado em História) – Departamento de História, UFRJ, Rio de Janeiro, 2009.

SANTOS, Nádia Maria Weber dos. *Histórias de Sensibilidades:* Espaços e Narrativas da Loucura em Três Tempos (Brasil, 1905/1920/1937). 2005. Tese (Doutorado em História) – UFRGS, Rio Grande do Sul, 2005.

SANTOS, Nádia Maria Weber dos. História e loucura na intimidade das letras: no hospício e o romance simbolista de Rocha Pombo. *História:* Questões & Debates, Curitiba, n. 46, p. 139-162, 2007.

SANTOS, Nádia Maria Weber dos. História Cultural e fontes literárias: o caso da loucura na literatura simbolista de Rocha Pombo. *Antares*, n. 4, p. 73-94, jul./dez. 2010.

SCHWARCZ, Lilia K. M. *Guardiões da nossa história oficial*. São Paulo: Idesp, 1989.

SCHWARCZ, Lilia K. M. *O Espetáculo das raças*: cientistas, instituições e questão racial no Brasil 1870-1930. São Paulo: Cia das Letras, 1993.

SHCHNEIDER, Adalberto Luiz. O Brasil de Sílvio Romero: uma leitura da população brasileira no final do século XIX. *Projeto História*, São Paulo: PUCSP, n. 42, p, 163-183, jun. 2011. Disponível em: revistas.pucsp.br/index.php/revph/article/download/7982/5852. Acesso em: 13 jan. 2025.

SILVA, Alexandra Lima da. *Ensino e mercado editorial de livros didáticos de História do Brasil*: Rio de Janeiro (1870-1924). Dissertação (Mestrado em História) – Centro de Estudos Gerais, UFF, Niterói, 2008.

SILVA, Cláudia Virgínia Albuquerque Prazim da; FAÇANHA, Sabrina Carla Mateus. Contribuição de Manoel Bomfim à educação brasileira. *In*: SEMINÁRIO DE ESTUDOS E PESQUISAS "HISTÓRIA, SOCIEDADE E EDUCAÇÃO DO BRASIL", 9., 2012, João Pessoa. *Anais* [...]. João Pessoa: Universidade Federal da Paraíba, 2012. p. 450-451. Disponível em: www.histedbr.fe.unicamp.br/acer_histedbr/seminario/.../PDFs/1.33.pdf. Acesso em: 13 jan. 2025.

SILVEIRA, Alfredo Balthazar da. *História do Instituto de Educação*. Rio de Janeiro: Instituto de Educação, 1954.

SILVEIRA, Allan Valenza da. *Diálogos críticos de Nestor Vítor*. 2010. Tese (Doutorado em Estudos Literários) – Universidade Federal do Paraná, Curitiba, 2010. Disponível em: http://migre.me/sXt5Z. Acesso em: 15 setembro de 2015.

TAVARES, Mariana Rodrigues. Refletindo e escrevendo o Brasil: Rocha Pombo e a produção historiográfica na Primeira república. *In*: OLIVEIRA, Camila Aparecida Braga; MOLLO, Helena Miranda; BUARQUE, Virgínia Albuquerque de Castro (org.). *Caderno de resumos & Anais do 5º. Seminário Nacional de História da Historiografia*: biografia & história intelectual. Ouro Preto: EdUFOP, 2011. Disponível em: http://www.seminariodehistoria.ufop.br/ocs/index.php/snhh/2011/paper/view/543. Acesso em: 13 jan. 2025.

TRENTO, Angelo. *Do outro lado do Atlântico:* um século de imigração italiana no Brasil. São Paulo: Nobel: Instituto Italiano di Cultura di San Paolo; publicado em co-edição com: Instituto Cultural Italo-Brasileiro, 1989.

TRINDADE, Syomara Assuite; MENEZES, Irani Rodrigues. A Educação na modernidade e a modernização da escola no Brasil: século XIX e início do século XX. *Revista HISTEDBR on-line*, Campinas, n. 36, p. 127-128, dez. 2009. Disponível em: http://www.histedbr.fe.unicamp.br/revista/edicoes/36/art10_36.pdf. Acesso em: 13 jan. 2025.

VALENTE, Silza Maria Pazello. *A presença rebelde na cidade sorriso*: contribuição ao estudo do anarquismo em Curitiba, 1890-1920. Londrina: UEL, 1997.

VILLALTA, Luiz Carlos. O livro didático de história no Brasil: perspectivas de abordagem. *Pós-História*, Assis, v. 9, p. 39-59, 2001.

XAVIER, Regina. *A conquista da liberdade*: libertos em Campinas na segunda metade do século XIX. Campinas: Centro de Memória; Unicamp, 1996.